세계 골프 명사들의
살아 있는
현장 레슨
108가지

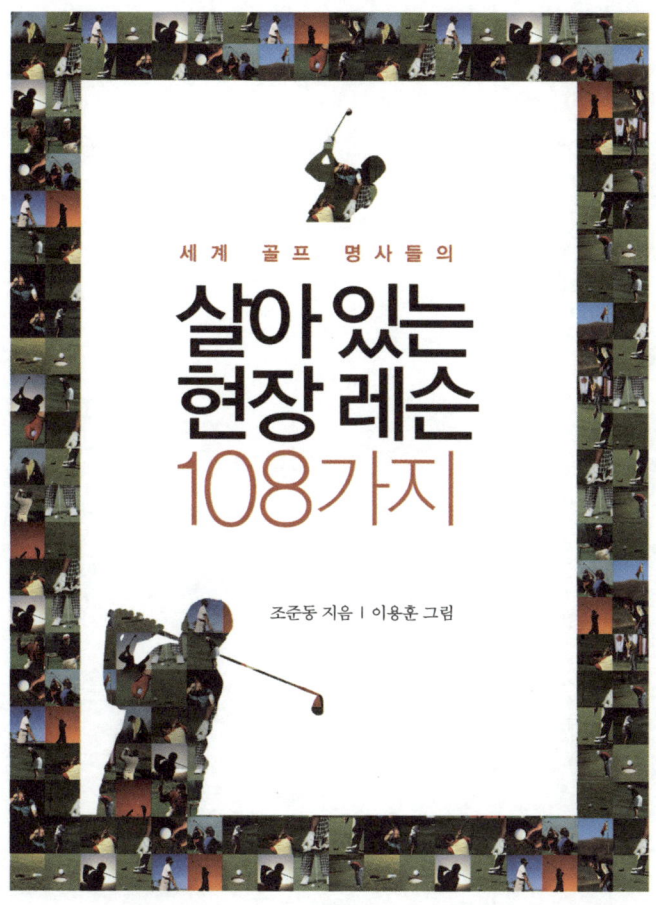

세계 골프 명사들의
살아 있는 현장 레슨 108가지

조준동 지음 | 이용훈 그림

아카데미북

● 감사의 글

미국 뉴욕 시 근방의 요크타운 하이트에 있는 모한직 골프 코스에서 함께 라운딩했던 IBM T.J.Watson 연구소 연구원들, 원 포인트 레슨으로 필자에게 많은 도움을 주었던 동서 김성일 프로(현재 캐나다 밴쿠버에서 레슨 프로로 있음), 그리고 '주옥 같은 글'이라고 격려해 주시면서 이 책의 출판을 맡아 주신 아카데미북 양동현 사장님과 편집부 여러분에게 감사드립니다.

그리고 함께 라운딩 친구가 되어 주셨던 성균관대학교 골프 동호회 '성지회' 회원들과 sbsgolf.com의 골프 동호회 〈그린모〉 회원들에게도 감사의 마음을 전합니다.

특히 건강을 위한 운동으로 골프를 사랑하는 저자를 이해해 준 사랑하는 가족(아내 최금주, 두 아들 용호, 용재)에게 이 책을 바칩니다.

조준동

● 지은이의 말

골프의 유일한 결점은 너무 재미있다는 데 있다.

_ 헨리 롱허스트

　골프는 G(Gentleman), O(Only), L(Lady), F(Forbidden)의 약자로, 초창기에는 남자들만의 게임이라고 생각하기도 했다. 한편으로는 G(Green), O(Oxyzen), L(Light), F(Friend or Foot-work), 즉 '푸른 잔디 위에서 맑은 공기와 따뜻한 볕을 쬐며 친구들과 거닐며 즐기는 운동'이라고 표현하기도 한다. 필자는 'GOLF = Game Of Life-time Friend(평생 친구의 게임)'라고 표현하고 싶다. 이는 골프 자체가 평생을 친구처럼 즐길 수 있는 게임이라는 뜻이다. 《If you play golf, you are my friend》라는 하비 패닉의 책 제목처럼 골프를 좋아하는 사람은 친구가 된다는 말로도 해석할 수도 있다.

　또한 'GOLF=Game Of Life-time Fitness(평생 운동의 게임)'라고도 할 수 있다. 그 이유는 골프가 체격 조건이나 - 이안 우스남은 키가 165cm가 채 안 되었지만 전성기에는 장타자로 유명했으며, 많은 경기에서 우승했다 - 남녀노소에 상관없이 누구나 기초 기술만 익히면 오랫동안 체력을 유지하면서 즐길 수 있는 유일한 스포츠라고 생각하기 때문이다.

　이 책은 골프를 처음 시작하거나 골프에 재미를 느끼지 못하고 실력이 정체되어 있는 분들을 위해 세계 골프 명사들의 기초 이론들을 선별하여 정리한 것이다. 이 책에 수록된 명사들의 격언 108가지와 보조 명언 330가지를 몸소 체험하고 나면 자동차를 운전하듯이 자연스런 골프 스윙이 이루어져 진정한 골프의 즐거움을 맛볼 수 있을 것이라 확신한다.

필자는 2000년 여름까지만 해도 지독한 일벌레로, 골프를 하는 사람들을 이상하게 생각하는 사람 가운데 하나였다. 그러던 중 마침 뉴욕에 있는 IBM 연구소의 초청을 받아 2000년 9월부터 그곳에서 1년간 안식년을 지내게 되었다. 미국 뉴욕 시 근방(일벌레였던 카네기와 록펠러가 늦은 나이에 열광적으로 골프를 시작한 곳)의 요크 타운 하이트라는 곳에는 30분 거리 내에 퍼블릭 코스가 6~7개 정도가 있던 것으로 기억한다.

일반인이 라운딩할 수 있는 세미 프라이빗 코스도 여러 개 있었고, 프라이빗 코스를 포함, 동네마다 골프 코스가 있으니 환경 공해 탓에 골프 인구에 비해 골프장 수가 부족한 우리나라와 비교하면 부럽기 짝이 없다. 미국의 골프장은 천연림을 그대로 이용하여 설계하기 때문에 환경 공해는커녕 골프 코스가 아름답기 그지없다. 또한 페어웨이 주변에 빌라가 있는 곳이 많다(철망을 쳐서 볼이 날아와도 괜찮다).

필자가 골프를 시작한 시기는 겨울이었기 때문에 눈이 오면 연습장들은 문을 닫았다. 그 때문에 집에서 연습할 수 있는 방법을 생각해야 했다. 다행히 집의 천장이 3번 우드(헤드 소재 : 퍼시몬)를 휘두를 만큼 높았고 안방도 제법 넓었다. 그래서 방의 벽에 타깃을 그린 종이를 붙여 놓고 아이가 가지고 놀던 장난감인 클레이(진흙)를 골프 공 크기만큼 잘라서 그것으로 공을 대신하여 벽을 향해 풀 스윙 연습을 했다. 재미있는 것은, 클레이 공을 클럽 페이스의 한가운데(스윗 스폿)에 빠른 속도로 맞히면 클레이가 클럽 페이스에 찰싹 붙는 반면 스윗 스폿에 맞히지 못하면 여러 조각으로 사방에 흩어진다. 또 약하게 치면 벽으로 날아간다.

봄이 올 때까지 집에서 3번 우드를 가지고 스윗 스폿에 세게 맞히는 연습을 했다. 그리고 봄이 되었을 때 근처의 모한직 골프 코스(Mohansic Golf Course, Yorktown, NY)에서 머리를 올리게 되었다(첫 라운딩을 의미함).

공을 힘껏 때려 스윗 스폿에 맞히려고 하는 나의 스윙 폼이 남달라 보였는지 어떤 분은 골프에 천재적 소질이 있다는 허풍 담긴 칭찬(대개 처음 머리를 올리면 그런 이야기를 듣게 마련이다)을 하기도 했다. 그때부터 나름대로 제대로 된 골프 독학을 위해서 많은 책과 비디오를 도서관에서 빌려 보기 시작했다.

그 해 여름, 동네 커뮤니티 센터에서 일주일에 1시간씩 4주 동안 시니어 골퍼를 위한 클리닉을 받았는데, 그 요지는 다음과 같다.

1. 공은 왼발 쪽에 어드레스하고 백 스윙은 손이 귀 정도 높이에 왔을 때 정지해 쓰리 쿼터 스윙을 하라. 이렇게 하면 팔로 스루가 좋아지고 임팩트 순간 클럽 샤프트의 스피드가 최대가 되어 공이 더 멀리 날아간다.
2. 클럽 헤드는 공을 띄우도록 설계되었으므로 공을 띄우려고 클럽을 의식적으로 조절하는 행동은 하지 마라.
3. 피니시 이후에 오른발은 발레리나가 발뒤꿈치를 든 모양으로 피니시 하라.

주니어는 몸의 유연성이 좋아 풀 스윙이 가능하지만 시니어는 몸의 회전이 잘 이루어지지 않기 때문에 3/4 스윙을 하는 것이 효과적이라는 의미였다. 연습장의 다른 레슨 프로들에게는 풀 스윙의 정석에 대해 30분 클리닉을 받았다.

그렇게 3년을 지낸 어느 날, 필자는 벤 호건이 말하는, 허리를 이용한 부드러운 스윙의 황홀감에 휩싸이는 순간을 경험하게 되었다. 그 후 그 기쁨을 재현하기 위해 골프 명사들의 스윙 기술을 샅샅이 분석했고, 그런 부드러운 스윙을 위한 필요 충분 조건들을 체계적으로 정리하고 싶은 마음에 이 책을 쓰기 시작했다. 이 책은 골프 교습가나 유명 선수들의 기술을 하나씩 재현해 보기 위해 도서관과 서점 등을 찾아다니면서 많은 교재를 읽고 골프 관련 인터넷 사이트를 뒤져 공부한 골프 이론의 최종 정리다.

명사들의 이야기를 통해 경험한 요소들에 설명을 보충하여 골프를 시작하는 분들이 읽었을 때 이해하기 쉽도록 했다. 서점에 가면 물론 PGA 프로들이 쓴 책들이 많이 나와 있지만 초보자들이 이해하기 쉬운 '눈높이' 교육서는 많지 않다고 생각한다. 이 책은 그러한 복잡한 골프 스윙의 이론을 초보자가 쉽게 공감해 하나씩 따라할 수 있도록 알기 쉽게 정리했다. 유명 인사들의 이론들을 단지 여과 없이 옮긴 것이 아니라 저자가 이해하고 체험하고 동의하는 것만을 정리했으므로, 독자 여러분들도 쉽게 이해할 수 있으리라 생각된다. 따라서 하루에 한 가지씩 108가지 스윙 이론을 몸소 체험한다면 스윙은 물론 스코어 또한 좋아질 것을 확신한다. 한 달에 1~2번 라운딩하는 위클리 골퍼(Weekly golfer)인 필자도 3년 만에 버디 4개의 70대 싱글(Single) 기록을 세웠다. 라운딩 횟수가 늘면 곧 이븐 파까지 칠 수 있을 것 같은 자신감을 얻은 것은, 골프 명사들의 스윙 기초 이론들이 몸 구석구석에 깃들어 있기 때문이라고 생각한다.

벤 호건, 하비 패닉, 잭 니클라우스 등의 골프 명사들은 모두 나름대로의 노하우를 가지고 있다. 예를 들면 다음과 같다.

1. 벤 호건 : 클럽이 최대한의 아크(호)를 그리며 스윙하려면 스윙 시 두 팔 중 한쪽 팔꿈치는 펴져 있어야 한다.
2. 하비 패닉 : 스윙할 때 다른 사람의 스윙을 따라해서는 안 된다. 자신의 몸 자체를 편하게 해야 단단하고 정확하게 스윙할 수 있다. 땅의

한 점을 보고 치는 연습을 하라.
3. 잭 니클라우스 : 머리를 고정하면 스윙의 파워가 생긴다. 골프는 확률 게임이다.

게리 플레이어는 "많은 연습량이 많은 행운을 가져다 준다"고 하면서 연습의 중요성을 강조했지만, 역설적인 골프 평론으로 유명한 골프 평론가인 헨리 롱허스트는 "사람들은 '연습은 완전함을 만든다'고 말한다. 그러나 대부분의 골퍼들은 불완전함을 고착시킬 뿐이다"라고 했다. 또 전설적인 골프 교습가 하비 패닉은 "골프 요령은 아스피린과 같다. 한 알은 약이 되지만 한 병을 다 삼키면 살아남기 어렵다"라고 했다.

이 말들은 모두 스윙 원리에 대한 정확한 이해 없이는 골프를 즐기기 어려움을 시사하고 있다. 다음의 일화는 체계적인 교습 방법의 필요성을 시사해 주고 있다.

1930년대에 앨버트 아인슈타인 박사가 프린스턴 대학에서 강의할 때의 일이다. 과학 기술원의 창립자는 골프광이었는데, 그는 아인슈타인을 볼 때마다 골프를 한번 배워 보라고 권했다. 처음엔 딱 잘라 거절했던 아인슈타인도 나중에는 프로 골퍼에게 레슨을 받게 되었다. 그 프로 골퍼는 말귀를 알아듣지 못하는 아인슈타인 때문에 짜증이 났지만 새로운 조언을 계속해 주며 열심히 가르쳤다. 쏟아지는 프로 골퍼의 조언에 머리가 혼란스러워진 아인슈타인은 어느 날 3개의 볼을 한꺼번에 프로 골퍼에게 던지며 '받아 보라'고 소리쳤다. 프로 골퍼는 정신없이 팔을 휘저었지만 단 한 개의 골프 공도 잡아내지 못했다. 잠시 후 아인슈타인이 말했다.

"젊은이, 아마 볼을 한 개만 던졌더라면 잡을 수 있었을 걸세. 그런데 몇 개를 한꺼번에 던지니 하나도 못 잡지 않았나! 그러니 이제부터 누굴 가르칠 때는 한 번에 한 가지만 지적하도록 하게."

톱 PGA 프로들도 자신의 스윙을 개선하기 위하여 코치에게 지속적인 점검을 받고 있다. 잭 니클라우스는 스승인 잭 그라우트에게 레슨을 받았고, 타이거 우즈도 부치 하몬이라는 티칭 프로에게 스윙에 대한 체크를 받았다. 타이거 우즈는 전 세계의 슈퍼 스타들의 스윙을 연구했는데, 톰 왓슨의 퍼팅과 리 트레비노의 웨지 샷, 잭 니클라우스의 롱 아이언 샷을 관찰한 뒤 그들의 상황별 플레이 방법을 연구했다고 한다. 골프의 황제라고 불리는 타이거 우즈도 그런 철저한 연구에 기인해 탄생했다고 볼 수 있다.

"각 홀에서 스코어의 반 이상이 50m에서 이루어진다. 따라서 다음 25% 룰을 명심하면 스코어를 좋게 할 수 있다. 즉 25%가 스윙 메이킹, 25%가 숏 게임, 25%가 정신적인 자신감, 그리고 나머지 25%가 코스 관리다." _ 부치 하몬

본 교재는 세계 골프 명사들이 평생 실전 경험을 통해 남긴 주옥같은 골프 스윙의 핵심 이론(27일), 상황에 따른 어프로치 게임 전략(27일), 멘탈 골프(27일), 코스 공략 방법(27일)을 정리하고 유사한 골프 명언을 인용하여 초보자도 보충 설명을 통해 이해하기 쉽게 정리했다. 또한 진정한 싱글 골퍼가 되기 위해서 알아두어야 할 상식으로, 골프 예절 및 게임 방법·골프와 체력·골프 클럽에 대한 이해도 정리했다. 골프 통계, 인터넷 싸이트, 골프 명사 프로필, 골프 용어도 참고하면 많은 도움이 될 것이다. 이 책 한 권이면 골프의 초석을 쌓는 데 부족함이 없다고 자신 있게 권하고 싶다.

프로 골퍼는 말할 것도 없고 아마추어로 골프에 입문해 일생에 꼭 하고 싶은 것이 있다면 요행을 수반하는 홀인원보다 에이지 슈팅(age shooting : 한 라운드에서 자기 나이와 같거나 낮은 타수의 스코어를 기록하는 것)이라고 한다. 어니 엘스에게 영향을 준 부드러운 스윙으로 유명한 샘 스니드는 67세에 Quad Cities open에서 66타를 기록한 공식 에이지 슈터라고 한다. 잭 니

클라우스는 지난해 1월 Master Card championship에서 3라운드를 68, 66, 67로 끝냈다. 1940년 1월 21일생인 그의 나이 64세에 거의 에이지 슈팅을 할 뻔한 것이다. 부드러운 스윙으로 유명한 샘 스니드는 67세 때 미국 PGA 투어 공식 대회에서 자기 나이보다 하나가 적은 66타의 에이지 슈팅을 기록하여 내 뉴스거리가 되기도 했다.

독자 여러분 모두의 건강과 에이지 슈팅을 위하여!

저자 조준동

골프는 벗이다. 그 벗은 절망을 해독해 준다.

_보브 토스키

● 차례

- 감사의 글 / 5
- 지은이의 말 / 6

|제1장| 세계 골프 명사들의 골프 이론 108가지

1. 골프 스윙의 핵심 이론(27일) · 18
2. 상황에 따른 스윙 전략(27일) · 22
3. 멘탈 골프(27일) · 25
4. 골프 관리 능력(27일) · 29

|제2장| 골프 스윙의 기본

1. 스윙의 기본 · 34
2. 그립(Grip) · 50
3. 셋업(Set-up)과 어드레스(Address) · 53
4. 테이크 어웨이(Take Away) · 62
5. 다운 스윙(Down Swing) · 69
6. 임팩트(Impact) · 팔로 스루(Follow through) · · · · · · · · · · · · 72
7. 골프 연습에 대해서 · 74

|제3장| 상황에 따른 스윙 전략

1. 상황별 기본 원칙 · 78
2. 퍼팅(Putting) · 82
3. 치핑(Chipping) · 93

4. 오르막 칩 샷 ··· 103
5. 내리막 경사의 칩 샷 ··· 104
6. 어프로치(Approach)・피칭(Pitching) 샷 ············· 105
7. 롱아이언(Long Iron) ··· 109
8. 페어웨이 우드(Fairway Wood) ·························· 110
9. 드라이버(Driver) ··· 111
10. 훅(Hook)・풀(Pull)・드로(Draw) 샷 ················ 118
11. 슬라이스(Slice)・푸시(Push)・페이드(Fade) 샷 ··· 120
12. 낮게 날아가는 공을 칠 때 ································ 123
13. 높게 날아가는 공을 칠 때 ································ 124
14. 발보다 낮은 위치에 있을 때 ···························· 125
15. 발보다 높은 위치에 있을 때 ···························· 126
16. 다운힐(Down Hill)에서의 공략 방법 – 오른발의 지면이 높은 경우 ·128
17. 업 힐(Up Hill)에서의 공략 – 왼발이 높은 경우 ············· 130
18. 볼이 러프에 있을 때 ·· 132
19. 볼이 디봇 자국 안에 있을 때 ·························· 134
20. 벙커(Bunker) 샷 ··· 136
21. 생크(Shank)의 원인과 방지법 ·························· 139
22. 패트(Fat) 샷 방지법 ·· 141
23. 토핑(Topping) 방지법 ······································ 142
24. 펀치(Punch) 샷과 바람이 불 때 ······················ 144

25. 나의 골프 노하우 ··· 146

|제4장| 스포츠 심리와 멘탈 골프

1. 스포츠 심리와 멘탈 골프 ··· 162
2. 자기 관리 기법 ··· 166
3. 비전 및 성취 욕구 ··· 171
4. 주의 집중, 직관력 및 결단력 ······································ 173
5. 신뢰 및 자신감 ··· 177
6. 골퍼와 리더십 ·· 181

|제5장| 코스 관리

1. 코스 공략법 ··· 184
2. 코스 공략 사례 ··· 193

|제6장| 부록

1. 코스의 구조 ··· 206
2. 골프 게임 방식 ··· 210
3. 골프 에티켓 및 조언 ·· 213
4. 골프 규칙의 기초 ·· 217

5. 골프 타수 계산 방법 · 220
6. 골프 게임의 종류 · 222
7. 비거리 향상과 안정성에 도움되는 운동 · · · · · · · · · · · · · · · · · · 229
8. 부상의 원인과 예방 · 234
9. 골프 클럽 선택 · 240
10. 아이언의 특성 · 245
11. 드라이버의 특성 · 247
12. 골프 통계 · 251
13. 골프 용어 · 263
14. 골프 인터넷 사이트 · 310
15. 이 책에 인용된 세계 유명 골프 명사들 · · · · · · · · · · · · · · · · · · 311

제 1 장

세계 골프 명사들의 골프 이론 108가지

1. 골프 스윙의 핵심 이론(27일)

*많은 비기너들이 스윙의 기본을 이해하기도 전에 스코어를
따지려고 든다. 이것은 걷기도 전에 뛰려는 것과 같다. _ 진 사라젠*

1. 스윙 축(목 뒤에서 척추에 걸쳐 있는 막대 축)을 중심으로 몸을 회전시켜라.
   _ 짐 반즈
2. 두 손은 클럽을 쥘 뿐 클럽을 휘두르는 것은 팔이다. 그리고 그 팔은 몸통에 의해 휘둘러진다. _ 벤 호건
3. 모든 것을 연결하라. _ 지미 밸라드
4. 신체의 왼쪽으로 리드하라. _ 알렉스 모리손
5. 오른쪽으로 쳐라. _ 토미 아머
6. 머리는 스윙 균형의 중심이다. _ 잭 그라우트
7. 긴장을 풀고 클럽 헤드의 무게를 느끼도록 해야 한다. _ 골프 속언
8. 모든 샷에 대해서 똑같은 기본 스윙을 한다. _ 벤 호건
9. 다음 3가지에 신경 써라.
   클럽이 지나가는 방향, 클럽 페이스의 각도, 임팩트 순간 클럽 헤드의 속도. _ 하비 패닉
10. 백 스윙을 하프 스윙(샤프트가 허리 높이까지 옴)한 뒤 손목을 코킹하면 부드러운 어깨 턴이 이루어지고, 백 스윙의 아크가 커져서 자연스런 쓰리 쿼터 스윙이 이루어지며, 팔로 스루가 커져서 방향성이 좋아진다. 이때 방향성에 중요한 요소는 오른쪽(클럽 페이스 · 오른어깨 · 오른발)을 목

스윙 축을 중심으로 몸을 회전시켜라.

표 방향과 스퀘어하게 유지하는 것이다. _골프 속언

11. 스퀘어 그립(뉴트럴 그립)을 취한다. 클럽 헤드의 파워 전달을 위해서는 클럽을 손가락으로 가볍게 잡는다. _벤 호건

12. 어드레스에 임할 때는 반드시 목표를 설정하고 연습 스윙을 두 번 한 뒤 어떤 스윙을 할 것인지 결정하고 볼이 떨어져 구르는 이미지를 머릿속으로 그리면서 샷하면 볼을 잘 쳐 낼 수 있을까 하는 두려움에서 벗어날 수 있다. 두 발과 어깨가 목표를 향해 평행이 되어 있고 오른손 어깨는 왼쪽 어깨보다 약간 아래쪽에 위치한다. 따라서 머리는 볼 뒤에 위치하는 것이 중요하다. _골프 속언

13. 두 팔이 어깨 밑에 걸려 있는 느낌이 들도록 어드레스 때 손을 몸 가까이 둔다. _톰 왓슨

14. 드라이버는 클로즈드, 롱 아이언은 스퀘어, 그리고 숏 아이언은 오픈 스

탠스가 좋다. _ 벤 호건

15. 볼 앞에서 어드레스를 취하는 것보다 볼 뒤 45도 각도에서 볼에 접근하면서 오른손으로 클럽을 잡고 클럽 페이스를 볼과 목표 방향에 스퀘어하게 어드레스하는 것을 프리 샷(Pre Shot) 루틴으로 정한다. _ 골프 속언

16. 프리 샷 루틴은 우리가 자전거를 탈 때나 걸을 때 또는 옷을 입을 때 하는 무의식적인 습관처럼 의식하지 않고도 자동적으로 이루어져야 한다. _ 캐리 멈포드

17. 왜글의 중요성 : 샷을 예측하라. _ 토미 아머

18. 테이크 백하기 전 클럽 헤드를 땅에서 띄워 가볍게 흔드는 사전 동작은 백 스윙을 낮고 길게 만드는 매우 중요한 동작이다. _ 골프 속언

19. 테이크 어웨이의 시작을 바르게 하면 나머지 문제는 저절로 해결된다. _ 짐 고어젠

20. 스윙이 시작되는 테이크 어웨이는 그립의 세기를 가능하면 약하게 유지해 양팔의 긴장을 최소화한다. _ 골프 속언

21. 올바른 코킹
    1) 백 스윙은 페이스가 볼을 향하게 해서 올려야 한다.
    2) 어드레스 자세에서 손목을 꺾지 않고 허리 높이까지 그대로 가져간다.
    3) 허리 높이부터 손목을 자연스럽게 꺾어 준다. 손목을 너무 일찍 꺾을 경우 다운 스윙에서 손목이 빨리 풀어져 미스 샷이 나오게 된다.

22. 백 스윙은 천천히, 짧게, 그리고 부드럽게(3S : Slower, Shorter, Softer) _ 게리 플레이어

23. 백 스윙을 할 때 오른쪽 무릎을 안쪽으로 조이면 자세가 안정되어 비거리가 나오고 방향성도 좋다. _ 게리 플레이어

24. 백 스윙이 완전히 끝날 때까지는 다운 스윙을 시작해서는 안 된다. 완벽한 스윙 톱을 만들기 위해서 테이크 백에 많은 시간을 갖도록 한다. _ 바

_ 바이런 넬슨

25. 다운 스윙 때 오른팔꿈치를 몸의 옆구리에 가깝게 붙이고 언더 핸드 모션을 취한다. _ 벤 호건

다운 스윙을 허리부터 시작만 하면 스코어가 좋아지는 것은 물론이고, 스윙이나 샷에서 별세계를 맛보게 된다. 다운 스윙 시 팔을 먼저 스윙하고 임팩트까지 체중은 오른쪽에 남기기 위해 오른쪽 다리를 잡아 두고 오른쪽 발바닥을 최대한 바닥에 붙인다. _ 마쓰이 이시오

26. 왼쪽 손목을 견고하게 유지한다. _ 하비 페닉

27. 임팩트 시 몸의 앞쪽에서 임팩트가 이루어지도록 공의 뒤쪽 안쪽에 시선을 두고 임팩트한 뒤 팔은 낮고 길게 목표 방향 쪽으로 뻗는다. 이때는 볼을 끌고 가는 듯한 느낌을 가지게 한다. _ 데이비드 리드베터

볼을 끝까지 보고 임팩트 시 머리 및 오른쪽 어깨를 공 뒤에 남기는 기분으로 볼을 쳐라. _ 부치 하몬

2. 상황에 따른 스윙 전략(27일)

28. 드라이버 샷은 피니시를 잘해야 한다. _ 짐 맥린
29. 페어웨이 우드 샷은 가볍게 쳐야 한다. _ 골프 속언
30. 아이언 샷은 '디봇을 본다'는 자세로 쳐야 한다. _ 골프 속언
31. 그린 사이드 칩 샷은 '천천히' 쳐야 한다. _ 골프 속언
32. 벙커 샷은 모래를 과감히 쳐내야 한다. _ 골프 속언
33. 좋은 퍼팅(시계추 퍼팅)의 3가지 특징 : 눈은 볼 위에 있어야 한다. 팔을 수직으로 유지하고 부드럽게 어깨가 하나의 유닛이 되어 움직이면 부가적인 힘의 작용이 없어도 클럽이 공을 지나가면서 가속이 붙는다.
    _ 데이브 펠츠
34. 멀리 치지 않으면 들어가지 않고, 항상 멀리 쳐도 들어가지 않는다 (Never up, Never in, Always up, Never in). _ 골프 속언
35. 귀로 퍼트하라. _ 잭 화이턴
36. 거리에 대한 감각을 공식화한다. 백 스트로크의 길이를 걸음걸이로 환산해 결정한다. _ 골프 속언
37. 볼을 때리는 것이 아니라 볼을 통과해 나간다고 상상한다. _ 골프 속언
38. 몸에 맡긴다. _ 골프 속언
39. 그린 위의 핀의 위치에 따라 다양한 클럽을 사용한다. _ 톰 왓슨
40. Ball in the air : 볼을 띄우기 위해서는 볼을 스탠스의 가운데 두고 샌드 웨지(56도)를 사용한다. 클럽 페이스를 타깃 방향에 오픈시키면 부드럽게 날아가 떨어지게 할 수 있다. 손목을 꺾고 임팩트 후까지 그 각도를

드라이버 샷은 피니시를 잘해야 한다.

유지한다(Hinge and Hold). _ 부치 하몬

41. 퍼팅 그립(왼손의 힘을 빼고 오른손에 힘을 줌)을 잡고 샤프트의 아랫부분으로 낮게 내려 잡는다. 스탠스 가운데 볼을 두고, 체중은 왼발 쪽에 더 많이 싣고 약간 기운 자세를 취한다. 언더 핸드로 볼을 패스하듯이 백 스윙과 포워드 스윙의 크기를 같게 한다. 샷을 하는 동안 양손은 항상 클럽 헤드보다 앞쪽에 위치해야 한다. _ 하비 패닉

42. 칩샷 11 rule : # Iron = 11 − $\dfrac{Run}{Carry}$ _ 골프 속언

43. 어프로치 : 백 스윙의 길이와 팔로 스루의 길이를 항상 같도록 한다. _ 톰 카이트

44. 롱 아이언은 완벽한 스윙 톱을 만들기 위해서 테이크 백에 많은 시간을 갖도록 한다. _ 폴 로우리

45. 스푼(3Wood)은 왼발에 중심을 두고 왼쪽 다리에 무게 중심을 6 : 4로 실

어 왼발을 지면에 단단히 부착하는 느낌으로 하고, 왼다리도 견고하게 지탱한다. _ 마쓰이 이사오

46. 드라이브 샷을 똑바로 보내기 위한 세 가지 방법은 '균형, 균형, 균형' 이다. _ 캘빈 피트(Calvin Peete)

47. 드라이버 솔(sole)을 뜬 채로 어드레스하는 것이 좋다. _ 딕 올트만

48. 푸시 아웃은 몸이 왼쪽으로 스웨이되는 경우나 콕의 릴리즈를 느리게 하는 경우에 스윙이 지나치게 인사이드 아웃되어 생긴다. _ 골프 속언

49. 페이드를 치는 방법 : 페이드를 생각한다. _ 샘 스니드

50. 볼이 발보다 위에 있고 로프트가 큰 클럽을 사용할 때는 볼이 왼쪽으로 날아가는 풀 샷이 되기 쉬우므로 충분히 오른쪽을 겨냥한다. _ 톰 왓슨

51. 다운 힐 : 테이크 백은 짧게 밖으로 들고, 팔로 스루는 경사를 따라 길게 한다. _ 타이거 우즈

52. 업 힐 : 경사면을 향해 볼을 내리누른다고 생각한다. _ 세르히오 가르시아

53. 그린 근처 러프에서는 60도 로브 웨지를 사용한다. 먼저 클럽 페이스를 열고 그립을 잡는다. 목표를 왼쪽으로 잡고 V-shape 스윙 형태를 이용 아웃사이드 인으로 스윙한다. V-shape 스윙이란 손목을 가파르게 바로 꺾고 다운 스윙도 가파르게 하는 것을 말한다. _ 사이몬 홈즈

54. 벙커 샷 : 클럽 헤드가 볼의 아래쪽으로 미끄러지며 반대쪽으로 뚫고 나가는 장면을 상상한다. _ 세르히오 가르시아

3. 멘탈 골프(27일)

55. 골프 게임의 90%는 멘탈이다. 따라서 제대로 플레이하지 못하는 골퍼들에게 필요한 것은 레슨 프로가 아니라 바로 정신과의 싸움이다. _ 톰 머피

56. 연습의 양이나 강도 못지 않게 중요한 것은 선수들이 연습할 때 쏟는 노력과 집중력의 질(質)이다. _ 한명우

57. 골프 코스는 여러 가지 어려운 상황에 처하게 하므로, 강한 정신력과 자제력 없이는 정복하기 어려운 곳이다. 따라서 그것을 이루겠다는 강력한 집념이 필요하다. 이것은 골프뿐만 아니라 인생을 살아가는 데 있어서도 적용되는 진리다. _ 닉 팔도

58. 타깃 스윙 : 뚜렷한 목표 지점에 집중하라. _ 조니 밀러

59. 타깃을 향해서 눈의 초점을 맞추고, 그 타깃을 집어삼키듯이 과감하게 공략한다(Aim for the Bull's eye! Stomach it! Be aggressive!). _ 로얄 멜버른 골프 클럽(Royal Melbourne G.C.)

60. 정확한 결단, 나이스 샷, 그리고 냉정의 3요소가 갖추어질 때 좋은 스코어가 나온다. _ 데이비스 러브 3세

61. 경기 중 좋지 않았던 샷에 대해 다시 생각하지 않는 것이 좋다. 노여움을 컨트롤하는 방법은 마음놓고 크게 웃는 것이다. _ 톰 왓슨

62. 골프는 연애와 같다. 심각하게 하면 마음이 아프고, 그렇지 않으면 재미가 없다. _ 아놀드 댈리

63. 최후의 순간, 당신은 당신 자신과 맞선다. 당신은 골프 코스와 맞서는

골프 게임의 90%는 멘탈이다. 제대로 플레이하지 못하는 골퍼들에게 필요한 것은 레슨 프로가 아니라 바로 정신과의 싸움이다.

것이 아니고, 언제나 당신 자신과 당신의 능력과 한계, 그리고 자신이 만들어 낸 압박감 속에서 발휘할 수 있는 능력에 확신을 갖느냐는 문제와 직면하게 된다. _ 타이거 우즈

64. 좋은 골퍼는 볼을 치는 동안 좋은 일만 생각하고, 서툰 골퍼는 나쁜 일만 생각한다. _ 진 사라젠

65. 나의 골프 인생이 성공한 것은 멋진 스윙을 이미지화한 덕분이라고 생각한다. _ 잭 니클라우스

66. 절대 포기하지 마라. 게임을 포기하는 것은 인생을 포기하는 것이다. _ 톰 왓슨

67. 바람직한 골퍼는 남이 자기를 어떻게 생각하는지 상관하지 않는다. _ 골프 속언

68. 스윙에 대해서 생각하는 대신 땅 위의 한 지점에만 마음을 집중시키면

임팩트가 좋아진다. _ 하비 패닉

심리적인 전략 : 볼을 스윗 스폿에 정확히 맞히려는 노력만 한다. 그럼으로써 스윙에 집중할 수 있다. _ 톰 왓슨

69. 스윙하는 동안에는 결코 자신에게 레슨을 해서는 안 된다. _ 줄리어스 보로스

70. 우유부단은 긴장을 만들고 남아 있는 자신감마저 없앤다. _ 새론 모란

71. 골프 라운딩 중 미스 샷을 많이 내고 싶거든 이런저런 생각을 많이 하라. _ 샘 스니드

72. 생각이 적을수록 스윙이 좋아진다. _ 보비 존스

73. 가상의 원을 생각한다. 원 안에는 긍정적이고 이완시킬 수 있는 생각들로 채운다. '평화 · 집중 · 재미 · 쉽다 · 템포가 좋다' 등. '좌절 · 분노 · 걱정 · 스코어 · 긴장 · 과도한 생각'은 바깥으로 보낸다. _ 렌 지아마테오

74. 백 스윙 전 폐를 비워 두고 임팩트 때 10%를 토해 낸다. _ 폴 도우셀

75. 골프가 어려운 것은 정지한 볼을 앞에 두고 어떻게 칠 것인가 하고 생각하는 시간이 너무 길다는 데 있다. _ 아치 호바네시안

76. 일단 긴장하게 되면 일련의 동작이 빨라지게 되어 리듬감과 타이밍을 잃기 쉽다. 긴장감 자체를 없애기는 어렵지만 일련의 동작을 서두르지 않고 차분하게 마무리하는 방법은 일련의 동작을 패턴화하는 것이다. 스코어를 생각하면 집중력을 유지하기가 어려워진다. 집중력을 향상하는 방법으로 프리 샷 루틴이 아주 효과적이다. _ 게리 길크리스트

77. "아빠! 자신의 스윙을 믿으세요!" _ 쾌스 싱

78. 자신을 가져라. 자신감이란 진실이나 사실의 실체를 확실하게 믿는 것, 또는 자신의 능력을 신뢰하거나 의지하는 것이다. _ 하비 패닉

79. 당신 자신 이상으로 당신의 스윙을 잘 알고 있는 사람은 없다. _ 더그 포드

80. 먼저 샷을 머릿속으로 그려 본 다음 실행에 옮긴다. _ 잭 니클라우스

81. 가장 조화로운 삶은 이론과 실천, 생각과 행동이 하나가 되는 삶이다.
_ 헬렌 니어링

4. 골프 관리 능력(27일)

82. 대개의 골퍼들은 골프를 플레이하는 것만 알고 있지 코스를 플레이하는 것은 잊고 있다. _ 토미 아머
83. 어떻게 볼을 칠 것인가가 아니라 어떻게 홀을 공략할 것인가가 이기는 조건이 된다. _ 골프 속언
84. 볼 앞 1~2m 지역에 중간 목표물을 정한 다음에는 그 목표물을 향해 샷을 한다는 생각으로 실제 목표물을 다시 보지 않고 스윙에만 집중하면 성공하는 경우가 많다. 퍼팅 라인도 한번 정하고 나면 - 볼의 방향선에 퍼터 클럽 페이스의 스윗 스폿이 임팩트되게 하면 - 실제 목표물에 대한 걱정을 잊고 스윙에만 집중한다. 이처럼 항상 두 번에 나누어서 생각하는 습관을 기르는 것이 좋다. _ 골프 속언
85. 과감히 레이 업을 시도하라. 만일 코스를 잘 몰라 티 샷이 트러블 지역에 빠졌다면 무조건 더 나은 확률을 위해 레이 업하는 것이 좋다. _ 골프 속언
86. 비거리의 일관성을 유지하려면 그립과 어드레스와 스윙에 일관성이 있어야 한다. _ 골프 속언
87. 티 샷은 세컨드 샷이나 어프로치 샷을 하기 좋은 곳으로 볼을 보내려는 마음가짐을 갖고 이를 실행에 옮긴다. 아이언 샷은 퍼팅 라인이 쉬운 지점으로 볼을 보낸다. _ 골프 속언
88. 난이도가 높은 홀에서 자신이 없으면 짧게 친다. _ 골프 속언
89. 러프에서는 그린 위로 올린다는 생각보다는 안전한 곳으로 볼을 치고

대개의 골퍼들은 골프를 플레이하는 것만 알고 있지 코스를 플레이하는 것은 잊고 있다.

어프로치를 기대하는 자세가 필요하다. _ 골프 속언

90. 바람 속에서 최상의 비결은 바람과 맞서는 것이 아니라 바람에 순응하는 것이다. _ 헨리 롱허스트

91. 타깃에 도달하려면 큰 클럽을 사용하라. 어느 클럽을 쓸 것인가가 망설여질 때 큰 쪽을 택해 편하게 쳤을 때 결과가 나빴던 일이 거의 없다. _ 헨리 피커드

92. 다년간의 경험을 통해서 깨달은 것은 볼을 더 위에 높게 올려놓고 공중에서 치는 것이 땅 위에 놓고 치는 것보다 저항이 적다는 것이다. _ 잭 니클라우스

93. 모든 샷을 어프로치로 생각하라. _ 골프 격언

94. 핀을 겨누지 말고 그린 중앙을 겨누어라. _ 골프 속언

95. 그린 중앙을 겨누고 핀 쪽으로 페이드 또는 드로 샷을 이용해 핀에 근접

시키는 방법을 사용한다. _ 잭 니클라우스

96. 벙커나 해저드, 또는 그린의 경사를 피해 안전한 곳을 겨냥하고 핀 쪽으로 볼이 떨어지게 치는 방법이 매우 효과적이다. _ 닉 팔도

97. 공을 퍼트할 수 있거든 퍼터를 이용하라. _ 골프 속언

98. 80타를 깨고 싶으면 3개 홀에 보기 하나씩 한다는 마음가짐으로 임해 보라. _ 골프 속언

99. 홀의 구조를 파악하고 그린에서부터 페어웨이, 티 박스까지 바람직한 중간 지점을 미리 계획한다. _ 골프 속언

100. 첫 홀에서의 티 샷은 그날 라운드의 분위기를 결정하기 때문에 가장 중요하다. 그러므로 가장 자신 있는 클럽을 선택해 거리보다는 방향성을 중시한다. _ 골프 속언

101. 첫 홀의 드라이브 샷은 긴장하게 되므로 타이밍을 놓치기 쉽다. 따라서 물이 흐르는 듯한 템포를 유지하면서 과감하게 치는 것이 중요하다. _ 골프 속언

102. 본인이 선택한 클럽을 믿고 과감하게 샷한다. _ 골프 속언

103. 퍼센테이지 어프로치 샷을 하는 것이 스코어를 올릴 수 있는 가장 좋은 방법이다. _ 잭 니클라우스

104. 3번 또는 5번 우드를 사용할 때는 그린 중앙을 겨냥하기보다는 그린 앞쪽 프린지에 떨어뜨려 굴러 들어가도록 한다. _ 골프 속언

105. 슬라이스가 나는 골퍼는 티 박스 오른쪽에 티를 꽂고 페어웨이 왼쪽을 향해 티 샷한다. _ 골프 속언

106. 왼쪽에 병행 워터 해저드[1]가 있는 도그렉(dog leg) 홀인 경우, 티 샷을 페어웨이의 오른쪽으로 하면 안전하게 핀을 공략할 수 있다. _ 골프 속언

1) 병행 워터 해저드(lateral water hazard) : 페어웨이와 나란히 길게 뻗어 있는 워터 해저드. 해저드 후방 지점이 너무 멀리 있을 가능성이 있기 때문에 그린 쪽 해저드 전방에 놓고 플레이한다.

107. 오른쪽으로 도그렉이 있고 오른쪽 워터 해저드를 넘겨야 하는 코스에서는 워터 해저드에서 멀리 떨어져 있는 왼쪽 페어웨이 쪽으로 공략하는 것이 좋다. _ 골프 속언

108. 앞에 물이 있을 때는 공을 똑바로 보고, 과감하면서도 공격적인 태도가 중요하다. _ 골프 속언

제2장

골프 스윙의 기본

1. 스윙의 기본

2004년, 레이크사이드 CC 남코스에서 제23회 매경 오픈 골프 대회(국제대회)가 있었다. 필자가 사는 분당에서 가까워 참석해 보았다. 크레이그 페리, 마크 켈커바키아 등 미국 PGA 대회 우승자도 참가했다.

3라운드에서는 조현준, 켈커바키아, 장익제가 한 조로 선두를 지키고 있었다. 조현준 프로가 9번 홀에서 이글을 낚았다.

장익제 프로는 켈커바키아의 뒤를 이어 2위로 나가다가 드라이브 샷이 OB가 나 더블 보기로 선두에서 밀려났다.

신용진 선수도 드라이브 샷을 물에 빠뜨렸다. 역시 스코어에 큰 영향을 주는 것은 드라이브 샷이다.

장익제 선수는 퍼팅 감각이 뛰어나지만 드라이버 샷이 OB 한 방에는 당하지 못했다.

어프로치 샷은 켈커바키아와 크레이그 페리가 뛰어났다.

켈커바키아는 10m 어프로치를 샌드 웨지로 디봇을 만들면서(볼은 오른발 오른쪽) 런닝 어프로치를 하는데, 방향성이 매우 우수하고 원 칩 홀인하는 장면도 있었다. 젊은 한국 선수들에 비하여 오랜 PGA 경험에서 나온 것이다.

드라이브 거리는 세 선수가 모두 비슷했다. 역시 드라이버에 실수가 없다고 했을 때 스크램블링(scrambling : 정규 타수 만에 온 그린시키지 못한 경우 그린 주변에서 2타 만에 파 세이브 이상 하는 것)이 스코어에 가장 중요한 요소다.

왼쪽 페어웨이의 워터 해저드에서 켈커바키아는 3우드를 잡은 반면 다른 두 선수는 드라이버를 잡았다. 하지만 거리 및 정확도는 켈커바키아가 우세했다. 만일 신용진 선수가 3우드를 잡았다면 물에 빠뜨린 2개의 공을 잃어버리지 않았을 것이다.

이처럼 볼을 똑바로 적당히 멀리 보낼 수 있는 스윙 기술이 골프에서는 가장 기본이다.

1. 스윙 축을 중심으로 몸을 회전시켜라. _ 짐 반즈, 《A guide to good golfer》

- 통 안에서 회전하라. _ 퍼시 부머

거리와 의도한 방향성을 유지하기 위해 그립과 스탠스 못지 않게 중요한 것이 몸통 회전이다. 올바른 몸통 회전은 통 안에서 매끄럽게 피봇(Pivot)이 이루어져야 한다. 양팔로만 클럽을 휘두르지 말고 백 스윙에서

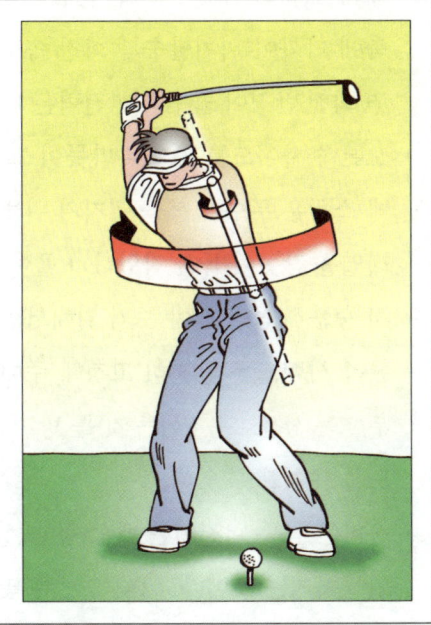

스윙의 기본 : 스윙 축을 중심으로 몸을 회전시켜라.

피니시까지 몸통 회전이 이루어져야 함을 뜻한다. 토핑이나 슬라이스 등은 바로 몸통 회전을 무시하고 성급하게 팔로만 스윙을 주도하려는 데서 비롯되기 때문이다.
- 수평 회전을 의식한다. 몸이 수평으로 회전하면 임팩트가 안정되어 큰 실수로 연결되지 않는다. 시간이 있을 때는 실수의 원인을 수정하려 하지 말고 수평 회전의 연습 스윙을 반복하는 것이 컨디션을 회복하는 데 효과적이다.
- 물 흐르듯 부드럽고 자연스럽게 스윙하라. 백 스윙 및 임팩트 시의 머리 위치는 어드레스 시의 위치와 동일하게 한다.
- 백 스윙에서 체중이 오른쪽으로 옮겨가는 것은 어깨와 허리가 오른쪽으로 회전하기 때문이지 어깨와 허리가 오른쪽으로 이동하기 때문은 아니다. _딕 메어
- 축을 중심으로 한 몸의 회전 운동에서 물체의 모든 점은 그 원의 중심에 대해 호를 그리는데, 회전 운동은 움직여야 할 물체의 무게 중심이 회전 축에 가까이 위치할수록 회전 속도가 빨라지고, 회전 속도가 일정하다면 회전 반경이 클수록 회전력은 더 커진다.
- 오른쪽 사이드를 못으로 박듯이 고정하라. _토미 아머

  백 스윙은 투수가 볼을 던지기 위해 와인드 업하는 것과 같은 현상으로, 태엽을 감듯이 몸을 감았다가 풀어 주는 힘으로 볼을 치는 것이다. 따라서 충분히 몸을 감아 주기 위해서는 태엽이 고정된 축이 있듯이 몸의 오른쪽 사이드를 완전히 고정해 주어야 한다. 그래야만 스웨이(상체가 좌우 또는 상하로 움직이는 것)를 방지해 힘의 분산을 막고 견고한 스윙 궤도를 유지할 수 있다.
- 올바른 몸통 회전이란 백 스윙 때 상체를 감아 주는 동작에 의해 파워가 만들어지는 것이다. 이때 오른쪽 및 왼쪽 무릎의 위치를 그대로 유지하

면 하체와 상체의 꼬임이 이루어지고, 다운 스윙 때 상체를 풀어 주면 에너지가 극대화된다. 또한 하체가 안정되어 축의 흔들림이 없는 몸통 회전이 이루어진다.
- 가장 중요한 스윙의 기본은 팬덜럼(Pendulum : 시계추)을 이용하는 것이다. 즉, 두 다리는 단단히 고정시켜야 하며 손과 몸의 움직임이 하나가 되어 ― 시계추의 기둥 및 추와 같이 ― 백 스윙하고, 임팩트할 때까지 두 발은 지면에 단단히 고정시키는 노력이 필수다.

2. 두 손은 클럽을 쥘 뿐 클럽을 휘두르는 것은 팔이다. 그리고 그 팔은 몸통에 의해 휘둘러진다. _ 벤 호건

- 벤 호건의 이 말은 몸통 중에서도 허리의 회전 속도를 빠르게 하면 팔의 회전 속도가 빨라져 공을 똑바로 멀리 보낼 수 있게 된다는 말이다. 손가락 끝으로 스윙하지 말고 몸의 커다란 근육을 크게 움직인다.
- 만약 볼이 깨끗하게 접촉되지 않으면 회전축이 문제가 될 수 있다. 예를 들어 팽이가 축을 중심으로 도는 감각이 있고, 그 축을 중심으로 팔과 클럽이 움직여야 되는데 혹시 팔이 몸을 돌리지는 않는지 생각해 보라. 몸이 팔을 돌리는 것이고, 클럽을 들어올리는 느낌이 있어야 한다. 골프 스윙의 기본은 몸의 축을 어드레스 상태로 유지하고, 그 축에 대해서 두 어깨를 수평으로 회전시키는 것이다.
- 볼이 제대로 맞지 않으면 아무래도 손끝으로 맞히려는 동작이 강해진다. 당장 효과가 나타나고 편하기 때문이다. 이런 실수를 방지하기 위해 몸의 회전을 의식해 큰 근육을 많이 움직인다.

3. 모든 것을 연결하라. _ 지미 밸라드

- 두 팔의 윗부분은 가슴과 겨드랑이에 밀착되어 연결된 상태여야 하고, 두 팔과 두 손목은 서로 결합되어 있다는 느낌이 들어야 한다. 그 느낌은 스윙하는 동안 계속 유지되어야 한다. 특히 백 스윙 시 오른쪽 팔꿈치는 항상 지면을 향하도록 오른팔 윗부분이 몸에 밀착되어 있는 느낌을 가져야 한다. _ 벤 호건
- 좋은 골프 스윙의 기본은 한 유닛으로 움직이는 것이다. 즉 힘 전달의 2가지 엔진(engine)인 몸무게와 클럽 헤드의 무게가 동시에 볼에 전달되게 한다. _ 사이몬 홈즈
- 팔과 몸통이 동기화(Synchronization)되어 함께 움직여야 하고, 몸부터 클럽 헤드까지의 넓이가 스윙 중에 등을 축으로 항상 일정하게 최대의 넓이로 유지되도록 팔을 곧게 뻗어야 한다. 팔과 몸이 연결되기 위해서는

스윙의 기본 : 모든 것을 연결하라.

팔을 몸에 가까이하기 위해 어드레스 때 팔을 중력에 맡겨 지면과 수직이 되도록 한다.

- 허리가 유연한 사람은 톱에서 오버 스윙이 되기 쉽다. 다운 스윙에서는 겨드랑이가 몸에서 떨어져 손과 몸의 움직임이 일치하지 않게 되어 헤드 스피드가 나오지 않는다. 손을 몸 가까이 사용한다. 특히 다운 스윙에서는 왼손을 몸 쪽으로 당기듯이 끌어당긴다. 이렇게 함으로써 겨드랑이가 조여져 손과 몸이 연결되고 스피드가 생긴다. 이것은 손으로 추가 달린 실을 돌릴 때 실의 길이를 짧게 해 돌리면 스피드가 빨라지는 것과 같은 원리다. 또한 타깃 주위에 해저드가 많은 어려운 홀인 경우에는 클럽을 짧게 잡고 머리를 뒤로 남긴다는 생각으로 스윙하면 방향성이 좋아진다.

- 백 스윙 시 타깃 방향과 반대 방향으로 똑바로 가져간다. 즉 타깃과 스윙 방향은 항상 연결되어 있다.

- 우주의 신비를 풀기 위한 초끈 이론[1]이나 인간의 신비를 풀기 위한 인드라망 이론[2]은 골프 스윙의 신비를 풀기 위한 '모든 것을 연결하라' 는 이론과 유사한 점이 있다고 본다. 그러나 인간의 능력은 그것을 연결하는 끈이 있다고 확신할 뿐 그것을 연결하는 방법은 찾아내지 못한다. 골

---

[1] 초끈 이론(super-string theory) : 우주와 자연의 신비에 대한 이해에 도움을 준다. 자연계의 기본 입자는 점이 아니라 끈으로 되어 있다. '끈 이론' 이란 자연계를 구성하는 기본 입자들이 사실은 미세한 끈으로 이루어져 있다는 이론이다. 이 이론에 따르면 우주는 11차원으로 이루어져 있는데, 이 중 4차원만 우리 눈에 보이고 나머지 7차원은 아주 작게 접혀 있어 관측하기 어렵다는 것이다. 초끈 이론은 초대칭성 + 끈 이론이다. 매우 짧은 거리에서 4가지 힘(중력·전기 자기력·약력·강력)을 통일한 F-이론(Father)은 힘을 변환할 수 있으므로 무한대의 에너지를 얻을 수 있다는 이론이다.

[2] 무궁무진한 인연에 의해 존재하는 연기의 법칙을《화엄경(華嚴經)》라는 불경에서는 '인드라망' 으로 비유하고 있다. 저 하늘 세계에는 인드라 신의 그물이 온 우주를 감싸고 있다고 한다. 그런데 그 인드라의 그물에는 각각의 그물코마다 아름다운 투명 구슬이 달려 있어서 하나의 구슬에도 나머지 숱한 구슬이 비춰지고 있으며, 하나의 그물코만 잡아당겨도 온 우주에 두루 펼쳐진 그물 전체가 함께 움직인다는 것이다. '나' 라는 존재 하나에도 우주적인 협력과 조화가 집약되어 있다는 비유다. 즉, '인드라망' 이란 만물이 모두 상관 관계를 갖고 연결돼 있다는 것으로, 부분이 전체 속에 들어 있지만 역으로 전체가 부분에도 들어 있다고 본다. 이 세계의 어느 부분도 고립되어 존재하는 것은 하나도 없다. 모든 것은 다른 것과의 관계 속에서만 존재한다. 따라서 어떤 부분도 그가 속한 우주 전체와 연관되고 동시에 우주를 반영하고 있다. _ 물리학자 프리초프 카프라의《The Hidden Connections》《현대 물리학과 동양 사상》《The web of life》

프에 비유하면 스윙과 타깃이라는 두 가지를 연결시키는 것이 중요하다. 즉, 목표 설정(어드레스)과 스윙 동작을 함께 연결시켜 수행하는 것이 이상적이라고 할 수 있다. 그러나 수많은 골퍼들이 부단한 연습을 하지만 그 단계에 도달하는 사람은 인간의 능력이라기보다는 신이 부여한 선물이라고 말하는 것이 타당할 것이다. 따라서 필자는 두 가지를 함께 생각하기보다는 두 가지를 분리한 다음 한 가지에 힘을 쏟음으로써 좋은 결과를 가져올 수 있다고 본다. 스윙 또한 구분 동작에 대한 완성을 통해 전체 동작을 익히는 방법이 효과적이라고 본다. 예를 들면 전체 백 스윙을 구분 동작으로 나누어 쿼터 스윙에서 잠시 멈추어 자세를 확인하고 그 다음 쓰리 쿼터 스윙 톱에서 잠시 멈추어 비축된 에너지를 발산할 준비를 한 다음 볼을 향해 힘차게 다운 스윙하는 것이다. 따라서 스윙 연습은 다음과 같이 9단계로 이루어진다.

스윙 연습의 9단계

1. 목표 설정 : 공이 날아가서 떨어진 다음 구르는 것까지 상상한다.
2. 셋업 : 공 앞 1m 부근에 목표와 공을 잇는 일직선상에 표식을 한다.
3. 어드레스 : 오른발을 목표 방향과 스퀘어하게 발끝 부분이 전방을 향하도록 한다.
4. 스트로크 어웨이 : 백 스윙은 목표 방향의 반대 방향으로 곧게 뒤로 가져간다.
5. 코킹 : 샤프트가 허리 위치에 있을 때 코킹해 클럽을 들어올린다.
6. 스윙 톱 : 쓰리 쿼터 스윙 톱에서 잠시 멈춘다. 이때 눈은 공을 보고 있다.
7. 사이드 스루 임팩트 : 다운 스윙 시 오른쪽 팔꿈치가 오른허리 부근을 스치고 갈 정도로 한다.
8. 디봇 확인 : 스트로크 후에 머리가 공 뒤에 남겨지고 공이 떠난 자리에 디봇을 확인한다.
9. 피니시 : 공이 날아가 떨어져 앉을 때까지 피니시 동작을 그대로 유지한다.

4. 신체의 왼쪽으로 리드하라. _ 알렉스 모리손

- 왼쪽 다리를 고정하라. 왼발로 브레이크를 밟는다는 느낌으로 스윙하라. 그러면 임팩트 시 왼쪽 하체가 미끄러지는 것을 방지해 주고 상체가 완벽하게 풀리면서 최대한의 파워를 내게 해 준다. _ 데이비드 리드베터
- 골프 스윙에서 왼손은 방향을 안정시키고 오른손은 힘을 가해 거리를 결정한다. 그래서 멀리 보내려고 할 때 오른손으로 치는 것은 당연하지만 평소 힘이 좋은 오른손에 힘이 더해져 왼손의 기능이 죽어 버리기 때문에 잘못된 결과가 나타나는 것이다. 따라서 왼손의 리드가 부족하면 방향이 안정되지 않을 뿐만 아니라 거리까지 손해를 보게 된다. 보통 장타를 내고 싶으면 클럽 헤드의 스피드를 가속시켜야 한다. 클럽 헤드를 빠르게 하기 위해서는 무엇보다 왼팔로 클럽을 끌어내리고 그 속도로 오른팔로 힘차게 치면 팔로 스루가 쉬워지며 볼이 똑바로 날아가게 된다.

스윙의 기본 : 신체의 왼쪽으로 쳐라.

5. 오른쪽으로 쳐라. _ 토미 아머, 《How to play your best golf all the time》

- 다운 스윙 때 팔과 손은 몸통에 비해 회전 아크가 더 크기 때문에 몸통보다 더 빠르게 회전되어야 한다. 몸통이 회전 속도와 동기화되기 위해서는 오른쪽으로 힘차게 쳐내야 한다.
- 스윙 중에는 두 팔 중 한 팔은 항상 곧게 뻗어 있어야 한다. _ 벤 호건
 이 말은 백 스윙에서는 왼팔이 오른쪽을 주도해 왼팔을 곧게 뻗어 백 스트로크하고, 팔로 스루 때는 반대로 오른팔을 곧고 힘차게 뻗어 왼쪽을 주도해 몸의 회전을 돕는다는 말이다.
- 테이크 어웨이와 팔로 스루 때 양팔을 뻗어 주는 동작은 파워와 정확성을 증대시킨다. _ 타이거 우즈
- 팔로 스루 때는 오른손은 뻗고 왼쪽 겨드랑이는 조임으로써 리스트 턴(wrist turn)이 자연스럽게 이루어지고 클럽 헤드가 인사이드로 바뀌게 된다. _ 사이몬 홈즈

6. 머리는 스윙 균형의 중심이다. _ 잭 그라우트

- 머리가 고정되면 스윙 축이 움직이지 않게 된다. 그러나 백 스윙 시 체중 이동 및 어깨를 돌리기 위해서 머리를 약간 움직이는 것은 문제가 없다. 이때 스윙 축이 움직이지 않도록 한다. _ 마쓰이 이사오
- 스트로크하는 동안 의식적으로 머리를 고정하기 위한 노력을 해야 한다. 물론 그렇게 하기 위해서는 오랜 노력과 집중이 필요하다. 따라서 이러한 자세가 습관이 될 때까지 많은 연습이 필요하다. _ 아놀드 파머
- 머리의 위치는 원심력 스윙의 닻 역할을 한다. 머리는 목과 연결되어 있고, 목은 어깨와 등에 연결되어 있고……. 결국은 발과 연결되기 때문에

머리는 스윙 균형의 중심이다.

목은 모든 것에 영향을 주는 가장 중요한 요소라고 할 수 있다. 따라서 볼의 위치와 머리 위치를 연결하는 선상에서 몸통, 팔, 그리고 클럽 헤드가 동시에 볼에 전달되도록 하는 스윙이 공에 최대의 파워를 전달해 준다.

- 머리가 움직이면 균형도 스윙의 아크도 몸의 동작도, 그리고 타이밍까지도 바뀐다. _ 잭 그라우트
- 연습할 때 하프 스윙 위치에서 왼손등이 전면을 가리키고(왼팔이 타깃 라인과 평행하게 됨) 코킹이 이루어진 것을 눈으로 확인하면 자신감을 얻을 수 있다. 다운 스윙 때는 머리 및 시선이 왼손등에 집중되고 왼손등이 정면을 가리키는 것을 확인한다. 물론 이때는 축이 스웨이되지 않도록 해야 한다. 임팩트할 때 머리는 어드레스 위치에, 즉 공 뒤에 남아 있어야 한다.

- 체크 포인트를 두 가지로 줄일 것 : 볼을 잘 보고 다운 스윙에서 머리를 남겨 둔다는 생각이 머릿속에 있으면 스윙은 자연히 느긋해진다. 임팩트 전에 머리를 들게 되면 자연히 어깨가 앞으로 빠지거나 내려가고 토핑이 난다. 다운 스윙 시에는 머리를 고정해 임팩트까지 공을 보고 있어야 하며, 그 다음부터는 클럽 헤드나 손을 따라서 자연스럽게 머리가 따라가 주어야 완벽한 피니시로 거리를 낼 수 있다. _ 마쓰이 이사오

- 골프 스윙의 최대 적은 헤드 업이다. 볼의 행방이 마음에 걸리기 때문에 치는 순간 자기도 모르게 머리가 목표 방향으로 들리기 쉽다. 볼을 칠 때는 확실하게 치는 것만을 생각해야 한다. 볼에 마음을 집중하고, 친 뒤에도 잠깐 동안 볼이 있던 장소를 바라본다는 생각을 가지면 된다. 임팩트 후 잠시 동안 머리를 공 뒤에 남기는 기분으로 팔로 스루가 이루어지면, 머리와 오른발을 끈으로 연결한다고 가정했을 때 등 쪽의 곡선이 활 모양이 된다.

- 팔로 스루에서 손이 허리를 지난 뒤에도 머리가 공이 놓인 자리를 그대로 보려고 노력하면 리스트 턴이 생기고 팔을 뻗게 된다. 나무 위나 높은 언덕 위로 공을 쳐낸다고 생각한다. 그러면 머리가 후방에 머물러 있으면서 공의 아래쪽을 때려 올리는 느낌을 갖게 된다. _ 게리 플레이어

7. 긴장을 풀고 클럽 헤드의 무게를 느끼도록 해야 한다. _ 골프 속언

- 클럽 헤드의 무게를 느끼면서 스윙하면 클럽 페이스의 위치와 스윙 궤도, 스윙 플레인을 감지할 수 있다. 클럽 헤드의 무게를 느끼는 일이야말로 클럽 헤드를 볼에 되돌리는 데 가장 중요한 요소가 된다는 의미다. 클럽 헤드의 무게를 느끼기 위한 기술은 다음과 같다.

  그립은 가볍게 잡아라. 가장 중요한 요소다. 그립을 손바닥이 아닌 손가

긴장을 풀고 클럽 헤드의 무게를
느끼도록 해야 한다.

락으로 균형 있게 감싸 잡으면 클럽 전체의 무게가 평소보다 가볍게 느껴지면서 클럽 헤드의 무게를 쉽게 느낄 수 있을 것이다. 클럽을 자연스럽게 회전시켜 줄 수 있을 뿐 아니라 충분한 힘을 실어 줄 수 있기 때문이다. 특히 바람이 불 때는 그립을 강하게 해 팔에 긴장감을 주기 쉬운데, 그럴수록 가볍게 쥐어야 한다.

- 어드레스 상태에서 클럽 헤드를 지면으로부터 살짝 띄우면 클럽 헤드의 무게를 쉽게 느낄 수 있으며, 스윙 요소에 대한 감각이 향상된다. 이 때 양팔은 자연스럽게 늘어뜨리고, 그립 압력을 가볍게 유지하면 백 스윙 시에 자연스러운 코킹을 만들어 낼 수 있다. 이러한 일련의 조치는 자연스럽게 올바른 스윙 궤도와 스윙 플레인으로 이어진다.

8. 모든 샷에 대해서 똑같은 기본 스윙을 한다. _ 벤 호건

- 벤 호건의 스윙 플레인 : 백 스윙의 평면은 볼에서 위쪽을 향해 양어깨에 걸쳐 경사져 있다. 백 스윙 시 양팔이 허리 높이까지 온 시점에서 백 스윙이 끝날 때까지 그 평면과 평행하게 움직여야 한다. 다운 스윙에서는 감겨 있는 양쪽 허리를 풀어 체중을 왼쪽으로 이동하고, 그러면 오른쪽 어깨가 자연히 기울어진다. 따라서 다운 스윙 평면은 백 스윙 평면보다 낮은 위치에 있게 된다. 허리를 사용하면 그 평면을 유지해 인사이드 아웃이 되기 쉬운 반면 팔이나 어깨를 이용해 다운 스윙하게 되면 인사이드 아웃이 되기 어려워진다.
- 모든 클럽에 대해 하나의 스윙을 만들어 샤프트가 척추와 이루는 축과 90도를 이루는 스윙을 한다.

9. 다음 3가지에 신경 써라. 클럽이 지나가는 방향, 클럽 페이스의 각도, 임팩트 순간 클럽 헤드의 속도. _ 하비 패닉

- 매끄러운 다운 스윙을 구사하며 점차 클럽의 속도를 높이는 데 집중해야 한다. _ 데이비드 리드베터
- 볼을 강력하게 때리기 위해서는 클럽 헤드가 볼을 때리는 바로 그 순간 최대 속도에 이를 수 있도록 해야 한다. 이것은 태권도 유단자가 맨손으로 두꺼운 나무판을 격파하는 방법과 똑같다. 명심할 것은, 톱이 완성되기까지 충분한 시간을 갖고, 서둘러 볼을 때리려 하지 말아야 한다는 것이다.
- 임팩트 때 클럽 페이스가 닫히면 풀 샷이 되고, 열리면 푸시 샷이 된다. 임팩트의 클럽 페이스가 어드레스 때의 클럽 페이스와 같아지게 하기

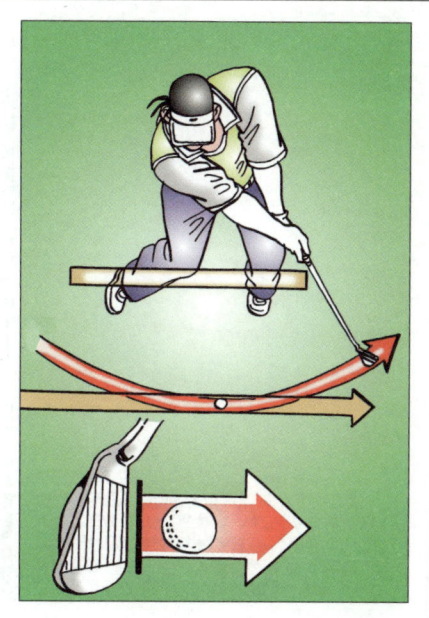

다음 3가지에 신경 써라.
클럽이 지나가는 방향, 클럽 페이스의 각도,
임팩트 순간 클럽 헤드의 속도.

위해서는 백 스트로크할 때 클럽 페이스를 30cm 정도 똑바로 타깃 방향과 직선으로 가져가는 것이 매우 중요하다. 그리고 백 스윙에서 샤프트가 허리 부분 높이까지 왔을 때 왼손등이 스탠스 전방을 가리켜야 한다.

10. 백 스윙을 하프 스윙한 뒤 손목을 코킹하면 부드러운 어깨 턴이 이루어지고, 백 스윙의 아크가 커져서 자연스런 쓰리 쿼터 스윙이 이루어지며, 팔로 스루가 커져서 방향성이 좋아진다. 이때 방향성에 중요한 요소는 오른쪽(클럽 페이스 · 오른어깨 · 오른발)을 목표 방향에 스퀘어하게 유지하는 것이다. _골프 속언

지금까지의 스윙 이론들은 다음과 같은 2가지 요소를 만들기 위한 기본

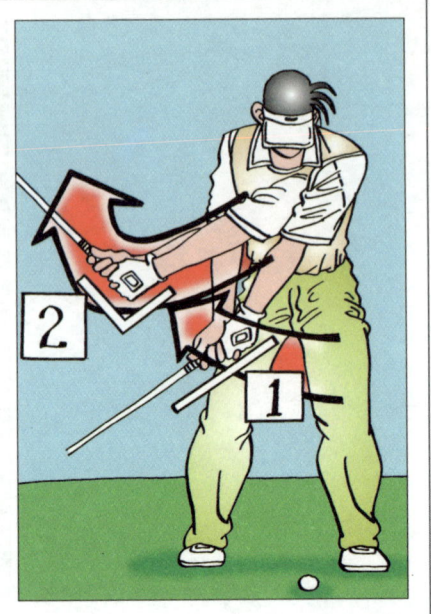

백 스윙을 하프 스윙한 뒤 손목을 자연스럽게 코킹하면 부드러운 어깨 턴이 이루어지고, 백 스윙의 아크가 커져서 자연스런 쓰리 쿼터 스윙이 이루어지며, 팔로 스루가 커져서 방향성이 좋아진다. 이때 방향성에 중요한 요소는 오른발을 목표 방향에 스퀘어하게 유지하는 것이다.

사항이라는 것을 알 수 있을 것이다.

　1) 타깃 방향과 반대 방향으로 클럽 헤드의 무게를 느낄 정도로 천천히 노력을 들이지 말고 백 스윙한다(타깃 스윙). 2) 클럽 페이스가 목표 방향을 향하도록 하고 임팩트 순간에는 볼을 반드시 보면서, 그러나 목표 방향을 생각하면서 클럽 헤드의 속도가 최대가 되도록 한다. 그렇게 하기 위한 효과적인 연습 방법이 2단계 백 스윙이다.

2단계 백 스윙

- 1단계 : 왼팔 및 왼어깨가 클럽을 리드해 똑바로 목표 반대 방향으로 클럽 샤프트가 허리 높이에 왔을 때까지 스트로크 백한 다음(클럽 샤프트와 목표가 이루는 선이 한 직선상에 놓이게 된다), 순간적으로 잠시 멈춘다(다른 사람이 눈치 채지 못할 정도로).

- 2단계 : 코킹(팔과 클럽 샤프트가 이루는 각이 90도가 되도록)을 해 곧바로 클럽을 들어올리면 자연스러운 쓰리 쿼터 스윙이 이루어진다. 스윙 톱에서도 순간적으로 멈춘 뒤에 다운 스윙으로 이어진다.

  이런 식으로 두 단계로 나누어 백 스윙을 하게 되면 물이 흐르는 듯한 부드러운 스윙 템포로 몸과 팔이 하나의 유닛이 되어 스윙 아크도 길어지고 임팩트도 향상된다.

- 한 가지 더 중요한 것은 백 스윙에 걸리는 시간과 다운 스윙에 걸리는 시간의 비는 3 : 1 정도가 가장 적당하다는 것이다. 이 비율은 대개의 PGA 및 LPGA 프로들이 가지고 있는 황금 비율이다.

2. 그립(Grip)

The basic factor in all good golf is the grip. Get it right and all other progress follows. _ 토미 아머

그립의 종류에는 세 가지가 있다. 오버래핑(Overlapping) 그립, 인터로킹(Interloking) 그립, 내추럴(Natural) 그립이 바로 그것이다.

오버래핑 그립은 오른쪽 새끼손가락을 왼손 검지 위에 얹는 방법으로, 가장 일반적이다. 인터로킹 그립은 오른쪽 새끼손가락을 왼손 검지와 중지 사이에 끼는 방법으로, 손이 작은 사람에게 어울린다. 타이거 우즈와 잭 니클라우스가 사용하는 그립이다. 내추럴 그립은 손가락의 교차점 없이 마치 야구 방망이를 쥐듯 그립하는 방법이다.

구질을 변화시킬 수 있는 그립의 형태로 스퀘어(Square) 그립, 훅(Hook) 그립, 슬라이스(Slice) 그립의 세 가지 형태가 있다. 스퀘어 그립은 클럽 페이스가 목표에 직각으로 정렬된 상태를 기준으로 위에서 볼 때 왼손 엄지손가락이 정중앙에 위치해 있는 것이다. 훅 그립은 왼손 엄지손가락이 오른쪽, 슬라이스 그립은 왼쪽으로 치우친 그립을 말한다.

11. 스퀘어 그립(뉴트럴 그립)을 취한다. 클럽 헤드의 파워 전달을 위해서는 클럽을 손가락으로 가볍게 잡는다. _ 벤 호건

- 왼손등과 오른손바닥이 타깃 방향이 되도록 한다. 그립을 잡고 팔을 앞

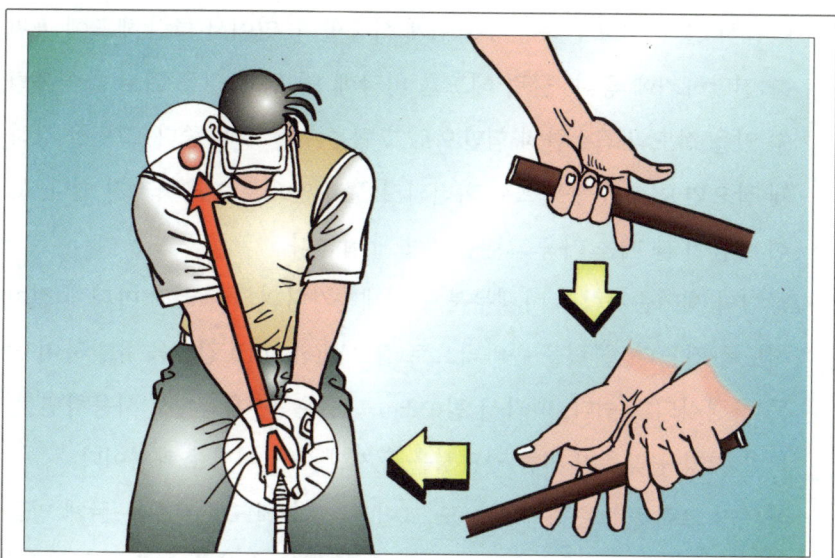

스퀘어 그립(뉴트럴 그립)을 취한다. 클럽 헤드의 파워 전달을 위해서는 클럽을 손가락으로 가볍게 잡는다.

으로 나란히 뻗어서 뉴트럴 그립을 취한다. 사람마다 뉴트럴 그립이 다르다. 어드레스 위치에서 왼손등의 너클(knuckle)이 2개 반 정도만 보여야 한다. 양손 모두 엄지와 둘째 손가락으로 만들어지는 V 모양은 같은 방향을 가리켜야 하는데, 보통은 오른쪽 어깨를 가리킨다. 이것은 백 스윙 시 손목을 코킹하는 데 도움을 주고 스퀘어하게 임팩트하게 해 준다. 손등의 너클이 2개 반보다 적게 보이면 약한 그립(Week grip)이 되어 슬라이스 또는 페이드 샷이 되기 쉽다. 반대로 2개 반보다 많이 보이면 강한 그립(Strong grip)이 되어 훅이나 드로가 되기 쉽다. 그립을 잡을 때 왼손은 오른손보다 더 약하게 잡는다. 왼손이 강해지면 그 힘이 손목과 어깨까지 전달되어 어깨와 허리의 회전을 방해하고, 코킹이 자연스럽게 이루어지지 않는다.

• 손가락으로 잡는 핑거 그립(Finger grip)을 취하면 적은 힘으로도 그립을

단단히 쥘 수 있고 손목을 부드럽게 사용할 수 있어서 클럽 헤드에 파워를 전달하기에 좋다. 클럽 헤드를 바닥에 댄 뒤 그것을 위로 들어올릴 수 있을 정도의 최소한의 힘만으로 그립을 쥐는 것이 좋다. 그립을 강하게 잡으면 어깨가 수평으로 회전되지 않고 앞으로 기울어지기 쉽다. 특히 바람이 불 때는 더욱 그립을 가볍게 잡는다.

- 클럽이 새끼손가락의 아랫부분과 집게손가락의 구부러진 마디에 걸쳐지도록 잡는다. 클럽을 손바닥으로 잡으면(팜 그립) 긴장을 유발하여 손목이 경직되기 쉽다. 따라서 팜(Palm) 그립은 숏 게임에서 사용하면 정확한 거리를 맞추기 위한 일관성을 유지할 수 있어서 효과적이다.
- 아무리 그립을 느슨하게 잡아도 그립은 그립 엔드로 갈수록 굵게 만들어져 있고, 미끄러지지 않게 턱이 져 있기 때문에 절대 손에서 빠져나가지 않는다. 그립의 힘이 손목과 양팔로 전달되지 않도록 약하게 잡기 위해서는 양손의 엄지와 새끼손가락을 제외한 여섯 개의 손가락만으로 잡아도 힘이 충분히 전달된다. 왼손 마지막 세 개의 손가락, 오른손 중간 손가락 두 개에 대부분의 힘이 들어가게 되고, 왼손 마지막 세 개의 손가락 아래 둔덕에 못이 박히면 올바른 그립을 한 것을 알 수 있다. _벤 호건

3. 셋업(Set-up)과 어드레스(Address)

대부분의 골퍼들은 파국을 준비하는 반면 좋은 골퍼는 성공을 준비한다.

_ 보브 토스키(Bob Toski)

12. 어드레스에 임할 때는 반드시 목표를 설정하고 연습 스윙을 두 번 한 뒤 어떤 스윙을 할 것인지 결정하고 볼이 떨어져 구르는 이미지를 머릿속으로 그리면서 샷하면 볼을 잘 쳐 낼 수 있을까 하는 두려움에서 벗어날 수 있다. 두 발과 어깨가 목표를 향해 평행이 되어 있고 오른쪽 어깨는 왼쪽 어깨보다 약간 아래쪽에 위치한다. 따라서 머리는 볼 뒤에 위치하는 것이 중요하다. _ 골프 속언

- 주변에 현혹되지 말고 목표에 대해 어드레스를 스퀘어하게 만든다. 나쁜 상황으로 접어드는 것은 스윙의 실수가 아니라 어드레스에 원인이 있는 경우가 많다.
- 기본적으로 두 발 사이 스탠스의 넓이는 어깨 폭 정도로 한다. 너무 넓게 벌리면 피니시가 어려워져 허리에 무리가 가고, 반대로 너무 좁게 벌리면 밸런스가 무너지고 스윙 아크가 작아진다. 셋업은 약간 무릎을 굽힌 상태에서 두 팔을 앞으로 뻗고 그대로 땅에 내려놓아 공의 뒤쪽이 클럽의 토우 부분에 만나도록 어드레스한다. 이때 팔은 자연스럽게 몸에 매달려 있는 느낌으로 몸 가까이 두어야 한다.
- 정상적인 라이에서 어드레스할 때의 공의 위치는 모든 클럽에 대해서

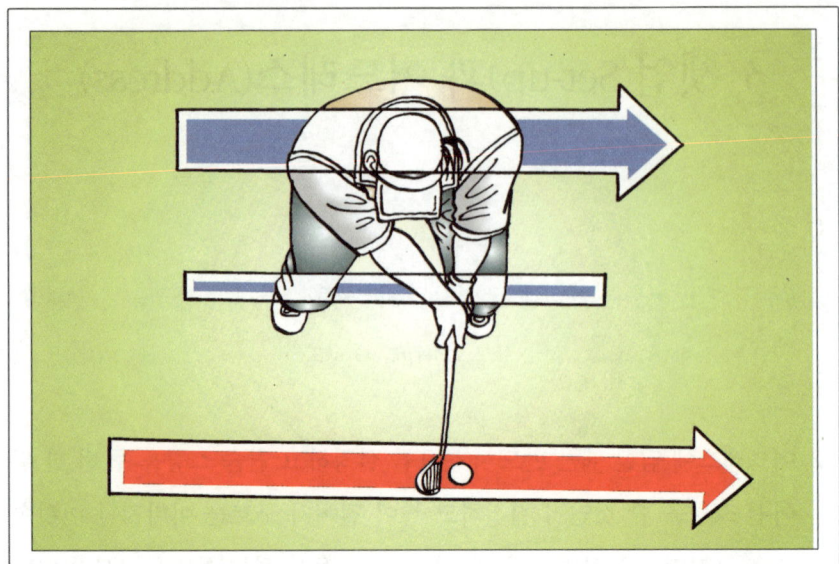

두 발과 어깨가 목표를 향해 평행이 되어 있고 오른쪽 어깨는 왼쪽 어깨보다 약간 아래쪽에 위치한다. 따라서 머리는 볼 뒤에 위치하는 것이 중요하다.

왼발을 기준으로 왼발 뒤꿈치와 일치하도록 항상 일정한 곳에 놓는다. 그렇게 함으로써 항상 일정한 스윙을 할 수 있다. _사이몬 홈즈

- 팔꿈치를 양쪽 허리 안쪽에 붙이게 되면 몸 전체가 일치된 상태로 회전할 수 있어서 큰 근육의 힘으로 공을 칠 수 있다. 이렇게 되면 스윙 스피드가 빨라지고 스윙이 간결해진다. _벤 호건

- 어드레스 때 공에서부터의 거리는 오른쪽 팔꿈치를 옆구리에 붙이고 맞춘다. 이 방식은 퍼터에서 드라이버까지 모두 같다. 이러한 어드레스 형태는 임팩트 때와 같은 모양이 되기 때문에 클럽 페이스의 스퀘어 상태가 그대로 유지되며 오른쪽 팔꿈치를 항상 땅을 향하도록 해 다운 스윙 시 인사이드 아웃 형태의 스윙 플레인을 만들어 주는 데 도움을 준다. _게리 플레이어

- 볼 위치를 올바로 정하는 것은 골프에서 가장 어렵다. 클럽에 따라 스탠

스 폭은 다르다. 모든 클럽에 대해서 가장 일반적인 볼의 위치는 왼발 뒤꿈치로부터 5cm 오른쪽이다. 클럽마다 다른 볼 위치를 찾는 것은 어렵다. 볼 위치를 발견한 다음에는 모든 클럽에 대해서 그 위치를 고수한다. 예를 들면 56도 샌드 웨지인 경우에는 볼이 스탠스 폭의 중앙에 놓이게 되고 더구나 왼발이 오픈 스탠스를 취하게 되므로 몸 정면에서 보면 마치 볼이 오른발 쪽에 놓인 것처럼 보일 것이다. 따라서 볼의 위치는 오른발과 오른발의 오픈 스탠스 각도를 조정함으로써 자동적으로 정해지게 된다.

- 웨지 샷인 경우 공의 위치는 라이에 따라 바뀐다. 라이가 좋을 때는 공을 높이 쳐 올려 백 스핀을 먹도록 공은 왼발 쪽에 놓는다. 라이가 좋지 않을 때는 공의 위치를 두 발 가운데로 한다. 이렇게 하면 공이 낮게 날아가 원하는 거리가 나온다.

- 다운 스윙 때 인사이드에서 아웃사이드로 들어오게 도와줄 수 있도록 어드레스 시에 오른쪽 어깨를 왼쪽보다 약간 내린다. 이렇게 하면 백 스윙이 낮고 길게 테이크 백 되고 골프 클럽이 높이 올라가 위쪽에서 볼을 내리칠 수 있다. 또한 언더 스루 형태의 다운 스윙을 만들기 때문에 볼을 띄우는 데도 효과적이다.

- 드라이버의 어드레스 자세에서 체중은 오른발 : 왼발 = 6 : 4로 놓아야 안정된 백 스윙과 체중 이동을 할 수 있다. 머리의 위치는 15cm 정도 공 뒤쪽에 있어야 한다.

- 스윙의 정확도를 유지하기 위해 팔뚝 회전을 최소화하도록 한다. 왼쪽 팔뚝에 흰색 테이프를 붙여 팔뚝 회전을 파악하는 데 도움을 받는다. 팔로 스루 때도 왼쪽 팔뚝이 조금만 돌아가 있다. 팔뚝 회전의 필요성을 줄이기 위해 그립을 강하게 잡는다. 스트롱 그립은 스윙을 할 때 팔뚝을 어느 정도 미리 회전이 된 상태로 위치시켜 주며, 그 결과 테이크 어웨

이 때 클럽 페이스가 보다 오랫동안 직각을 유지하게 되어 다운 스윙 때 양손과 양팔로 클럽을 조정하는 정도가 줄어들게 해 준다. 반드시 기억해야 점은, 팔뚝의 회전은 적게 가져갈수록 좋다는 것이다. _ 타이거 우즈

- 등과 머리를 연결한 어드레스 각도를 무너뜨리지 않고 스윙한다. 톱 오브 스윙에서 어깨를 90도, 허리를 45도 회전하는 것은 올바른 스윙을 위해 매우 중요하다. 그러나 무리하게 어깨를 회전할 경우, 톱 오브 스윙에서 몸이 일어나거나 다운에서 몸이 숙여지는 사람도 있다. 그래서는 오른발 뒤꿈치에서 왼발 끝으로 체중 이동을 할 수 없다. 먼저 어드레스에서 20도 정도 몸을 숙이고, 그 각도를 그대로 유지하도록 스윙한다. 그러면 오른발 뒤꿈치에서 왼발 끝으로 체중 이동을 하기 쉽다. _ 행크 해니

13. 두 팔이 어깨 밑에 걸려 있는 느낌이 들도록 어드레스 때 손을 몸 가까이 둔다. _ 톰 왓슨

- 따라서 손의 위치는 위에서 내려다보았을 때 눈 안쪽이 되도록 한다. 팔이 볼을 향해 뻗어 있는 자세는 좋지 않다. 키가 작은 사람은 클럽 헤드의 토우 쪽에 볼을 놓고 어드레스하면 훅을 방지할 수 있다.

14. 드라이버는 클로즈드, 롱 아이언은 스퀘어, 그리고 숏 아이언은 오픈 스탠스가 좋다. _ 벤 호건

- 미들 아이언 이상인 경우는 스탠스를 직각으로 해 인사이드로 끌어내려 강한 볼을 쳐야 하지만 100야드 전후의 샷에서는 방향성이 중요하므로 퍼터처럼 똑바로 올렸다가 똑바로 끌어 내려야 한다. 그렇게 하기 위해서는 오픈 스탠스가 필요하다. 또한 볼을 약간 커트하게 되어 볼이 높이 올라가 멈추기 쉬워진다. 그리고 임팩트에서 팔로가 목표 방향으로

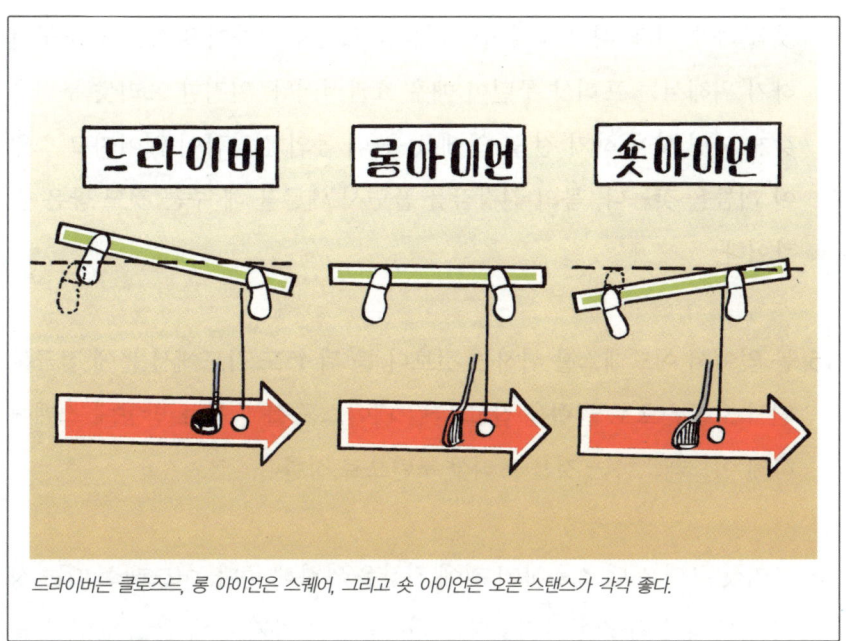
드라이버는 클로즈드, 롱 아이언은 스퀘어, 그리고 숏 아이언은 오픈 스탠스가 각각 좋다.

잡아 빼기가 편하다. 클럽 페이스는 약간 오픈한 뒤 클럽의 스윗 스폿과 목표 방향이 스퀘어되도록 공 뒤에 놓고 왼발을 30도 오픈하고 오른발은 스퀘어 또는 10도 정도 오른쪽으로 벌린다. 이렇게 하면 자연히 어깨도 30도 정도 오픈된다. 타이거 우즈나 저스틴 레너드 등이 이렇게 한다.

'리듬' 이란 움직임의 미학적 조화, 즉 '리드미컬' 은 '보기에 좋다' 는 뜻으로서 꼭 좋은 스윙이라는 것은 아니고 아름답다 정도로 해석된다. '타이밍' 은 연결 동작, 즉 '몸의 움직임의 순서' 를 뜻한다. 다시 말해 팔과 클럽을 연결한 부분이 몸통의 턴(turn)과 얼마나 잘 조화스럽게 되었느냐가 중요한 요인으로 작용한다.

다운 스윙 때 몸통이 팔보다 너무 많이 먼저 나가게 되면 푸시(push)샷이나 뒤땅을 치게 되며, 팔이 몸통보다 빨리 나가면 풀(pull)샷이나 토핑 샷을 하게 된다. 따라서 타이밍 리듬 템포를 유지하여 일정한 샷을 구사하기 위해서는 프리샷 루틴이 매우 효과적이다. 일정한 프리샷 루틴을 갖게 되면 샷을 하기 전 볼 앞에 섰을 때 몸의 긴장감이 없어지고 스윙이 리듬을 갖는다. 몸의 긴장감을 풀면서 왜글을 해 주는 것도 좋은 습관이다.

15. 볼 앞에서 어드레스를 취하는 것보다 볼 뒤 45도 각도에서 볼에 접근하면서 오른손으로 클럽을 잡고 클럽 페이스를 볼과 목표 방향에 스퀘어하게 어드레스하는 것을 프리샷 루틴으로 정한다. _ 골프 속언

- 프리샷 루틴은 백 스윙하기 전에 긴장을 완화해 준다. 어드레스 때는 정지 상태에서 백 스윙하기보다는 긴장을 완화하기 위해 클럽을 약간 들어올린 상태에서 하거나 고개를 오른쪽으로 돌리면서 하거나(잭 니클라우스), 오른쪽 무릎을 왼쪽으로 움직이면서 시작하고(게리 플레이어), 짧은 왜글을 한 뒤 번개같이 스윙한다(톰 왓슨). 왜글하는 동안 양팔의 윗부분은 가슴 양옆에 그대로 밀착하고 손목만 움직인다. 왜글의 리듬은 플레이하는 샷의 종류에 따라 달라진다(벤 호건).

- 프리샷 루틴이란 자신의 몸, 공, 타깃의 정확한 조준선을 설정하고, 스윙 전에 마음과 몸을 유연하고 편안하게 취하기 위한 사전 동작을 말한다. 사격에 비교한다면 정조준을 하기 위해 호흡을 멈추고 방아쇠를 잡아당기기 전 동작이라고 할 수 있을 것이다. 볼을 어디로 보낼 것인지 구체적인 목표 지점을 바라보는 것이 중요하다. 어드레스를 취하기 전에 약간 드로를 걸 것인지 페이드 샷을 할 것인지 머릿속에 그려 본다. 이것은 어떤 볼을 칠 것인지 머릿속으로 미리 정확하게 그려 보게 하므로 중요하다. 풀을 몇 줌 뜯어 공중에 흩날리면서 바람의 방향을 점검해

볼 뒤 45도 각도에서 볼에 접근하면서 오른손으로 클럽을 잡고 클럽 페이스를 볼과 목표 방향에 스퀘어하게 어드레스하는 것을 프리 샷 루틴으로 정한다.

어떤 볼을 칠 것인지 결정한다. 그 뒤 멀리 떨어져 있는 나무 꼭대기나 깃대를 보고 어드레스를 취할 준비를 한다.

- 백 스트로크를 하면서 공이 날아갈 방향을 예측한다. 오른발 가운데와 타깃 방향이 일직선이 되도록 유지한다. 프리 샷 루틴 및 어드레스 순서는 다음과 같다.

❶ 공과 깃발을 연결하는 연장선상 1m 앞에 디봇 자국과 같은 흔적을 이용해 가상 스폿을 정한다. 깃발 위쪽의 나무 꼭대기 또는 산꼭대기를 번갈아 쳐다보며 자신의 어깨가 타깃 라인과 평행하게 되도록 점검한다. 그립을 잡은 양손을 고정하고, 클럽을 약간 지면에서 들어올려 좌우로 흔들면서 클럽 페이스가 가상 스폿과 직각이 되도록 몸의 정렬을 조정한다.

❷ 손목의 힘을 빼고 클럽 헤드를 아래쪽으로 떨어뜨리는 동작을 통해

손목 및 그립의 강도를 약하게 취한다.

백 스윙이 시작되기 전 깊게 숨을 내쉬어 몸을 이완한 다음 볼을 보고 임팩트까지 머리를 공 뒤에 남기는 것만 생각한다. 백 스윙은 목표 방향으로 낮게 팔로 스루할 것을 생각하면서 똑바로 뒤로 가져간다. 오른쪽 어깨를 낮게 유지하고 오른다리 쪽으로 6 : 4 정도로 무게 중심을 이동하면서 테이크 어웨이(take away)가 팔 길이의 폭 안에서 낮고 길게 이루어지도록 한다.

16. 프리 샷 루틴은 우리가 자전거를 탈 때나 걸을 때 또는 옷을 입을 때 하는 무의식적인 습관처럼 의식하지 않고도 자동적으로 이루어져야 한다.
 _ 케리 멈포드

17. 왜글의 중요성 : 샷을 예측하라. _ 토미 아머

- 골퍼가 샷을 실수하는 것은 왜글에서 샷을 예측하지 못했기 때문이라고 단언하고 있다. 왜글 없이는 지도 없이 비행하는 것과 마찬가지인데, 왜글을 하더라도 목적 의식이 없으면 샷은 제멋대로 된다. 왜글을 할 때 목표선의 후방으로 클럽을 똑바로 빼는 동작을 하면 방향성이 좋아지는 것을 알 수 있다.

18. 테이크 백하기 전 클럽 헤드를 땅에서 띄워 가볍게 흔드는 사전 동작은 백 스윙을 낮고 길게 만드는 매우 중요한 동작이다. _ 골프 속언

- 공 뒤에서 클럽 헤드를 띄워서 들고 전후로 가벼운 왜글을 하는 동안 백 스윙에 대한 두려움이 사라지고 안정되게 부드러운 백 스윙을 할 수 있

테이크 백하기 전 클럽 헤드를 땅에서 띄워서 가볍게 흔드는 사전 동작은 백 스윙을 낮고 길게 만드는 매우 중요한 동작이다.

는 준비 동작을 마련해 준다. 전후로 흔들면서 타깃 방향과 반대로 똑바로 클럽 페이스가 위치하면 바로 테이크 백에 들어간다. 클럽을 약간 들어 왼쪽 눈의 시선에 목표 이미지를 남겨 놓고 그 목표의 반대 방향으로 곧게 클럽을 낮게 해 테이크 어웨이함으로써 백 스윙을 시작한다. 백 스윙 시 팔로 스루를 낮게 하고 목표 방향으로 양팔을 의식적으로 뻗을 것을 미리 염두에 둔다. 즉, 샷하기 전 팔로 스루를 확실히 가져가도록 마인드 컨트롤하라. 팔로 스루에 집중해 샷을 하게 되면 자연스레 백 스윙도 제 궤도를 찾게 된다.

4. 테이크 어웨이(Take Away)

골프 헤드를 스윙하라.

_ 어니스트 존스

19. 테이크 어웨이의 시작을 바르게 하면 나머지 문제는 저절로 해결된다.
_ 짐 고어젠

20. 스윙이 시작되는 테이크 어웨이는 그립의 세기를 가능하면 약하게 유지해 양팔의 긴장을 최소화한다. _ 골프 속언

- 특히 왼팔뚝의 핏줄 선이 보이지 않을 정도로 가볍게 쥔다. 테이크 백을 쉽게 하기 위해 클럽 헤드는 띄워서 자세를 잡는다. 스윙을 부드럽게 하고 그립의 세기를 약하게 하는 이유는 스윙 중 클럽 헤드의 무게를 느끼며 휘둘러 쳐야 하기 때문이다. 이때 너무 빨리 스윙하게 되면 백 스윙이 움츠러드는 경향이 있으므로 천천히 스윙 폭을 유지하면서 백 스윙한다.

21. 올바른 코킹이란 다음과 같다.
    1) 백 스윙은 페이스가 볼을 향하게 해서 올려야 한다.
    2) 어드레스 자세에서 손목을 꺾지 않고 허리 높이까지 그대로 가져간다.
    3) 허리 높이부터 손목을 자연스럽게 꺾어 준다. 손목을 너무 일찍 꺾으면 다운 스윙에서 손목이 빨리 풀어져 미스 샷이 나오게 된다. _ 골프 속언

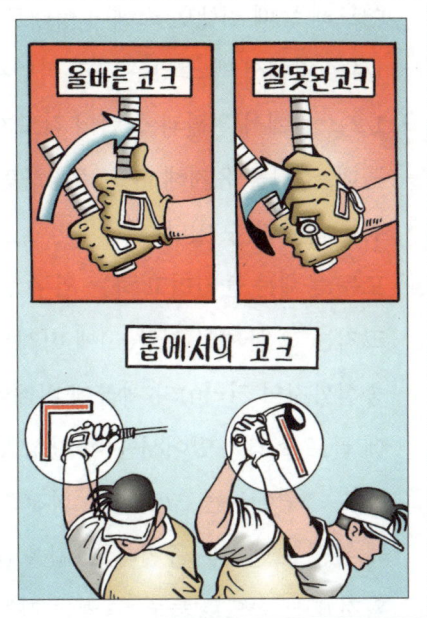

올바른 코킹

- 백 스트로크는 왼팔 주도로 하고 팔로 스루는 오른손목의 코킹을 유지한 채 오른팔이 주도해 공을 목표 방향으로 밀어 준다.
- 백 스윙 후 허리 근처에서는 손등이 정면을 향하게 되고 왼손의 엄지 쪽으로 손목이 꺾어져서 왼팔과 클럽 샤프트가 90도를 이루게 되어 올바른 코킹이 이루어진다. 코킹을 올바르게 사용하면 망치로 못을 박거나 파리채를 사용할 때처럼 손목의 스냅을 사용하게 되어 임팩트 직전에 스피드가 증가된다. 백 스윙은 페이스가 볼을 향하게 하면 왼손의 손등이 허리 근처에서 정면을 향하게 되어 올바른 코킹이 이루어진다.
- 백 스윙 단계에서 클럽이 지면과 평행을 이루었을 때 페이스가 정면을 향하도록 한다. 닫힌 상태로는 부드러운 샷을 만들 수 없으며, 자신이 의도한 곳보다 왼쪽으로 볼이 날아가게 된다. 다운 스윙도 클럽이 지면과 평행을 이루었을 때 페이스가 정면을 향하기 때문에 클럽 페이스가

어드레스 때 취했던 스퀘어 형태로 되돌아오게 된다.
- 1/4 스윙에서 백 스윙은 타깃 라인과 평행이 되게 한다.
- 1/2 스윙에서 왼팔과 클럽의 각도가 90도를 이루는 것을 코킹이라고 하는데, 코킹을 유지해 다운 스윙하면 클럽 속도를 증대시켜 주고 볼에 파워를 전달할 수 있다.
- 모든 물체는 돌리려고 하는 외부 힘(모멘트)에 대해 저항한다. 그리고 그 크기는 그 물체의 질량(m)에 비례하고, 회전축으로부터 그 물체의 질량 중심까지의 거리(r)의 제곱에 비례한다. 이것을 관성 모멘트(I)라고 하는데 골프 스윙에 있어서는 이 관성 모멘트를 최소화해야 한다.

골프 스윙에서는 코킹으로 회전축에서 질량 중심까지의 거리를 짧게 해 관성 모멘트를 줄인다. 코킹을 많이 할수록 무게 중심점이 축에 가까워져 빠른 속도로 돌릴 수 있는 가능성이 커진다.

22. 백 스윙은 천천히, 짧게, 그리고 부드럽게(3S : Slower, Shorter, Softer) _ 게리 플레이어

- 거위처럼 느릿느릿하게(Loose like a goose) _ 샘 스니드
- 천천히 올려서 천천히 내려라(Slow back, slow down) _ 스코틀랜드 Turnberry Resort Golf Club
- 힘을 빼고 서서히 스윙하라. 볼은 결코 도망치지 않으니까. _ 샘 스니드
- 강하게 치려고 하지 말라. 정확하게 치는 데만 집중하라. _ 폴 레니언
- 골프란 150야드를 날리려면 50야드만 날고, 50야드를 날리려 들면 150야드를 날게 되는 것. _ 작자 미상
- 골프는 참 아이러니컬한 스포츠다. 스윙할 때 애를 쓰는 동작이 보이면 스윙 리듬과 균형이 깨지는 것을 알 수 있다. 반대로 크게 신경 쓰지 않

고 편하게 스윙하면 경이롭게도 부드러운 리듬과 균형이 이루어져 놀라운 파워가 생긴다. 그리고 볼을 위에서 부드럽게 내리쳐야 볼이 뜨고 멀리 나간다.

- 밸런스를 위해 75% 만 스윙한다. _ 타이거 우즈
- 백 스윙보다 다운 스윙의 스윙 템포를 느리게 가져간다. 스윙 템포가 자연스럽게 되기 위해서는 하체가 안정되어 두 발이 지면을 잘 밟고 있어야 한다.
- 클럽 헤드를 스윙하라. _ 어니스트 존스
- 스윙의 기본은 손으로 볼을 치는 것이 아니라 몸통과 팔의 조화로운 회전으로 볼을 치는 것이다. 편안한 마음으로 그립과 손목의 힘을 빼고 공을 응시하면서 클럽 무게를 느끼면서 스윙하는 것이 중요하다. 볼이 클럽을 떠나는 것을 느낄 수 있어야 한다.
- 다운 스윙을 할 때는 백 스윙 시에 꼬였던 힘(토크)이 풀릴 때의 탄력을 유지하면서 허리로 클럽 헤드를 휘두르는 기분으로 볼을 향해 클럽을 떨어뜨린 후 낮게 클럽 무게를 따라 몸을 타깃 방향으로 돌리면 부드러운 스윙을 할 수 있다.
- 어떤 클럽을 잡든 미스 샷을 하고 싶지 않으면 백 스윙을 크지 않게 해야 한다. 백 스윙이 크지 않으면 파워를 보상하려는 본능이 작용해 피니시가 끝까지 이루어지는 효과가 생겨 방향성과 거리가 늘게 된다. _ 아놀드 파머
- 파워를 위해서 왼쪽 어깨를 최대한 부드럽게 만들어 턱 바로 밑까지 움직여 준다. 엉덩이 턴을 제한하는 동안 몸통으로 스윙해(팔이 몸을 돌리지 않도록 하고 상체가 팔을 조절하도록 한다) 큰 어깨 턴을 만들어 준다. 톱 단계에서 완벽한 동작을 취한다면 체중은 오른발바닥 안쪽 부분에 실릴 것이며 피니시에서는 오른쪽 어깨가 다시 턱 아래에 위치하게 된다.

백 스윙은 천천히, 짧게, 그리고 부드럽게
(Slower, Shorter, Softer)

- 테이크 백의 초기에 왼팔을 오른쪽으로 가져가는 것을 시작으로 왼팔 및 왼어깨가 오른쪽 허리의 회전과 함께 백 스윙의 트리거 역할을 하게 된다. 왼팔과 가슴이 이루는 각도가 변하지 않도록 양어깨와 그립이 이루는 삼각형을 움직인다. 샤프트가 허리 높이에 올 때까지 손목의 사용이 전혀 없다. 다리의 움직임은 최소화해 양쪽 다리를 견고하게 지탱한다.
- 허리 높이에 오면 샤프트와 팔이 90도를 이루도록 코킹이 이루어진다. 이때 이미 왼쪽 어깨는 턱 밑까지 위치해 스탠스 폭의 중앙에 와서 몸의 꼬임 상태가 이루어진다. 공 뒤쪽에 왼쪽 무릎이 오도록 왼쪽 무릎을 오른발 가까이에 놓으면 어깨 회전이 놀라울 정도로 달라진다. 코킹은 손목을 통해 볼을 스냅하므로 임팩트 시 클럽 페이스가 볼을 싣고 나가는 느낌이 들 때 힘이 전달되도록 하기 위해서 필요하다.

- 그 다음 허리를 돌려(큰 근육을 사용해) 어깨 턴을 하면 오버 스윙이 되지도 않고, 연습을 할수록 몸의 유연성과 회전력이 좋아져 거리가 늘게 된다.

23. **백 스윙을 할 때 오른쪽 무릎을 안쪽으로 조이면 자세가 안정되어 비거리가 나오고 방향성도 좋다.** _ 게리 플레이어

백 스윙 때 오른쪽 무릎을 살짝 굽히고 오른발 안쪽을 지면에 밀착시켜 오른쪽 무릎이 오른쪽으로 밀리지 않게 지탱해 주면 몸의 꼬임이 극대화되고 스퀘어 임팩트 시 어드레스 때의 자세를 그대로 재현하게 된다. 따라서 백 스윙 때는 체중이 오른발 안쪽에, 다운 스윙 때는 왼발 안쪽에 실리도록 한다.

백 스윙을 할 때 오른쪽 무릎을 안쪽으로 조이면 자세가 안정되어 비거리가 나오고 방향성도 좋다.

골프 스윙의 기본

24. 백 스윙이 완전히 끝날 때까지는 다운 스윙을 시작해서는 안 된다. 완벽한 스윙 톱을 만들기 위해서 테이크 백에 많은 시간을 갖도록 한다. _ 바이런 넬슨

풀 스윙의 일관성을 향상시킬 수 있는 방법은 백 스윙을 완벽하게 가져가는 것이다. 스윙 톱의 정지 순간에 팔목의 힘을 빼고 약간 팔목을 굽히는 느낌을 갖도록 한다. 백 스윙이 완성되는 톱에서 오른쪽 다리 안쪽으로 75%의 무게가, 그리고 왼쪽 발바닥에 25%의 무게가 실려야 한다. 또한 백 스윙 톱에서 잠깐 멈추는 동작을 통해 다운 스윙을 할 준비를 함으로써 부드러운 템포와 균형이 이루어지게 된다. 톱 스윙에서 잠시 정지한다. _ 데이비드 리드베터

백 스윙이 완전히 끝날 때까지는 다운 스윙을 시작해서는 안 된다. 완벽한 스윙 톱을 만들기 위해서 테이크 백에 많은 시간을 갖도록 한다.

5. 다운 스윙(Down Swing)

클럽이 깃대를 향하게 하기 위해서는 오른쪽 무릎이 앞으로 나가지 않고 목표 쪽으로 움직여야 한다. _ 게리 플레이어

25. 다운 스윙 때 오른팔꿈치를 몸의 옆구리에 가깝게 붙이고 언더 핸드 모션을 취한다. _ 벤 호건

다운 스윙을 허리부터 시작만 하면 스코어가 좋아지는 것은 물론이고, 스윙이나 샷에서 굉장한 별세계를 맛보게 된다. 다운 스윙 시 팔을 먼저 스윙하고 임팩트까지 오른쪽에 체중을 남기기 위해 오른쪽 다리를 잡아 두고 오른쪽 발바닥을 최대한 바닥에 붙인다. _ 마쓰이 이사오

- 다운 스윙 때 오른쪽 팔꿈치를 몸의 옆구리에 가깝게 붙이는 것이다. 그러면 몸 오른쪽을 쭉 펴는 동작이 일관되고 정확하게 연결된다. 임팩트 이후에 왼쪽 팔꿈치를 살짝 빼는 것이 좋다. 이렇게 해야 임팩트 이후에 페이스가 뒤집어지지 않고, 페이스 방향도 바뀌지 않는다.
- 아이언 샷은 낮게 내려와 낮게 지나가는 것이 좋다. 찍어 친다는 생각을 갖게 되면 임팩트 후 클럽이 지나가지 못하고 지면에 박히게 된다. 디봇이 얇게 나는 스윙이 높은 탄도와 많은 백 스핀을 낼 수 있다.
- 다운 스윙에서 양팔이 허리 높이에 올 때까지 양팔은 능동적인 역할을 하지 못한다. 다만 허리의 움직임에 따라 내려갈 뿐이다. 다운 스윙을 양손으로 시작하게 되면 허리가 회전하지 못하기 때문에 상반신 자체

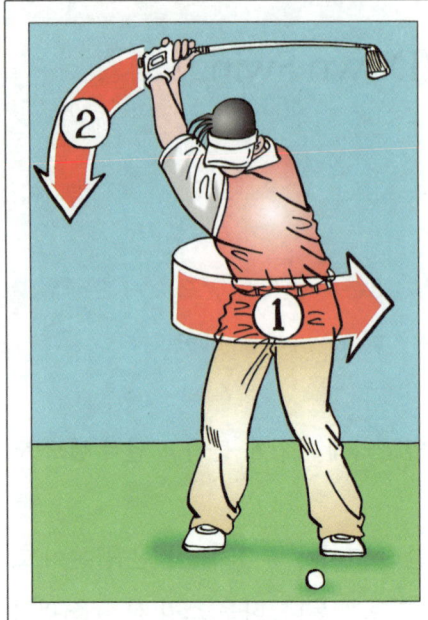

다운 스윙을 허리부터 시작하면 스코어가 좋아지는 것은 물론이고 스윙이나 샷에서 굉장한 별세계를 맛보게 된다.

가 올바른 선에서 벗어나게 되고 클럽을 아웃사이드 인으로 끌어 치게 되어 그 샷은 어김없이 슬라이스가 되고 만다. 허리로 하는 부드러운 스윙은 임팩트를 부드럽게 만들어 클럽이 공을 잠깐 동안 싣고 가는 황홀한 느낌을 가져다 준다.

- 오른쪽 팔꿈치를 몸 쪽으로 붙여서 다운 스윙해야 한다. 왼쪽 팔꿈치가 지면을 향하게 하고 왼팔을 꺾으면 오른쪽 팔꿈치가 자연스럽게 뻗게 되어 리스트 턴이 이루어진다. 양쪽 겨드랑이를 조이고 손을 몸 가까이 하지 않으면 그런 동작이 어렵다. 연못 표면에 돌을 던져 물수제비를 뜨듯이 지면에 대해 좀 더 평탄한 각도로 다운 스윙을 하게 되면 오른쪽 팔꿈치가 몸 쪽으로 붙어 지면에 평탄한 각도로 임팩트 존을 지나갈 수 있어 목표를 향한 팔로 스루가 좋아진다.

- 백 스윙 톱에서 코킹을 풀지 않은 채 클럽 헤드를 얼마나 몸으로 오래

끌고 내려오느냐에 따라 골프를 잘하는지 못하는지의 여부가 결정된다. 다운 스윙 때는 두 손이 허리에 올 때까지 코킹된 손목을 풀지 않아야 한다. 좋은 다운 스윙 초기 동작은 우선 클럽 그립 끝을 공 쪽으로 끌어내리는 것이다. 이렇게 하면 클럽 헤드가 지연 시간을 가지기 때문에 공이 멀리 나가게 된다. _ 게리 플레이어

26. 왼쪽 손목을 견고하게 유지한다. _ 하비 패닉

풀 스윙에서 칩 샷에 이르기까지 모든 수준의 선수들이 저지르고 있는 가장 큰 실수는 왼쪽 손목의 붕괴다. 풀 스윙 때 임팩트 전후로 왼쪽 손목이 풀리면 파워의 손실을 초래한다.

6. 임팩트(Impact)·팔로 스루(Follow through)

좋은 스윙의 첫째 조건은 단순함이다.
스윙의 가장 중요한 포인트는 임팩트 순간 볼을 끝까지 쳐내는 것(hit through)이다. 결코 볼을 때리는 것(hit at)이 아니다. _ 보비 존스

체형에 따라 스윙이 달라지지만 임팩트 순간은 변함없어야 한다. 임팩트 순간에는 손이 헤드보다 앞에 있어야 한다.

27. 임팩트 시 몸의 앞쪽에서 임팩트가 이루어지도록 공 뒤의 안쪽에 시선을 두고 임팩트한 뒤 팔은 낮고 길게 목표 방향 쪽으로 뻗는다. 이때는 볼을 끌고 가는 듯한 느낌을 갖는다. _ 데이비드 리드베터
볼을 끝까지 보고 임팩트 시 머리 및 오른쪽 어깨를 공 뒤에 남기는 기분으로 볼을 쳐라. _ 부치 하몬

- 임팩트는 마치 태권도에서 기왓장을 깨는 기분으로 공에 지속적인 압력을 주어야 한다. 이것을 스퀴즈 임팩트라 하며, 임팩트된 뒤에도 클럽이 계속 공을 따라가는 느낌을 유지해 주는 것을 말한다. _ 데이비드 리드베터
- 스윙에서 가장 중요한 요소의 하나가 '임팩트 순간의 균형' 인데, 그렇게 하기 위해서는 임팩트 순간 오른발을 지면에서 떼지 말고 붙여야 한다. 체중 이동에 대한 생각을 지나치게 앞세우지 말고 최대한 지면에 밀착한 다운 스윙을 한다.
- 다운 스윙 시 하체를 일찍 움직여 클럽이 뒤따라오게 되면 어깨가 앞으

임팩트 시 몸의 앞쪽에서 임팩트가 이루어지도록 공 뒤의 안쪽에 시선을 두고 임팩트한 뒤 팔은 낮고 길게 목표 방향 쪽으로 뻗는다. 이때는 볼을 끌고 가는 듯한 느낌을 갖는다.

로 나와 클럽이 아웃사이드로부터 공을 향하게 되어 슬라이스나 훅이 발생하게 된다. 따라서 다운 스윙 시에는 하체를 조용하게 유지하고 양 허리가 양어깨와 팔을 리드해 팔의 스윙이 우선되어 정면으로 볼을 임팩트한 다음 팔의 스윙 모멘텀에 따라 몸이 뒤따라가는 느낌으로 친다.

- 임팩트 시에는 공 앞쪽 20~30cm 지점까지 공을 끌고 나갈 때까지 공을 응시한다. 이렇게 하면 스윙에 믿음이 생기고 공에 스퀘어하게 임팩트될 확률이 높아진다. 하체를 고정하고 몸이 드럼통 안에 있다고 상상하면서 회전 운동을 통해 토크를 최대화한다. 이때 양쪽 겨드랑이는 몸에 부착한다.

7. 골프 연습에 대해서

Practice smarter, not harder. _ 골프 격언

최고의 스타이면서도 훈련 시간에는 항상 마지막까지 그라운드에 남았던 에릭 칸토나(Eric Cantona)를 존경한다는 축구 선수 데이비드 베컴(David Beckham)은 지독한 연습 벌레이기에 지금도 발전하고 있다. 골프는 연습에 연습을 거듭하여 기술을 익혀야지 단시일 내에 기술을 터득할 수는 없다.

- 연습은 두뇌를 근육 속에 넣는다(Practice puts brains in your muscles).
  _ 샘 스니드
- 위대한 선수들은 모든 골프 클럽을 비교적 일정한 페이스 또는 리듬으로 스윙하는 능력을 가지고 있다. 비교적 서두르지 않는 슬로 모션을 하는 듯한 느낌으로 75% 정도의 힘을 넣어 천천히 스윙한다.
- 완전하게 곧은 샷은 운이다. 드로 샷과 페이드 샷을 많이 연습한다. 완전하게 곧은 샷을 하려고 시도하기보다는 드로가 난 페이드 샷으로 그린을 공략하는 것이 심리적인 부담을 줄여 준다. 또한 안전 지대로 타깃을 정하고 핀을 향해 구르는 스윙 궤도를 만들어 가는 습관을 가지게 되므로 스코어도 향상된다. _ 잭 니클라우스
- 상황을 고려하지 않는 샷 연습은 무의미하다.
- 골프는 어떻게 아름다운 스윙을 하느냐가 아니라 어떻게 같은 스윙을 실수 없이 되풀이할 수 있느냐의 반복 게임이다. _ 리 트레비노

- 골프는 홀에 볼을 넣는 게임이다. 골프 백 속에서 그러한 도구는 퍼터뿐이다. 그 퍼터 연습을 왜 처음부터 하지 않는가. _ 잭 버크
- 타이거 우즈는 골프 토너먼트 전에 샌드 웨지(118야드), 8아이언(155야드), 4아이언(205야드), 3우드(250야드), 드라이버(285야드), 3우드, 4아이언, 8아이언, 샌드 웨지순으로 연습한다.
- 박세리의 하루 : 새벽 5시 30분에 기상하여 8시부터 18홀 라운드를 시작한다. 점심을 먹고 3~4시쯤 드라이빙 레인지로 가서 2시간 동안 스윙 훈련을 한다. 6시쯤 숙소로 돌아와 1시간 동안 체력 훈련을 한다. 매일 13시간의 훈련 과정이다.
- 이미지 트레이닝 : 《Personal Neuro Training Series》는 행동 심리학을 기본으로 한 행동 심리 및 근육 이론을 다룬 비디오 테이프 시리즈다. 그 중 하나인 마이크 더너웨이(Mike Dunaway, 350야드 장타자)의 〈Power Driving〉 비디오 테이프를 시청하라고 권하고 싶다. 반복되는 스윙 폼을 머릿속에 기억해 실제 스윙 시 스윙 폼을 그대로 재현해 영상화하는 노력을 통해 스윙 폼과 타이밍 등이 장타자인 마이크 더너웨이를 닮아 가는 것을 스스로 느낄 수 있다.
- 비제이 싱의 연습량 : 미국 《골프 다이제스트》 2004년 10월호에 따르면 싱은 1년 365일 가운데 335일을 하루도 거르지 않고 연습하는 것으로 나타났다. 매일 300회의 풀 스윙 연습을 한다고 가정할 때 연간 10만 회가 넘는 볼을 치고 있으며, 23년 동안 230만 개의 볼을 쳤다는 계산이 나온다. 코끼리의 평균 몸무게를 5톤이라고 했을 때 23.4마리를 날려 보냈다는 뜻이다. 비거리로 계산하면 지구 한 바퀴 이상인 셈이다.

제3장

상황에 따른 스윙 전략

1. 상황별 기본 원칙

*보통 골퍼들의 문제는 능력 부족이라기보다는
지금부터 무엇을 해야 하는가에 대한 창조성의 부족이다.* _ 벤 호건

- 타깃 방향에 대한 스윙만을 생각하면 볼을 잘 맞힐 수 있을까 하는 불안감이 해소되어 'hit the ball'이 아니라 'through the ball' 형태가 되어 스윙은 타깃을 향하게 된다. _ 알 맥밀란(Al MacMillan)

연습장에서는 주로 스윙의 미케닉(mechanic, 기계적인 기술)을 생각하면서 연습하게 된다. 그러나 실제 라운딩할 때는 스윙에 대한 생각은 모두 잊고 오직 타깃을 향해서 볼을 보낸다는 생각만으로 스윙에 임해야 한다. 그런데 묘하게도 어제 또는 그제 연습했던 스윙 기술을 애써 기억해서 시도해 보려는 생각이 앞서게 된다. 그래서 리듬과 템포가 깨지고 미스 샷이 생기게 된다. 따라서 프로 골퍼들은 연습 스윙에 임할 때 연습 스윙은 연습 스윙일 뿐이라는 생각을 버리고, 실제 스윙과 똑같이 해야 한다고 권한다. 목표를 무시하는 연습 스윙은 효과도 없을 뿐만 아니라 자칫 실전 게임에까지 그 습관이 연결될 수 있기 때문이다.

퍼팅부터 드라이버까지 모두 한결같이 목표 방향으로 볼을 실어 보낸다는 생각으로 임하는 것이, 그리고 성공적인 샷에 대한 이미지를 샷하기 전에 미리 만들어 본 뒤 (볼이 날아가는 모습, 볼이 착지하여 핀을 향하여 구르는 모습까지 이미지를 그린다.) 자신감을 스스로 만들어 가는 것이 가

장 중요하다. 따라서 이 장에서 소개하는 상황별 기술들은 습관이 될 수 있도록 연습하고 일정한 샷을 유지하기 위해서는 스윙에 대해서는 더 이상 생각하지 말고 오직 타깃 정렬 및 이미지 스윙에만 집중한다. (참고 : 골프 스윙의 3요소는 그립, 스탠스, 정렬이다.)

골퍼들은 샷을 할 때마다 원칙 하나가 필요하다. 아래의 5가지 기본 원칙만 철저히 지키면 골프 수준을 크게 향상시킬 수 있다.

28. 드라이버 샷은 피니시를 잘해야 한다. _ 짐 맥린

- 타깃 이미지 스윙이란 공을 치기 직전 내가 공을 날려 보내야 하는 페어웨이의 구체적인 지점에 공을 착지하는 그림을 상상하는 것을 말한다. 페어웨이가 좁을수록 더 구체적으로 그림을 그릴 수 있어야 한다.
- 백 스윙과 다운 스윙의 시작 단계에서는 리듬감을 매끄럽게 유지해야 한다. 속도를 가속시키면서 볼을 통과해야 하며, 몸통이 클럽과 함께 같은 각 속도로 회전되어야 한다. 허리를 빨리 돌리거나 클럽을 빨리 백 스윙하면 임팩트 시 클럽 페이스가 열리거나 닫혀 슬라이스나 훅의 원인이 된다.

29. 페어웨이 우드 샷은 가볍게 쳐야 한다. _ 골프 속언

페어웨이 우드를 잡았을 때는 가볍게 친다는 원칙을 잊지 말아야 한다. 왼발 쪽에 무게 중심을 6 : 4로 더 주고 디봇을 만든다는 생각으로 친다.

30. 아이언 샷은 '디봇을 본다' 는 자세로 쳐야 한다. _ 골프 속언

드라이버 샷은 피니시를 잘해야 한다.

페어웨이 우드 샷은 가볍게 쳐야 한다.

그린 사이드 칩 샷은 '천천히' 쳐야 한다.

잘 쳐 놓은 드라이버 샷을 망치는 경우가 많다. 아이언 샷의 비결은 클럽 길이를 충분히 가져가고 스윙을 간결히 하는 것이다. 힘으로 해결하겠다는 망상은 반드시 버릴 것. 공을 치기 전에 그린을 한번 더 쳐다보고, 공을 어느 곳에 떨어뜨리면 퍼팅에서 유리할지 분석해야 한다. 예를 들면, 핀을 향해 오르막 퍼팅이 되도록 보내는 것이 유리하다. 그곳을 뚫어지도록 바라본 뒤 임팩트 직전까지 그 그림이 머릿속에 남아 있어야 한다. 아이언 샷은 특히 볼에 대한 집중력이 요구된다. 볼에 대한 집중을 확실히 하려면 '디봇을 본다'는 자세로 볼을 쳐야 한다. 볼이 날아간 다음에도 머리와 시선이 그대로 있어야 디봇을 볼 수 있기 때문이다.

31. 그린 사이드 칩 샷은 '천천히' 쳐야 한다. _ 골프 속언

최악의 그린 사이드 플레이는 짧게 쳐서 온 그린에 실패하거나 토핑으로 볼이 그린을 넘어가는 것이다. 짧은 스윙일수록 헤드를 툭 떨어뜨려 그 무게를 느껴야 하는데, 이렇게 치려면 백 스윙을 무조건 천천히 해야 한다. 풀 스윙의 축소된 형태로 생각한다. 가능한 한 몸이 일체되도록 양팔을 몸에 부착하고, 그립도 몸 가까이 잡는다. 몸통을 이용해서 스윙하고 팔로 치지 않는다.

32. 벙커 샷은 모래를 과감히 쳐내야 한다. _ 골프 속언

백 스윙 시 V자 모양이 되도록 가파르게 들어 가파르게 내리면 볼 뒤 5cm 지점의 모래를 정확하게 치기가 쉬워진다. 클럽이 공 밑을 파고들어 모래를 얇게 벗겨 낸 뒤 빠져나와 팔로 스루가 이루어지도록 과감하게 스윙하면 벙커에서 탈출할 수 있다.

2. 퍼팅(Putting)

어떤 바보도 두 번째 퍼트는 넣을 수 있다.

_ 스코틀랜드 속언

'드라이버 샷은 보여 주기 위해서, 퍼팅은 점수를 내기 위해서.' 골퍼라면 누구나 한 번쯤은 들어본 적이 있는 말일 것이다. 퍼팅의 중요성을 강조하고 있는 명언이기도 하다. 드라이버는 미스하더라도 스코어를 만회할 가능성을 남겨 두고 있는 상황인 반면, 미스 퍼팅은 회복 가능성이 없다. 퍼팅을 짧게 해서 3퍼팅을 하게 되면 드라이버를 짧게 토핑하거나, 공이 숲 속으로 들어가 2타째로 페어웨이로 탈출하는 것이나, 공을 물에 빠뜨려 한 벌타를 먹는 것과 같은 치명적인 실수가 된다.

첫 번째 퍼트로 홀인하기는 쉬운 일이 아니다. 따라서 스트레이트 샷으로 곧바로 보내려고 지나치게 노력하다 보면 에너지가 소모되어 오히려 실제 필요한 에너지를 적절하게 사용하지 못할 수 있다. 가볍게 스트로크해야 시계추처럼 가속도가 붙어 스피드가 생기는데, 어깨에 힘이 들어가면 가속도가 줄어들어 부드러운 팬덜럼이 이루어질 수 없다. 스트레이트 샷을 치려고 하기보다는 스트로크의 세기를 조절해 홀 근처에만 붙인다는 마음으로 스스로의 부담을 줄이는 것이 중요하다. 라이에 따라 드로 또는 페이드를 이용해 스트레이트 샷에 대한 부담을 줄이는 것이 좋은 방법이다.

33. 좋은 퍼팅(시계추 퍼팅)의 3가지 특징 : 눈은 볼 위에 있어야 한다. 팔을 수직으로 유지하고, 부드럽게 어깨가 하나의 유닛이 되어 움직이면 부가적인 힘의 작용이 없어도 클럽이 공을 지나가면서 가속이 붙는다.
_ 데이브 펠츠

- 퍼팅이 능숙한 사람은 관찰력이 예리하고 직감이 뛰어난데다 상상력과 결단력도 지니고 있다. 그리고 섬세함도 있다. 퍼팅을 잘하는 사람과 함께 식사하라. _ 하비 패닉
- 왼손은 뉴트럴 팜 그립을 잡아 왼쪽 손목이 움직이는 것을 막아 준다. 왼손 엄지가 아래를 향하게 한다. 오른손 엄지도 아래를 향하도록 하고 오른손은 강하게, 왼손은 약하게 쥔다. _ 스탠 유틀리
- 퍼팅은 사격과 유사하다. 스퀘어 스탠스를 취한 다음 숨을 들이쉬고 멈춘 뒤 방아쇠를 당긴다. _ 사이먼 홈스

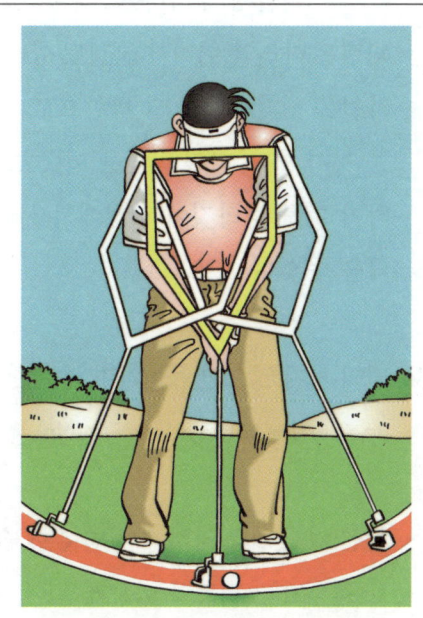

좋은 퍼팅(시계추 퍼팅)의 3가지 특징 : 눈은 볼 위에 있어야 한다. 팔을 수직으로 유지하고, 부드럽게 어깨가 하나의 유닛이 되어 움직이면 부가적인힘의 작용이 없어도 클럽이 공을 지나가면서 가속이 붙는다.

- 양손이 하나가 되는 큰 근육으로 골프채를 움직여야 한다. 퍼팅 시 어깨와 팔이 하나의 삼각형을 유지해 시계추처럼 일관된 형태의 스트로크를 만들어 낸다. _톰 왓슨
- 양쪽 손목은 백 스윙 때 약간 꺾어 주었다가 다운 스윙 때 퍼터 헤드의 움직임에 맞추어 똑같은 양만큼 풀어 주어야 한다. _타이거 우즈
- 백 스윙의 길이를 자제하면서 다운 스윙과 임팩트할 때 가속을 붙여 볼을 클럽 페이스의 스윗 스폿에 정확히 때리려고 노력한다. 이때 퍼터가 볼을 따라가듯이 밀면 가속이 붙는다.
- 양팔꿈치를 옆구리에 붙이고 그립을 몸 가까이 가볍게 잡고 오른쪽 어깨의 힘이 공에 전달되도록 팔을 늘어뜨린 채 부드럽게 스윙한다. 양팔꿈치를 옆구리에 붙이면 양팔이 타깃 방향과 스퀘어하게 되어 얼라인먼트가 완성된다.
- 퍼팅을 하고 난 뒤에도 머리 위치는 어드레스와 같아야 한다. 머리가 따라가는 원인 중의 하나는 오른쪽 팔꿈치가 몸에서 떨어지기 때문이다.
- 퍼팅은 다리와 머리가 안정된 상태에 도달했을 때, 백 스트로크는 타깃 라인을 생각하면서 그 방향으로 어깨의 동작을 이용해 오른손으로 미는 것이 좋다. 타깃 라인을 머릿속으로 생각하면서 천천히 백 스트로크 하기 때문에 타깃이 시선에서 사라져 심리적으로 불안해지는 상태를 막을 수 있다.

34. 멀리 치지 않으면 들어가지 않고 항상 멀리 쳐도 들어가지 않는다(Never up, Never in, Always up, Never in). _골프 속언

- 자신 없이 너무 약하게 치면 공에 슬라이스 스핀이 생겨 홀 컵 오른쪽으로 흘러가는 퍼트가 나오게 된다. 퍼터의 헤드 면이 홀 뒷벽을 친다는

느낌으로 자신감을 갖고 스윗 스폿을 정확하게 때려 퍼팅한다.
- 퍼팅은 'Be up' 이라는 말이 있듯이 홀을 지나도록 과감하게 쳐야 한다. 18개의 그린 중 각 홀의 첫 번째 퍼팅이 거리에 미치지 않는 경우를 50% 이상이라고 생각하면 스코어 9개를 포기하는 것이나 마찬가지가 된다. 따라서 홀 뒤 50cm 후방을 타깃으로 생각하고 과감하게 공략해야 한다.
- 홀 컵은 항상 생각하는 것보다 멀다. 어프로치라면 1야드, 퍼트라면 1피트만큼 멀리 있다는 것을 잊지 말라. _찰스 베일리
- 퍼팅의 가장 큰 원칙은 '짧으면 절대 들어가지 않는다' 는 것이다. 첫 번째 스트로크가 짧으면 다음 스트로크는 반사적으로 길어질 수밖에 없으니 볼이 홀을 지나가도록 과감하게 첫 번째 스트로크를 해야 한다.
- 팔로 스루는 테이크 어웨이보다 길게 가져간다. 오른쪽 어깨를 낮추면 팔로 스루가 쉬워진다. 일단 볼에 대해서 퍼터를 셋업한 다음 몸을 맞춘다. 시선이 볼 안쪽에 있으면 풀 샷이 되고, 바깥쪽에 있으면 푸시 샷이 되는 경향이 있다.
- 백 스트로크와 포워딩 스트로크의 길이를 똑같게 한다. 차이가 나더라도 포워딩 스트로크의 길이가 짧아서는 안 된다. 이렇게 하면 볼의 속도가 줄어든다. _타이거 우즈
- 퍼팅이 짧은 이유는 '뺀 만큼 밀지 않았기 때문' 이다. 특히 컵에 가까울수록 뺀 만큼 밀지 않는다. '뺀 만큼 밀라' 는 말은 퍼팅 스트로크 때의 백 스윙과 팔로 스루 부분이다. 퍼팅은 백 스윙만큼 팔로 스루를 해 주어야 정확한 거리에 도달한다.
- 가까운 퍼팅은 홀 컵 주위의 작은 스폿을 공략한다.
- 롱 퍼트가 거리감이면 숏 퍼트는 자신과 용기다.
- 최악의 퍼팅은 최선의 칩 샷만큼은 된다. _아놀드 파머

- 라인과 라이 등을 읽고 공을 보내야 할 중간 스폿을 정한다. 결단을 내리고 나면 본인의 결정을 믿고 그대로 따른다. 어드레스를 취한 다음에는 한 번 연습 스윙을 한 뒤 바로 그 스폿으로 공을 밀어 보낸다.

35. 귀로 퍼트하라(Putt with your ears). _ 잭 화이턴

- 임팩트 시 눈동자가 움직이지 않을 정도로 시선을 고정하면 몸이 편안한 상태가 된다. 볼이 홀 컵에 들어가는 소리가 들릴 때까지 눈은 볼이 있던 자리를 응시한다. 임팩트 뒤에도 고개를 쳐들기 전에 마음속으로 숫자를 세면서 볼이 떨어지는 소리가 들릴 때까지 기다린다. 왼눈을 감고 하면 왼쪽으로 잡아당기는 버릇을 고칠 수 있다.
- 고개를 들지 말아야 하는 이유는 임팩트 시 어드레스 위치를 그대로 재현하기 위함이다. 그렇게 하기 위해서는 하체 및 상체의 변위(위치 변동,

임팩트 시에 눈동자가 움직이지 않을 정도로 시선을 고정하면 몸이 편안한 상태가 된다.

어깨가 열리거나 닫힘 또는 머리의 위치 이동)을 최소화해야 한다. 눈동자의 움직임이 눈, 머리, 어깨 등으로 전달되기 때문에 임팩트 시 클럽 페이스가 어드레스 때 조준된 방향과 달라진다. 따라서 어드레스 시의 모양을 그대로 유지하기 위해서 상체가 스퀘어 위치가 되도록 하면서 피니시하는 것이 중요하다.

2003년 4월 Augusta National Golf Club에서 열린 마스터즈 대회에서 마이크 위어(Mike Wier)가 우승했다. 72홀에서 104퍼트, 18홀 한 라운드당 평균 26개의 퍼트를 기록했다. 마이크 위어의 퍼팅은 볼이 항상 홀 컵을 지나갈 만큼 과감했고, 그러한 자신감은 항상 똑같은 프리 샷 루틴을 통해 습관화된 것으로 보인다. 그 루틴은 다음과 같다.

- 먼저 홀 컵과 공 사이 라인을 옆쪽에서 살핀다.
- 공 뒤쪽으로 와서 공에 그려져 있는 라인을 타깃 라인에 맞추어 볼을 그린 위에 놓는다.
- 공 뒤쪽으로 와서 클럽을 수직으로 세워 공의 선과 타깃 라인이 잘 정렬되었는지 다시 확인한다.
- 핀을 보면서 거리에 맞도록 스윙 폭을 정하고 연습 스윙을 두 번 한다.
- 연습 스윙을 마치고 공 뒤에 클럽 페이스를 스퀘어로 어드레스한 뒤 거침없이 스트로크에 들어간다.

오르막 경사에서 너무 세게 친 나머지 볼이 홀을 지나가게 되면 내리막 퍼팅을 남기게 되기 때문에 심리적으로 짧게 치기 쉽다. 이때는 찌른다고 생각하고 밀어 친다. 거리의 1.5배를 생각하고 퍼팅하면 된다. 또 낮은 쪽으로 가서 경사를 읽는다. 이것은 치핑을 할 때도 마찬가지다. 약하게 치면 경사를 더 타게 된다.

36. 거리에 대한 감각을 공식화한다. 백 스트로크의 길이를 걸음걸이로 환산해 결정한다. _골프 속언

- 거리를 유심히 보면 길이 보인다.
- 라운딩을 시작하기 전 연습 그린에서 그날의 잔디 상태 및 그린 빠르기에 따른 퍼팅 거리를 계산한다. 즉, 5걸음, 10걸음, 15걸음, 20걸음에 따른 백 스트로크의 길이를 정한다. 예를 들면 편안하게 스탠스를 취하고 오른쪽 엄지발가락까지 백 스윙하고 같은 길이로 팔로 스루하게 되면 5걸음이 나간다. 오른쪽 새끼발가락까지 백 스윙하면 10걸음이 나가게 된다.

37. 볼을 때리는 것이 아니라 볼을 통과해 나간다고 상상한다. _골프 속언

- 전방 타격 때의 가속 감각을 내면화하기 위해 몇 초 동안 피니시 자세를 그대로 유지한다. 이어 볼을 처음 출발시키고 싶은 방향으로 퍼터 페이스를 겨냥하고 스탠스를 페이스에 직각이 되게 한다. 그리고 홀을 두 번 바라본 뒤 방아쇠를 당긴다.
- 미국 올랜도에 있는 그랜드사이프레저 골프 학교가 미국 프로 골프 투어 선수들 중에서 라운드당 평균 퍼팅 수가 상위에 속하는 선수들을 상대로 4피트, 8피트, 16피트의 서로 다른 거리에서 퍼팅을 시켜 본 결과, 거리에 상관없이 백 스윙과 다운 스윙 시에 걸리는 시간이 일정했다고 한다. 평균 백 스윙 시간은 0.6초, 다운 스윙을 시작해서 볼을 가격할 때까지의 시간은 0.3초가 걸렸다. 이 결과는 매우 중요한 의미를 지닌다. 예를 들면 숏 퍼트와 롱 퍼트를 비교할 때 롱 퍼트는 숏 퍼트에 비해서 백 스윙의 크기가 크다.

백 스윙 톱에서 다운 스윙을 시작해 볼을 때릴 때까지 걸리는 시간이 퍼팅 거리에 상관없이 일정하다면 롱 퍼트에서 퍼터의 헤드 스피드는 숏 퍼트에서의 헤드 스피드보다 당연히 클 수밖에 없다. 다시 말하면 롱 퍼트에서 백 스윙을 크게 가져간 상태에서 다운 스윙을 시작해 볼을 때릴 때까지의 시간이 숏 퍼트처럼 0.3초가 걸리면 헤드 스피드가 숏 퍼트보다 빨라지면서 임팩트 시에 볼에 가해지는 물리 에너지가 커져 볼을 보다 멀리 굴릴 수 있게 된다는 것이다. 풀 스윙이나 숏 게임 또는 퍼팅을 할 때도 항상 마음속으로 '원 사우전드 원(one thousand one)'이라는 숫자를 세면서 스윙하면 백 스윙은 자동적으로 0.6초, 다운 스윙은 0.3초가 걸린다. 원 사우전드(0.6초) 원(0.3초)이라는 숫자를 속으로 외치면 스윙 템포나 리듬도 좋아지는 것을 알 수 있을 것이다.

다운 스윙 때 헤드 스피드가 떨어져 홀을 놓치는 경우가 많다. 흔히 쓰는 말로 '(헤드를) 주욱 밀어 주지 못해' 생기는 결과다. 어떤 순간에도

볼을 때리는 것이 아니라 볼을 통과해 나간다고 상상한다.

상황에 따른 스윙 전략 89

항상 똑같은 템포를 유지하면서 다운 스윙 때는 퍼터 헤드가 항상 가속이 될 수 있도록 한다.
- 프리 샷 루틴 : ① 볼 앞에 어드레스하면서 원 사우전드 원으로 연습 스윙, ② 홀을 보면서 원 사우전드 원으로 연습 스윙, ③ 다시 볼을 보면서 원 사우전드(백 스윙) 원(임팩트)으로 실제 스트로크한다.
- 최적의 스피드는 홀을 17인치(약 43㎝) 정도 지나갈 정도로 스트로크하는 것이다. 물리학을 전공한 데이브 펠츠가 통계학적인 방법을 동원해 내린 결론은 퍼팅 시에 홀을 통과해서 17인치를 더 굴러갈 경우에 볼이 홀로 들어갈 확률이 가장 높다는 사실이다. 그러나 물리학자인 그도 퍼팅 시 볼이 홀을 통과해서 왜 17인치를 더 굴러가야 하는지에 대한 근본적인 이유는 내놓지 못했다. 그런데 이후 미국 네브라스카 대학의 물리학과 교수인 조젠슨이 그럴 듯한 대답을 내놓았다. 퍼팅 라인과 스피드의 물리학적 상관 관계에 대한 설명이다. 2피트 떨어진 곳에서 두 번의 퍼팅을 한다고 가정해 보자. 첫 번째는 볼이 홀에 겨우 도달하게 해서

[상급 수준 골퍼 2만 회의 퍼팅 기록 분석 : 출전 미 프로 골퍼 협회 97]

거리(야드)	평균 퍼팅 스코어
0.5	1.00
0.8	1.15
1.0	1.20
1.5	1.33
2.5	1.45
3.0	1.60
5.0	1.80
10.0	2.20
15.0	2.40

그 퍼팅을 성공시키는 방법이다. 두 번째는 첫 번째와 똑같은 퍼팅 라인으로 볼이 홀을 17인치 지나도록 스트로크하는 퍼팅이다. 이때 두 번째 퍼팅은 첫 번째보다 강하게 퍼팅해야 하기 때문에 볼의 스피드가 첫 번째보다 더 빠르다.

　정도의 차이는 있지만 모든 그린에는 라이가 있다. 이는 볼을 천천히 굴리면 굴릴수록 자신이 읽지 못했던 라이에 따라 볼이 원하지 않는 곳으로 흐를 가능성이 높다는 것을 의미한다. 특히 경사진 곳에서 퍼팅할 경우 대부분의 골퍼들은 소심하게 약한 스토로크로 볼을 때려 자신이 읽은 라이대로 살짝 휘게 해서 넣으려고 한다. 그러나 그 결과는 십중팔구 홀 앞에서 멈추거나 일찌감치 볼이 휘어서 홀을 외면하는 경우로 귀착된다.

　프로 선수들은 이 같은 경우에도 홀 뒤쪽 벽을 때리고 들어갈 만큼 스트로크를 강하게 한다. 볼이 홀을 향해 빠르게 굴러갈수록 볼이 휘어질 가능성은 적어지고, 그만큼 볼이 홀 컵으로 들어갈 확률이 높아진다는 것을 알고 있기 때문이다. 롱 퍼팅을 할 때도 '17인치의 룰'이 적용되기는 마찬가지다. _ 데이브 펠츠, 《퍼팅 바이블》

다음은 《퍼팅 바이블》의 저자인 데이브 펠츠의 글을 요약한 것이다.

- 공의 위치는 클럽의 최저점 앞쪽 2인치 되는 지점이다. 이 지점에 공이 위치해 있으면 퍼터가 최저점을 지나 약간 위쪽으로 들리는 순간에 공을 가격할 수 있는 가능성이 높아지고 잔디 위를 가볍게 굴러가게 할 수 있다.
- 무게 중심은 두 발 사이에 놓인 공 위에 두어야 한다.
- 눈·엉덩이·무릎·발 모두 목표 방향과 평행을 이루어야 한다.

- 스탠스는 어깨 넓이 정도로 하고, 하체의 움직임을 최소화하기 위해 양쪽 무릎이 서로 바라보도록 안쪽으로 당기면 안정감이 생긴다(아놀드 파머 스타일).
- 그립 : 양손바닥을 클럽 페이스와 평행하게 놓음으로써 두 팔이 목표선과 나란히 자연스럽게 앞뒤로 스윙할 수 있게 된다.
- 긍정적이고 적극적이며 단호한 태도를 가져야 한다.
- 나는 내가 성공시킬 수 없는 퍼팅에 직면한 적이 없다. _ 데이브 스탁튼
- 우리 중 누구도 바람, 잔디, 발자국을 제어할 수는 없지만 공에 가능한 최적의 스트로크를 할 수 있도록 정신을 제어할 수는 있다. 그런 다음에는 일어나는 일을 지켜보는 것 외엔 다른 할 수 있는 일은 없다. 스트로크 이미지를 그려 본 뒤 실제 스트로크에 들어간다.
- 스트로크와 느낌 사이에 영상을 남기기 위해서는 스트로크 후 피니시를 유지하면서 공이 굴러가는 것을 지켜봄으로써 자신의 퍼팅으로부터 터치감과 리듬 등을 배울 수 있다. 자신의 자연스런 신체 리듬에 따라 스윙한다.
- 그린 읽기 : 공이 느리게 진행될수록 브레이크 정도는 커진다. 무의식이 의식보다 더 많은 것을 알고 있다. 브레이크를 정확하게 파악할수록 무의식적인 보상 작용이 적어진다. 보상 작용을 하지 않을수록 스트로크가 간결해지고 정확도가 높아진다. 실제 브레이크는 눈에 보이는 브레이크보다 3배가 크다.
- 공의 지름은 1.68인치인 데 비해 홀의 크기는 4.25인치다.
- 그린의 라인을 읽은 후 스피드에만 관심의 초점을 둔다.
- 인내를 갖고 한결같은 자신만의 스윙을 만든다.
- 조준은 퍼팅의 가장 기본이다. 제대로 조준되지 않은 상태에서 퍼팅하게 되면 보상 심리로 퍼터를 조정하려는 의식이 작용하게 된다.
- 손과 손목의 근육을 이용해 스트로크하게 되면 아드레날린으로부터 자유로워질 수 없다. 긴장이나 흥분과 같은 심리 변화에 영향을 받게 된다.

3. 치핑(Chipping)

숏 게임을 잘하는 자는 롱 게임을 잘하는 자를 이기는 법이다.
_ 보비 존스

치핑은 퍼팅에서 변형된 조금 더 큰 샷이다. 다른 점은 백 스핀을 만들면 볼이 부드럽게 그린 위에 떨어져(팔을 자유롭게 스윙해서 홀을 향해 클럽을 풀어 줄 수 있는 공간을 확보하기 위해서 클럽을 가볍게 쥐고 오픈 스탠스를 취한다) 런(run)이 적어지도록 하는 것이다. 턱을 들어서 좀 더 똑바른 자세를 취하면 역동적인 자세가 된다. 어드레스 때 클럽 페이스가 목표 방향에 스퀘어하게 하고 볼의 뒤쪽 아래 면으로 클럽 페이스를 밀어 넣어 클럽 페이스를 지면 위에 띄워서 어드레스하고 볼을 직접 때리면 토핑을 방지할 수 있다.

38. 몸에 맡긴다. _ 골프 속언

- 칩 샷은 점수와 직결되기 때문에 정확성과 거리 통제력이 매우 중요하다. 이 2가지를 모두 얻을 수 있는 성공의 열쇠는 칩 샷의 스윙을 정확한 스윙 면으로 가져가는 것이다. 큰 근육, 즉 가슴과 어깨로 스윙을 제어하면 쉽게 터득할 수 있다. 이렇게 하면서 리듬 감각을 매끄럽고 정확하게 유지한다.
- 임팩트는 손목을 꺾으면서 퍼 올리는 동작을 피하고, 샌드 웨지 또는 로

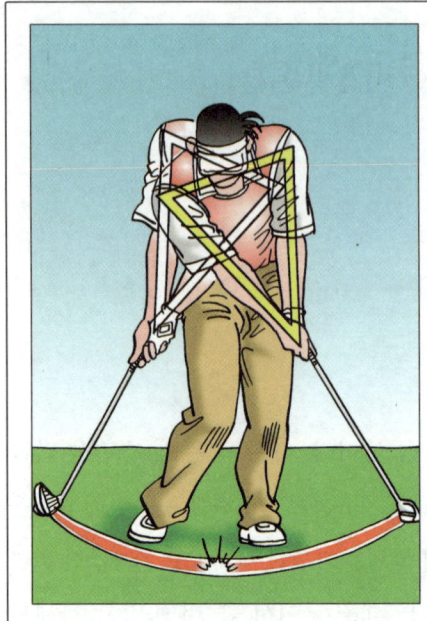

몸에 맡긴다.

브 웨지는 클럽 헤드의 프런지(Flange : 아이언 클럽의 솔이 둥글고 두터운 면을 하고 있는 것)에 바운스가 있기 때문에 들어올리려고 하면 공의 옆구리를 때리거나 토핑이 나서 홈런이 난다. 따라서 디봇이 생기도록 볼의 밑둥을 찍어 쳐야 볼이 뜨게 된다. 톱 스핀을 위해서는 팔과 가슴, 어깨가 삼각형을 이루도록 해 함께 움직여서 다운 스윙한다. 오른손은 임팩트 후까지 손목이 꺾인 상태가 유지되도록 한다. 임팩트 후까지 왼손목은 단단히 고정되어 왼팔과 클럽 샤프트가 일직선상에 놓이게 된다. 클럽 헤드가 임팩트 존을 향해 낮게 내려와 잔디 위를 살짝 쓸 듯이 타구한다. 디센딩 블로가 유도되도록 체중은 왼발에 70% 정도 실어 주고 오른발 뒤꿈치를 들고 연습하면 효과적이다. _ 릭 스미스

- 몸을 강제로 고정하려는 것보다 더 심각하게 리듬을 망치는 것도 없다. 짧은 칩 샷을 할 때도 어깨와 엉덩이, 심지어 무릎까지 약간 뒤쪽과 앞

쪽으로 움직여 주어야 한다. 이는 스윙 동작에 대한 자연스런 반응이며, 리듬 감각을 향상시켜 준다. 이렇게 하면 날카로운 중심 타격과 예측 가능한 샷이 나오게 된다. 오른쪽 무릎은 왼쪽 무릎 쪽으로 움직여야 한다. 이렇게 해야 왼팔로 다운 스윙을 주도할 수 있고, 임팩트할 때 손이 클럽 헤드보다 앞에 나오게 된다. 이는 팻 샷(fat shot : 볼 대신 볼 뒤 땅을 가격하는 것), 스컬 샷(skull shot : SW의 토우 부분의 두툼한 솔로 볼을 쳐서 볼이 나가지 않는 것), 스쿠프(scoop : 볼을 떠내듯이 높이 쳐 올리는 것)의 가능성을 줄여 준다.

- 볼이 내 스탠스의 중심보다 오른쪽으로 오게 하여 지면을 치기 전에 볼을 치도록 노력해야 한다. 라이가 좋지 않을 수록 볼을 더 뒤쪽으로 오게 함으로써 더욱더 낮은 디센딩 블로로 타구한다. 치핑 샷을 쉽게 하는 방법은 다운 스윙을 오른쪽 무릎부터 하는 것이다. 이것은 왼팔로 다운 스윙을 주도하고 임팩트할 때 손이 클럽 헤드보다 앞으로 나오게 해 준다. 핀에 못 미치게 샷하라. 핀을 향해 샷하게 되면 핀을 넘기게 된다. _톰 왓슨

39. 그린 위의 핀의 위치에 따라 다양한 클럽을 사용한다. _톰 왓슨

공이 떠서 가는 거리를 캐리(carry)라 하고, 착지한 지점에서 홀까지 공이 굴러간 거리를 런(run)이라 한다. 클럽은 SW, 9번 아이언과 7번 아이언을 사용하되 볼이 굴러가는 거리를 확실하게 파악한다. 샌드 웨지는 핀이 그린 앞쪽 에지에 가까운 경우, PW 또는 9번 아이언은 핀이 그린 중앙에 있을 경우에 사용한다. 핀이 그린 에지에서 20m 이상 거리에 있을 경우의 클럽 선택은 다음과 같다.

[핀이 그린 에지에서 20m 이상 떨어져 있을 경우의 칩 샷 클럽 선택]

공과 그린 에지까지의 거리	사용 아이언
1m	7번
2m	9번
3m 이상	피칭 웨지

칩 샷에는 Ball in the air와 Bump and run의 두 가지 방법이 있다.

40. **Ball in the air** : 볼을 띄우기 위해서는 볼을 스탠스의 가운데 두고 샌드 웨지(56도)를 사용한다. 클럽 페이스를 타깃 방향에 오픈시키면 부드럽게 날아가 떨어지게 할 수 있다. 손목을 꺾고 임팩트 후까지 그 각도를 유지한다. _ 부치 하몬

Bump and run : 클럽 헤드가 볼을 뒤쫓으며 표적으로 향하는 장면을 상상한다. _ 세르히오 가르시아

- 볼이 프린지의 바로 바깥에 놓여 있고, 그린에 여유 공간이 거의 없는 상황이어서 볼을 길게 굴릴 수 없을 때 효과적이다. 이런 경우 경사 면을 따라 튀겨 주거나 퍼팅으로 처리할 수도 있지만 그러한 샷은 거리 판단이 매우 어렵다. 샌드 웨지로 스핀을 먹여 그린 위로 착지시키기 위해서는 클럽 페이스와 스탠스를 약간 열어 준다. 오픈 스탠스를 취하면 몸 전체가 목표를 향해 시야를 넓힐 수 있다. 왼발로 무게 중심을 옮기면서 볼을 언더 핸드로 목표를 향해 던지는 이미지로 하면 어프로치에 가장 적합하고 자연스런 오픈 스탠스 자세가 된다.
- 클럽 헤드로 잔디 위에서 지면을 치기 전에 볼 밑을 먼저 쳐서 따낸다는 생각으로 타격한다. 클럽을 목표 방향의 뒤쪽으로 스퀘어하게 백 스트로크하는 것은 자연스럽지 않기 때문에 미스 샷의 원인이 된다. 볼을 스

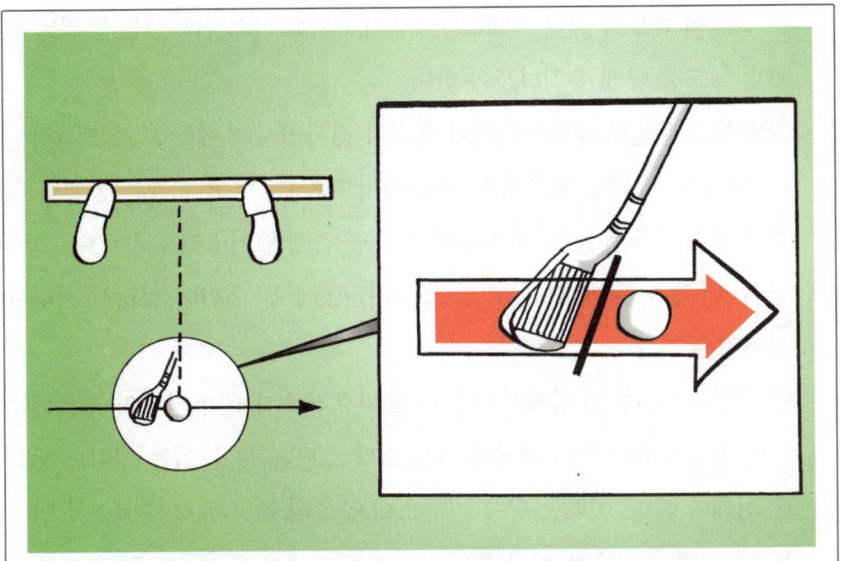

볼을 띄우기 위해서는 볼을 스탠스의 가운데 두고 샌드 웨지(56도)를 사용한다. 클럽 페이스를 타깃 방향에 오픈시키면 부드럽게 날아가 떨어지게 할 수 있다. 손목을 꺾고 임팩트 후까지 그 각도를 유지한다.

탠스의 가운데 두면 클럽 페이스를 스퀘어하게 하고 무게 중심을 왼쪽으로 옮기기 쉬워진다. 무게 중심을 왼발 몸통 주위의 자연스러운 스윙 플레인을 만들면서 바깥에서 안으로 흐르는 스윙으로 인해 약하게 스핀이 먹은 칩 샷이 나오며, 볼은 지면을 튀긴 뒤 내려앉아 홀까지 굴러가게 된다. _스탠 유틀리

- 그린에 여유 공간이 많고, 홀까지의 진행 경로가 깨끗하게 열려 있을 때 (즉, 둔덕이나 경사가 없을 때) 안전한 방법은 7~9번 아이언으로 범프 엔드 런을 시도하는 것이다. 둔덕이 있을 때는 웨지를 이용해 그 언덕을 넘기는 피칭 샷이 효과적이다. 볼을 낮게 띄워 올려 굴리기 위해서는 볼을 스탠스의 오른발 뒤꿈치 쪽에 두고 몸무게를 왼쪽으로 배분한 상태로 준비 자세를 취한다. 양손은 앞에 놓는다. 이런 자세로 백 스윙을 취하면서 손목을 자연스럽게 꺾어 주었다가 클럽 헤드가 뒤에서 따라오

는 느낌이 들도록 한다. 탄도가 낮게 나오도록 하기 위해서는 임팩트 후 클럽 헤드를 낮게 유지하도록 한다.

- 맞바람을 맞으며 플레이하거나 오르막 경사인 경우에는 드로를 생각한다. 임팩트 시 클럽 토우가 약간 돌아가도록 한다. 보다 높은 통제력 확보를 위해서는 볼을 프린지가 아닌 그린 위에 떨어뜨리도록 한다. 그러면 두 번 정도 땅에 튀긴 뒤 땅으로 내려앉아 톱 스핀이 걸려서 퍼팅한 것처럼 굴러간다.

- 반대의 경우, 즉 등 뒤에서 바람이 불어오거나 내리막 경사인 경우에는 공이 평상시보다 빨리 멈춰야 하므로 백 스핀을 걸 수 있는 페이드 동작을 취해야 한다. 이때는 공을 스탠스의 앞쪽에 놓고 클럽 페이스가 임팩트 때도 열려 있도록 해야 한다. 즉, 오른손목이 롤링하지 않고 왼손목 밑에 있도록 한다. _ 닉 팔도

- 짧은 칩 샷을 할 때 자주 실패한다면 몸을 앞으로 기울여 몸무게를 왼발 한가운데의 위쪽에 실리도록 하고 오른발 뒤꿈치를 들어 준다. _ 데이비드 리드베터

41. 퍼팅 그립을 잡고 샤프트의 아랫부분으로 낮게 내려 잡는다. 스탠스 가운데 볼을 두고, 체중은 왼발 쪽에 더 많이 싣고 약간 기운 자세를 취한다. 언더 핸드로 볼을 패스하듯이 백 스윙과 포워드 스윙의 크기를 같게 한다. 샷을 하는 동안 양손은 항상 클럽 헤드보다 앞쪽에 위치해야 한다.
_ 하비 패닉

42. 어프로치 : 모든 클럽에 대해서 스트로크가 모두 똑같게 한다. _ 닉 팔도
백 스윙의 길이와 팔로 스루의 길이를 항상 같도록 한다. _ 톰 카이트

백 스윙의 길이와 팔로 스루의 길이를 항상 같도록 한다.

- 스윙은 물이 가득 들어 있는 양동이의 물을 목표 방향으로 던진다는 느낌으로 한다. 백 스윙과 팔로 스윙의 크기는 같게 한다.
- 그린 근처에서 클럽에 따른 샷은 클락 이미지(시계 방향 이미지)로 일정한 거리를 낼 수 있다. 스윙을 할 때 클럽 샤프트가 가리키는 시계 방향, 즉 스윙의 크기로 샷의 거리를 조절하는 것이다. 즉 볼이 놓인 곳을 시계의 6시로 정하고 백 스윙 때는 7시, 8시, 9시, 10시의 원을 그리면서 왼팔이 그 방향을 가리키게 하는 것이다. 칩 샷은 퍼터처럼 낮게 띄워야 하므로 모든 클럽에 대해서 백 스윙을 짧게 가져간다. 팔로 스루는 백 스윙과 같은 길이에서 끝난다.
- 칩 샷에 능통한 프로는 다양한 상황에서의 어프로치 샷에 로브 웨지부터 7번 아이언까지 다양한 클럽을 사용한다. _톰 왓슨
- 어프로치 샷의 거리를 조절하는 방법을 익히면 샷을 훨씬 자신 있으면

서도 편하게 할 수 있다. 피치 샷의 거리 조절에는 스텝(걸음 폭)을 사용한다. 보통 12걸음이면 10야드 정도 된다고 보면 된다(1야드 = 3피트 = 0.914m).

- 맨땅에서의 치핑 샷 : 주의할 점은 볼의 위치를 정할 때 언제나 볼을 먼저 타구해야 한다는 것이다. 볼은 스탠스의 가운데에서 약간 뒤쪽에 놓고 다운 블로로 히트하도록 한다. 이 샷은 샌드 웨지나 로브 웨지를 사용하지 않는다. 지면이 단단하다 보니 프린지가 위로 올라오게 되고 스컬 샷을 범하게 된다. _톰 왓슨

43. Chip shot 11 rule : $\#Iron = 11 - \dfrac{Run}{Carry}$ _골프 속언

- 잔디가 짧게 깎인 그린 주위(에이프론) : 퍼팅으로 밀고 나간다. 핀이 그린 뒤에 있을 때는 러닝 어프로치를 시도한다. 거리감은 퍼터로 치는 거리감을 그대로 사용한다. 타이거 우즈는 3번 우드로 치기도 한다.
- 러닝 어프로치가 어려운 그린 주변 러프 지역에서의 칩 샷은 다음의 '11룰'을 사용한다. 사용할 아이언 번호를 I라고 하고, 칩 샷할 위치에서 홀까지의 거리를 D라고 할 때 캐리는 다음의 식을 이용하여 일관성을 유지한다.

$$\text{캐리}: C = D \times \dfrac{1}{(12-I)}$$
$$\text{런}\ \ : R = D - C$$
$$\longrightarrow\ I = 11 - R/C$$

예를 들면, 홀까지의 거리가 30걸음이고 9번 아이언으로 칩 샷을 할 경우 30×1/(12−9)=10, 즉 9번 아이언으로 칩 샷을 할 경우 현 위치에서 10

룰에 따른 각 클럽의 치핑 캐리 대 런 비율

- 5번 : 캐리 1, 런 6
- 6번 : 캐리 1, 런 5
- 7번 : 캐리 1, 런 4
- 8번 : 캐리 1, 런 3
- 9번 : 캐리 1, 런 2
- 10번(48도 피칭 웨지) : 캐리 1, 런 1
- 11번(52도 갭 웨지) : 캐리 1, 런 0.7
- 12번(56도 샌드 웨지) : 캐리 1, 런 0.5
- 13번(60도 로브 웨지) : 캐리 1, 런 0.3

걸음 위치에 공을 떨어뜨리면 나머지는 20걸음은 굴러가게 된다. 다른 말로 하면 캐리 10걸음, 런 20걸음의 거리를 내기 위해서는 9번 아이언을 사용하면 된다.

 오르막 경사의 경우 SW를 사용할 상황에서는 PW를 사용하고, PW를 사용할 상황에서는 9번 아이언을 사용하면 된다. 내리막 경사에서도 이와 같이 조정한다.

- 거리 측정은 다음과 같이 한다. 볼이 놓인 곳에서 낙하 예상 지점(25% 룰을 적용해)까지 걸어서 캐리를 측정한다. 다음 홀 주위의 경사를 읽으면서 낙하 예상 지점에서 핀까지 걸어 본다. 낙하 예상 지점까지 3스텝이고 그곳에서 핀까지 12스텝이면, '11룰'을 이용 7번 아이언으로 3스텝을 보내면 가장 적합하다. 이때는 물론 공이 놓인 자리의 라이 상태(그린의 경사와 스피드)에 따라 클럽 선택을 조절할 필요가 있다.
- 공의 위치가 오르막 라이인 경우는 로프트가 한 단계 큰 클럽을 사용하

고, 내리막 라이인 경우는 그 반대의 방법을 취한다.

4. 오르막 칩 샷

어드레스 때 양쪽 어깨를 지면에 대해 평행하게 만든 뒤 타격하는 지면을 평탄한 지면과 똑같이 가져가려고 노력한다. 이어 앞으로 스윙을 휘두를 때는 클럽이 경사를 타고 가도록 해 준다. 이러한 샷을 할 때 아마추어들이 저지르는 가장 큰 실수는 볼을 향해 하향 타격을 함으로써 클럽이 지면 속으로 들어가 박힌다는 것이다. 또한 볼을 퍼 올리려고 시도하는 것도 문제다. 볼을 스탠스의 가운데 쪽에 놓고 경사를 따라 스윙을 위로 휘두른다. 오르막 라이이므로 평지일 때보다 로프트가 작은 클럽을 선택하여 클럽에 대한 믿음을 가지면 실수를 줄일 수 있다.

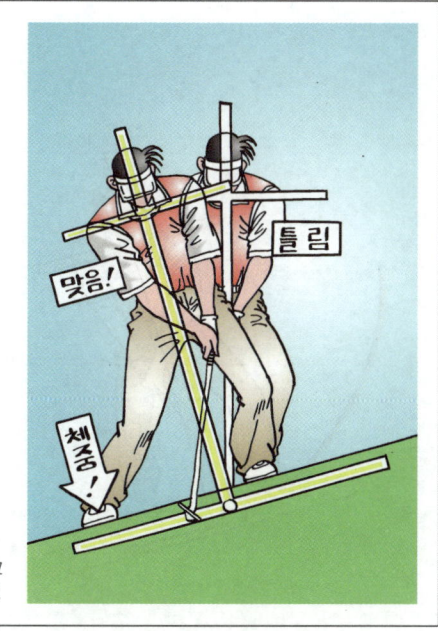

볼을 스탠스의 가운데 쪽에 놓고
경사를 따라 스윙을 위로 휘두른다.

5. 내리막 경사의 칩 샷

아마추어 골퍼들이 가장 괴로워하는 상황 가운데 하나가 바로 그린 주변에서의 트러블 상황일 것이다. 특히 그린 주변 내리막 경사에서의 칩 샷은 아주 까다로운 샷이기도 하다. 볼은 낮은 경사에 있고 핀은 그린 에지 가까이 있는 경우 구사할 수 있는 샷은 한정된다. 만일 스윙을 크게 한다면 볼은 그린을 넘어간다. 이때 범하는 가장 일반적인 실수 가운데 하나가 바로 볼을 띄우려다가 실패한다는 것이다. 이런 상황에서는 내리막 라이이므로 로프트가 큰 클럽을 사용해 클럽에 대한 믿음을 갖고 경사에 어깨를 평행하게 맞춰 셋업하고 경사를 따라 아래쪽으로 하향 타격하는 스윙을 구사해야 한다.

경사에 어깨를 평행하게 맞춰 셋업하고 경사를 따라 아래쪽으로 하향 타격하는 스윙을 구사해야 한다.

6. 어프로치(Approach) 피칭(Pitching) 샷

어프로치 아이언 샷을 할 때 가장 중요한 것은 거리 조절이며, 정규 타수로 그린에 올리는 횟수가 많을수록 전체 스코어에 미치는 영향이 크기 때문에 점수를 낮출 수 있는 가장 중요한 샷이다. 아이언 샷에서 가장 중요한 것은 임팩트 이후에 가속이 붙어야 한다는 것이다. 가속을 내기 위해서는 백 스윙을 천천히 원 피스 형태의 백 스윙으로 허리, 무릎, 엉덩이가 함께 클럽 헤드를 뒤로 천천히 들어올려 주고 다시 원위치로 돌아오게 한다. 이때는 코킹이 풀어지지 않은 채 내려와야 한다. 아이언 샷은 어떤 경우에도 최소한 파로 세이브한다는 생각을 갖는다.

- 어프로치는 물이 들어 있는 물통을 휘두르는 이미지로 하라. _ 아놀드 파머
- 골프 스코어의 60%는 핀에서 125야드 거리 이내에서 나온다. _ 샘 스니드
- 그립은 반드시 스퀘어가 되도록 한다. 즉 왼손등이 목표를 향하게 하고, 오른손 엄지와 집게손가락이 만드는 V자가 턱을 가리키도록 잡는다. 그리고 체중을 이동하지 않기 위해서 왼발에 체중을 많이 싣는다.
- 가능한 한 손목을 적게 쓰고 몸을 이용한 스윙을 해야 한다. 양쪽 손목에 부목을 댄 것처럼 해야 한다. _ 톰 왓슨
- 왼쪽으로 잡아당기는 버릇이 있는 사람은 몸의 회전이 부족하기 때문이다. 임팩트 후에 왼팔꿈치를 타깃을 향해 밀어 주듯이 해 몸 뒤로 빼면 방향성이 좋아진다.

- 그립은 단단히 잡는다. 임팩트 순간 가볍게 치려고 오른손 그립을 놓치는 경우가 많은데, 그럴 경우 반드시 미스 샷이 발생한다.
- 팔로 스루 때 표적선을 향해 양팔을 쭉 뻗어 준다. 이렇게 하면 클럽이 계속 풀려 나가는 것을 막을 수 있으며, 볼을 표적을 향해 완벽하게 제어할 수 있다. 왼팔에서 왼손목과 샤프트에 이르는 부분이 일직선을 이루어야 한다. _ 타이거 우즈
- Be up(퍼팅이든 칩 샷이든 홀에 다다르게 하라). _ 스코틀랜드 Turnberry Hotel Golf Club
- 어프로치에서 가장 중요한 것은 홀의 1m 반경의 원을 상상하고 최대한 그 원에 가깝게 붙인다는 생각으로 어프로치하는 것이다. 물론 원 퍼팅으로 홀인하면 좋겠지만 무리한 욕심은 3또는 4퍼팅을 요구할 수도 있기 때문이다.
- 숏 아이언인 경우의 타격 거리 제어는 손목이 아니라 양팔을 목표 방향으로 뻗어 주는 것이다. 숏 아이언 플레이가 향상된 또다른 이유는 자세에서 찾을 수 있다. 턱을 위로 들어서 좀 더 똑바로 선 자세를 취하면 역동적인 자세가 된다. _ 타이거 우즈
- 그린 에지에서 떨어져서 그린까지 볼을 굴리기에 평탄하지 않은 곳에는 잔디가 많이 자라 있기 때문에 피칭 어프로치를 사용한다. 또 피치 앤 런을 사용할 때는 낮은 탄도를 유지해야 하므로 볼을 오른발 쪽으로 놓고 클럽 샤프트를 목표 방향으로 기울여 낮은 비행 궤도를 만든다.
- 10도 내지 20도의 오픈 스탠스를 취해 임팩트할 때 약간 오픈되게 한다. 오픈 스탠스이기 때문에 스퀘어하게 어드레스하기 위해서는 볼을 약간 중앙에서 뒤쪽으로 둔다.
- 단단한 지면에서는 볼을 오른발 앞에 어드레스하고 피칭 웨지를 이용해 체중을 왼발 쪽에 더 많이 실어서 볼을 먼저 칠 수 있도록 해야 한다.

- 체중 이동이 적절이 되도록 하기 위해서는 팔과 손만으로 스윙하지 말고 엉덩이와 다리도 이용한다. 피치 샷도 하체의 움직임과 팔과 손의 움직임 간의 타이밍이 맞을 때 더욱 수월하고 일관성 있게 된다.
- 최고의 피처는 손과 손목을 거의 움직이지 않는 톰 웨이스코프(Tom Weiskopf)와 같은 사람이다. 나는 나무 판자 2개로 두 손목 양쪽을 단단히 고정했다고 상상하면서 스윙하는 동안 손을 불필요하게 움직이지 않으려고 노력한다. 임팩트할 때 손과 팔이 하나가 되어 움직이는 것 같은 느낌을 가지려고 한다. _톰 왓슨
- 빨리 멎게 하는 피치 샷 : 낮은 샷으로 그린 위에서 빨리 멎도록 하는 샷이 필요할 때가 있다. 어드레스는 보통의 칩 샷과 같은 방법을 사용해 업 라이트 스윙이 되게 한다. 먼저 볼을 히트하고 나서 목표를 향해 클럽 헤드를 낮게 팔로 스루한다. 이렇게 하면 볼에 백 스핀이 걸리며 낮게 날아 퍼팅 에어리어에 멎을 것이다. _톰 왓슨
- 30야드 샷인 경우에는 샌드 웨지를 선택한다. 클럽은 짧게, 그립은 단단히 잡는다. 백 스윙과 피니시의 크기를 같게 하고, 원을 그린다는 느낌으로 한다.
- 25% 룰을 적용한다 : 프로들은 모두 착지 지점으로 그린 앞쪽 끝에서 홀까지의 25% 지점을 선택한다. 샌드 웨지를 이용한 피치 샷에 따른 캐리 및 런 거리는 다음 표와 같다. 여기서는 왼팔과 클럽 샤프트가 일직선이 되도록 코킹이 없는 경우를 말하고, 클럽 샤프트를 시계 바늘에 비유한 것이다. 스윙 방식에 따라 달라질 수 있다.

[샌드 웨지 피치 샷에 따른 캐리]

백 스윙	팔로 스루	캐리(걸음 수)
7시 방향	5시 방향	10
8시 방향	4시 방향	20
9시 방향	3시 방향	25
10시 방향	2시 방향	30
11시 방향	1시 방향	40
12시 방향	12시 방향	50
1시 방향	11시 방향	60

- 예를 들어 샌드 웨지를 사용, 백 스윙 때 클럽 샤프트가 가리키는 방향이 9시를 가리키고 팔로 스루가 3시면 보통 25걸음 정도의 거리에 공이 날아간다.

- 왼팔과 클럽 샤프트가 90도가 되도록 코킹한 경우, 왼팔을 시계 바늘에 비유했을 때의 피치 샷(SW 이용)에 따른 캐리 및 런 거리는 다음과 같다.

[왼팔과 클럽 샤프트가 90도가 되도록 코킹한 경우의 샌드 웨지 피치 샷에 따른 거리]

백 스윙	팔로 스루	캐리(m)
7시 30분 방향	5시 30분 방향	36m
9시 방향	3시 방향	52m
10시 30분 방향	2시 30분 방향	68m

- 4가지 클럽(48도 PW, 52도 GW, 56도 SW, 60도 LW)을 사용하면 위 공식을 이용, 4(웨지 종류)×3(백 스윙 길이 종류) 시스템을 적용할 수 있다. _데이브 펠츠

7. 롱 아이언(Long Iron)

44. 롱 아이언은 완벽한 스윙 톱을 만들기 위해서 테이크 백에 많은 시간을 갖도록 한다. _폴 로우리

- 백 스윙을 하면서 공 뒤의 잔디를 긁어낸 뒤 다운 스윙 때 공을 쓸어 낸다. 특히 긴 클럽을 사용할 때는 피니시가 중요하다. 드라이버와 마찬가지로 체중은 왼쪽으로 옮기고, 오른쪽 어깨가 목표와 가장 가까운 신체 부분이 되도록 한다. _닉 팔도
- 강한 바람을 이겨내면서 빠른 그린에서 볼이 잘 멈추게 하기 위해서는 페어웨이 우드보다 롱 아이언을 선택해야 한다. 정확히 클럽 헤드의 중심에 볼을 맞히기 위해서는 테이크 어웨이부터 클럽을 낮고 길게 가져간다. 롱 아이언을 잘 사용하려면 빠른 스윙보다는 조금 느린 듯하지만 큰 아크의 스윙으로 치겠다는 생각이 필요하다. 클럽을 뒤로 뺄 때 너무 급하게 움직이면 다운 스윙 시에 리듬을 잃고, 클럽도 몸과 일관되게 움직이지 않는다. 이런 테이크 어웨이 과정을 통해 다운 스윙은 자연히 가파르지 않게 수평으로 쓸어 치는 동작을 만들어 준다. 이렇게 되면 디봇 자국을 만들지 않고 볼만 떠낼 수 있다. _잭 니클라우스

8. 페어웨이 우드(Fairway Wood)

45. 스푼(3Wood)은 왼발에 중심을 두고 왼쪽 다리에 무게 중심을 6 : 4로 실어 왼발을 지면에 단단히 부착하는 느낌으로 하고, 왼다리도 견고하게 지탱한다. _ 마쓰이 이사오

볼의 위치는 왼발 뒤축과 일직선이 되도록 하고, 척추를 중심으로 하는 축이 좌우로 움직이지 않도록 주의한다. 양팔의 삼각형과 팔 길이만큼의 넓이를 유지하면서(즉, 양팔과 상체가 함께 움직인다) 테이크 백한다. 이때 클럽 헤드가 볼을 정확히 때릴 수 있도록 시선이 볼을 놓치지 않게 하기 위해서는 천천히 테이크 백한다. 하프 스윙 정도에서 스윙 톱을 취하며 잠깐 멈춘 후 다운 스윙도 팔의 넓이를 유지한다.

9. 드라이버(Driver)

비거리를 결정하는 2가지 요소는 보통 스윙 아크의 크기와 헤드 스피드라고 이야기하지만 사실 드라이버의 거리는 다음의 4가지에 의해서 결정된다.

1) 스윗 스폿의 중심에 볼을 맞힌다.
2) 런치 앵글(Launch angle)을 최대화한다.
3) 클럽 헤드를 떠나는 볼의 속도를 최대화한다.
4) 볼의 백 스핀 양을 줄인다.

	아마추어	프로
런치 앵글	90°	11°
스핀 양	3,000~5,000rpm	2,000rpm
볼 컨택트	중심에서 벗어남	중심

46. 드라이브 샷을 똑바로 보내기 위한 3가지 방법은 "균형, 균형, 균형"이다. _ 캘빈 피트

- Double Pendulum = Upper(Arm) + Lower (Club).
Upper Pendulum의 아크가 Lower pendulum의 아크보다 크기 때문에 클럽의 회전 속도가 팔 스윙의 회전 속도보다 빨라야만 팔과 클럽 헤드가 동기화된 타이밍을 갖게 되어 공에 최대의 힘을 전달할 수 있다. 공

의 위치는 왼발 뒤꿈치 근처이고, 임팩트 시 왼팔과 클럽 샤프트가 일직선을 이룰 때 클럽 헤드는 최대 속도를 내게 된다. _ 알 맥밀란

- 어떤 스윙 동작이든 간에 최상의 밸런스와 조화가 필요하다. _ 데이비드 리드베터
- 톰 왓슨은 스윙 템포가 빠르고, 어니 엘스는 스윙 템포가 느린 편이지만 두 선수 모두 스윙 균형이 잘 잡혀 있는 것을 알 수 있다. 한결같은 스윙을 위해서는 균형과 부드러운 리듬을 유지하는 것이 가장 중요한 요소라고 할 수 있다.
- 장타를 치고 러프에서 9번 아이언으로 그린을 노리는 편이 단타를 치고 페어웨이에서 4번 아이언을 쓰는 것보다 훨씬 쉽다. _ 잭 니클라우스
- 헤드 스피드를 빠르게 하려면 우선 손목의 힘을 빼고 스윙하고, 클럽 헤드가 어디에 있는가를 늘 염두에 두고 스윙해야 한다. 손목을 코킹하지 않으면 샷을 할 때 파워가 생기지 않는다. 손목 코킹은 손목의 힘을 풀어야 한다. 팔이 백 스윙을 끝낸 뒤 바로 다운 스윙하게 되면 충분한 코킹이 형성되지 않지만 백 스윙 톱에서 클럽 헤드가 내려갈 때까지 기다리면 코킹이 형성된다. _ 게리 플레이어
- 다운 스윙에서 클럽 헤드가 최저점을 지나 상승하는 지점에서 공을 맞혀야 최대의 거리를 확보할 수 있다.
- 올바른 높이로 티를 꽂아라. 클럽이 티 위에 놓인 공을 쓸어 칠 수 있을 정도의 높이로 티를 꽂아야 한다. 한쪽 사이드를 선택해 티 오프한다. 페어웨이를 바라볼 때 자기가 치고 싶은 방향을 자기 능력에 맞게 선정하고 티 샷을 하라. 티잉 그라운드에서 코스에 따라 적절하게 티를 꽂는 지점을 선택하라. 워터 해저드가 있거나 도그렉 홀이라면 공 낙하 지점을 넓게 쓸 수 있도록 티잉 그라운드의 가운데 부분만을 고집하기보다는 좌우를 적절히 활용하라. OB나 해저드 쪽에서 티 업을 해 반대쪽으

로 샷을 날려라.
- 장타를 위해서는 임팩트 후에 머리는 공 뒤에 남기고 체중을 전방으로 이동시키는 방법을 익혀야 한다. 임팩트 직후까지 무릎은 굽힌 자세를 유지한다. _ 게리 플레이어
- 스윙 아크를 크게 하면서 테이크 어웨이 시 오른발 안쪽 근육에 힘을 넣어서 왼쪽 다리 쪽으로 비틀면 헤드 스피드가 증가한다. 어깨는 완전히 회전시켜 턱 밑에 오도록 한다. 어깨가 턱 밑에서 돌게 하고, 클럽은 지면과 가깝게 유지하면 시선이 공을 바라보기가 쉬워진다. 공의 안쪽을 바라보면 다운 스윙이 인사이드로 내려오기 때문에 공의 아랫부분을 때리는 놀라운 결과가 나온다. _ 게리 플레이어
- 스윙 아크가 커질수록 헤드가 바닥에 닿는 부분이 길어진다. 그러므로 비거리를 원한다면 아크를 크게 만들어 스윙 아크가 V-shape이 아니라 U-shape이 되도록 클럽 헤드가 바닥에 낮고 길게 깔리도록 해야 한다. _ 사이몬 홈스
- 첫 세 홀의 드라이버는 평소의 70~80%의 힘으로 쳐라. 톱 프로 골퍼도 첫 번째, 두 번째 홀에서는 드라이버 샷을 평소의 70~80%의 힘으로 치는 대신 정확도를 노린다. 드라이버를 치고 싶으면 아웃-인 경로를 피하라. 공을 부채 아크의 한가운데 있다고 생각하면서 둥글게 부채의 오른쪽 아크를 따라 인사이드로 테이크 어웨이하고 임팩트 뒤에 다시 부채의 왼쪽 아크를 따라 인사이드로 팔로 스루하는 것을 상상한다. 슬라이스를 피할 수 있어서 OB를 면할 수 있을 것이다.
- 티 샷에서 OB가 났다고 해서 포기하는 것은 아침 식사 전에 술을 마시는 것보다 더 나쁜 습관이 된다. _ 샘 스니드
- 장타를 위한 스탠스 폭은 어깨 넓이 정도다. 볼은 왼쪽 발꿈치 앞에 놓는다. 명심해야 할 것은 톱 단계에서 잠시 멈추어 서둘러 볼을 때리려고

해서는 안 된다는 것이다. 스윙 아크를 크게 유지하면서 조금씩 클럽의 헤드 속도를 높여 가는 데 집중해야 한다.
- 드라이버 샷은 피칭처럼 다운 블로의 스윙 타이밍을 가진다기보다는 타원형의 계란모양에서 아랫부분이 평평하게 잘라진 모양의 스윙 아크라고 생각하면 좋다.
- 그립을 잡는 힘을 약하게 해 임팩트 후 클럽의 헤드를 자연스럽게 풀어 준다.
- 드라이버 샷을 할 때는 사용하는 클럽 중 가장 부드러우면서 가장 느린 기분의 템포가 필요하며, 세게 때리려 하기보다는 약간 거리를 손해보더라도 정확성에 초점을 맞추는 지혜가 필요하다.

47. 드라이버 솔(sole)을 뜬 채로 어드레스하는 것이 좋다. _ 딕 올트만

밸런스와 리듬이 10야드를 더 보낼 수 있는 주요 요인이다. 여기에 톱 투어 선수들이 가지고 있는 고유의 드라이빙 스윙 비법을 알기 쉽게 풀어서 소개한다(《골프 다이제스트》, 2001년 9월호).

- 샘 스니드(Sam Snead) : 그립을 가볍게 잡고 공에 모든 힘을 실어 준다.
- 이안 우스남(Ian Woosnam) : 강한 어깨 회전으로 채찍을 휘두르듯이 공을 친다.
- 닉 팔도(Nick Faldo) : 오른쪽 어깨는 힘의 원천이다.
- 예스퍼 파네빅(Jesper Parnevik) : 오른쪽 다리와 엉덩이가 볼을 향해 쏘듯이 힘차게 돌리면 클럽 헤드의 스피드가 증가한다.
- 타이거 우즈(Tiger Woods) : 어깨보다 조금 더 넓게 스탠스를 취한다. 안정되고 견고한 베이스(하체)는 밸런스를 잃지 않게 해 준다. 또한 무게

중심을 오른쪽으로 옮기기 쉬워지며, 다운 스윙 시 상체를 볼 뒤(오른쪽)에 유지하게 해 주기 때문에 거리도 늘어난다. 또한 양팔을 자연스럽게 아래쪽으로 떨어뜨려 줌으로써 클럽이 공을 때리기 직전 왼팔을 몸 쪽으로 바짝 끌어당긴다. 우즈의 클럽 헤드 속도는 초속 60m 가까이 나온다. 파워를 위해서 왼쪽 어깨를 최대한 부드럽게 만들어 턱 바로 밑까지 움직인다. 엉덩이 턴을 제한하는 동안 큰 어깨 턴을 만든다. 이는 몸통의 오른쪽 부분에 무게를 실어 준다. 톱 단계에서 완벽한 동작을 취한다면 체중은 오른발바닥 안쪽에 실릴 것이다. 그리고 완전한 어깨 회전과 함께 피니시 자세에서는 오른쪽 어깨가 다시 턱 밑에 위치할 것이다. 백 스윙 때는 체중이 오른발 안쪽에 있고, 다운 스윙 진행 중에는 왼발 안쪽에 실리도록 한다.

- 존 쿡(John Cook) : 밸런스를 유지하면서 백 스윙 시 왼팔을 길게 뻗는다. 스윙 아크가 커지면 스윙 속도가 빨라진다. 몸과 팔이 매칭되면 원하는 대로 공을 힘차게 때려 낼 수 있다.
- 폴 고이도스(Paul Goydos) : 일정한 리듬은 팔과 몸이 조화롭게 만들어 공의 스윗 스폿을 한결같게 히트하게 해 준다. 몸통을 천천히 돌리면 테이크 어웨이 시에 힘이 축적되어 볼의 2인치 뒤에서 최대 속도가 되게 해준다. 나머지 스윙 구간에서 속도를 최대로 한다면 그것은 힘의 낭비를 의미한다.
- 빌리 앤드레이드(Billy Andrade) : 천천히 스윙을 느끼면서 스윙하면 더 좋은 볼 스피드를 얻을 수 있다. 투어 플레이어의 평균 볼 속도가 155mph인데 나는 160mph이다. 테이크 어웨이를 짧게 하고 편안한 마음으로 스윙을 너무 길게 하려고 하지 않는다.
- 박지은(Grace Park) : 임팩트를 통과할 때 엉덩이를 세게 돌리고 머리를 공 뒤에 놓는다. 이렇게 하면 몸의 왼쪽이 쭉 뻗게 되어 파워가 생긴다.

- 짐 퓨릭(Jim Furyk) : 드로 볼 스탠스를 취하고 클럽을 볼에서부터 천천히 테이크 어웨이하면 나머지 스윙의 타이밍이 정해지고 다운 스윙이 좋아진다.

- 리 젠센(Lee Janzen) : 다운 스윙에서 왼쪽으로 몸을 돌려 엉덩이를 힘차게 돌리고, 이때 오른발은 그대로 지면에 붙인 채로 해 팔보다 먼저 움직이지 않도록 한다.

- 브랜들 챔블리(Brandel Chamblee) : 티를 높게 하고 스탠스를 넓게 취하고, 그립은 클럽의 끝을 잡고 천천히 테이크 어웨이를 한다. 이렇게 하면 15~20야드는 좋게 나간다.

- 브래드 팩슨(Brad Faxson) : 오른발을 발 길이의 반 정도 뒤로 해 드로 볼 스탠스를 취하고 약간 오른쪽으로 오픈한다. 그러면 엉덩이 턴을 크게 만들어 주어 거리가 늘어난다.

- 존 댈리(John Dally) : 백 스윙 톱에서 모든 몸무게를 오른쪽에 실리게 한다. 백 스윙 톱에서 왼쪽 무릎이 너무 왼쪽에 남아서도 안 되고 너무 볼 뒤 오른쪽으로 당겨져서도 안 된다.

- 박세리(Seri Park) : 볼을 너무 급하게 때리려고 하지 않는다. 백 스윙을 완성하고 클럽의 헤드 스피드는 저축해 둔다. 임팩트를 제외하고 하체는 움직이지 않도록 한다.

- 데이비드 톰스(David Toms) : 몸통 스윙 속도보다 팔 스윙 속도가 빠르게 한다.

- 프랭크 리클리터(Frank Lickliter) : 임팩트 시 가슴이 들리면서 공을 가리키도록 한다.

- 닉 프라이스(Nick Price) : 오른쪽 어깨의 큰 턴을 만든다. 느린 테이크보다는 부드러운 테이크 어웨이가 키(key)다.

- 어니 엘스(Ernie Els) : 어드레스에서 머리를 타깃의 뒤쪽으로 움직이면

볼 뒤에 있기가 쉬워지며, 볼을 위로 치는 것 또한 쉬워진다. 그립을 약간 단단히 쥐고 타깃 쪽으로 몸을 돌린다.

- 저스틴 레너드(Justin Leonard) : 런이 많은 페어웨이에서는 훅을 친다.
- 데이비드 러브 3세(David Love III) : 오른쪽 무릎을 안쪽으로 잡음으로써 하체는 조용하게 하고 상체는 많이 비틀어 충분한 토크 또는 코일을 형성한다.
- 노타 비게이 3세(Notah Begay III) : 나를 화나게 한 누군가를 생각하라. 테이크 어웨이 때 점차 속도를 잡아 나가고 모든 스피드를 다운 스윙 때 사용한다.
- 게리 플레이어(Gary Player) : 백 스윙 톱에서 다운 스윙으로 이어질 때 왼팔을 당기는 기분을 갖도록 하라.

10. 훅(Hook) · 풀 (Pull) · 드로(Draw) 샷

훅이 나는 이유는 다운스윙 시 손이 몸에서 멀어지기 때문이다.

_ 최경주

다운 스윙에서 상체만 이용해 강하게 치려고 하면 하체가 갑자기 멈추기 때문에 풀이 나오기 쉽다. 스윙이 아웃사이드 인이 되면 클럽 페이스가 뒤집혀 풀이 나온다. 지나치게 훅 그립으로 치면 손목이 손등 쪽으로 꺾여져 풀이 나온다. 훅을 없애는 좋은 방법은 다음과 같다.

- 그립은 두 손이 모두 어느 정도 단단히 잡아야 손을 몸 가까이 두는 데 도움이 된다. 그립을 단단히 잡더라도 손목을 부드럽게 하여 팔과 몸통을 함께 회전시키면 파워가 실리게 된다. 스윙 리듬은, 하나 하고 백 스윙하고, 둘 하고 다운스윙한다(최대의 속도로). 몸이 공쪽으로 다가서는 느낌으로 볼을 때린다. 임팩트 후 몸이 일어나는 것을 한 템포만 늦게 해서 임팩트 후에 몸이 일어나도록 한다. 긴장은 금물이다. 긴장하면 서두르게 된다. _ 최경주
- 몸의 회전이 나쁘면 다운 스윙 시 몸이 타깃에 닫힌 상태에서 클럽 헤드의 속도가 몸의 회전 속도보다 빨라서 손목이 뒤집어져 훅이 되기 쉽다. 몸을 더 회전시키는 것이 좋다. 다운 스윙에서 팔로까지 단숨에 몸을 돌린다. 이렇게 하면 손과 몸의 움직임이 하나가 되어 손목이 뒤집어지지 않는다. _ 마쓰이 이사오

- 오른발과 왼발을 바깥쪽으로 향해 8자 형태를 취하고 축을 몸 중심으로 둔다. 그러면 오른쪽 어깨가 처지지 않기 때문에 인사이드 인 궤도가 된다. _ 어니 엘스

- 스트롱 그립(왼손을 덮고 오른손을 연 그립, 오른손과 왼손의 V자가 오른쪽 어깨보다 오른쪽을 향한다)을 취하게 되면 임팩트 시 오른손 그립이 뒤집어져 클럽이 닫혀서 훅이 발생한다. 그러므로 뉴트럴 그립(오른손과 왼손의 V자가 턱을 향한 상태)을 취한다. 그러나 어드레스 시에는 오른쪽 어깨가 약간 내려가기 때문에 뉴트럴 그립을 취하더라도 V자는 오른쪽 어깨를 향하게 된다.

- 드로 샷은 스트롱 그립을 취한다. 타이거 우즈 등 미국 프로 골프 투어에서 뛰고 있는 선수 중 80% 이상이 이 그립을 잡고 있다. 스트롱 그립을 잡고 인사이드 투 아웃사이드로 드로 샷을 구사하면 일반 골퍼의 경우 스트레이트 샷보다 볼에 전달되는 파워가 증가한다. 또한 페어웨이에 떨어진 뒤 스핀 때문에 구르는 거리가 늘어나고, 전체 비거리도 20~30야드 더 향상된다. 볼을 스탠스 안쪽에 어드레스하고 왼발을 타깃 방향에 클로즈시킨다. 오른쪽으로 축을 기울이고 머리는 클럽 뒤에 놓는다. 백 스윙 톱은 낮게, 백 스윙은 낮고 길게 뒤로 빼고, 팔로 스루는 높게 타깃 방향의 오른쪽으로 밀어 치듯이 하면 볼이 왼쪽으로 휘어서 날아간다. 잭 니클라우스는 어드레스 때 머리를 볼 뒤에 고정하는 것이 드로 볼의 첫째 조건이라고 조언한다. 임팩트 때 클럽 페이스를 돌려 준다. 클럽의 로프트가 감소해 공이 평소보다 낮게 날아가고 런이 많다는 것을 염두에 둔다. 항상 한 클럽 정도 내려 잡고 그린의 앞쪽을 겨냥한다. 드로 샷은 나뭇가지 밑으로 낮게 깔아 치는 의도적인 훅 볼에 응용될 수 있다.

11. 슬라이스(Slice) · 푸시(Push) · 페이드 (Fade) 샷

슬라이스가 나는 이유 및 치료법은 다음과 같다.

- 몸이 다운 스윙에서 왼쪽으로 움직이거나 다운 스윙에서 오른쪽 어깨가 앞으로 나와 아웃사이드에서 클럽이 내려온다. 이 두 가지를 고치려면 다운 스윙에서 오른발 뒤꿈치를 빨리 들지 않도록 한다. 또한 임팩트에서 왼쪽 허리가 스웨이되지 않도록 왼쪽 넓적다리 안쪽으로 체중을 받아 내도록 한다.
- 페이스가 열려서 내려오면 임팩트 시에도 페이스가 열려 슬라이스가 나기 쉽다. 왼손의 손등이 정면을 향해서 내려와야 한다.
- 스윙 도중에 몸이 너무 회전하게 되면 몸이 열린 상태가 되어 오른쪽으로 밀리게 된다. 머리·손·허리가 정면을 향한 상태에서 임팩트하면 머리가 들리지 않아 균형 잡힌 임팩트를 할 수 있다. _ 마쓰이 이사오
- 톱 스윙에서 왼쪽 손목이 손등 쪽으로 꺾이면 코킹이 잘못된 형태로 임팩트 시 왼쪽 손목이 클럽 샤프트와 일직선이 되기 어려워져 굽은 형태가 되기 쉽다. 이렇게 되면 볼에 충분한 힘이 전달되지 않아 볼이 휘게 된다.
- 머리를 지나치게 고정하면 어깨가 돌아가기 어렵기 때문에 상하 운동만 하게 된다. 오른쪽 어깨가 앞으로 나오는 것을 막기 위해서는 오른쪽 팔꿈치가 오른쪽 옆구리를 스치듯이 인사이드에서 내려와야 한다.
- 그립은 왼쪽 손등의 너클이 2개 반 정도 보이게 하고, 오른손 엄지와 집

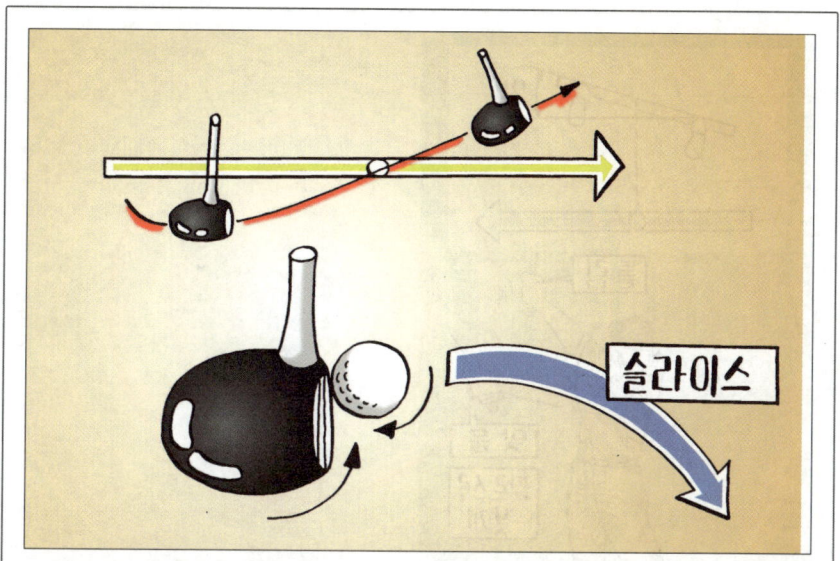

몸이 다운 스윙에서 왼쪽으로 움직이거나 다운 스윙에서 오른쪽 어깨가 앞으로 나와 아웃사이드에서 클럽이 내려오게 된다.

게손가락이 이루는 V자 형태의 뾰족한 부분이 턱과 오른쪽 어깨 사이를 가리키게 하는 뉴트럴 그립을 취해야 한다.

- 어드레스 상태에서 오른팔이 왼팔보다 높게 위치하면 밖으로 올라가기 쉽다. 양어깨는 비구선과 평행이 되도록 유지한다.
- 임팩트 시 몸을 들지 않고 몸의 각도를 항상 유지해야 한다. 백 스윙 시 체중 이동과 동시에 콕이 완성된 뒤에 팔을 위로 들어올린다는 기분을 가지면 이 각도를 무너뜨리지 않을 수 있다.

48. 푸시 아웃은 몸이 왼쪽으로 스웨이되는 경우나 콕의 릴리즈를 느리게 하는 경우에 스윙이 지나치게 인사이드 아웃되어 생긴다. _골프 속언

49. 페이드를 치는 방법 : 페이드를 생각한다. _샘 스니드

페이드 샷은 왼발을 20도 정도 타깃 방향으로 오픈시킨다.

- 샷을 하기 전에 항상 샷의 모양을 그린다. 페이드 샷은 약한 그립을 잡는다. 볼을 왼발 뒤꿈치에 맞추어 어드레스하고 양어깨의 높이가 같게 해 머리가 클럽 바로 위에 놓이게 한다. 왼발을 20도 정도 타깃 방향으로 오픈시킨다. 백 스윙 톱을 높게 가져가고 팔로 스루를 낮게 하면 볼이 오른쪽으로 약간 휘어서 날아간다. 페이드 샷은 7번 아이언보다 짧은 클럽으로는 구사하기가 어렵다. 그 이유는, 클럽 페이스의 로프트가 많아질수록 백 스핀이 많아지고, 이렇게 형성된 백 스핀의 영향이 공의 좌우 이동에 필요한 측면 회전의 영향보다 더 크게 작용하기 때문이다.

12. 낮게 날아가는 공을 칠 때

4번 또는 5번 아이언을 이용해 공을 스탠스의 중앙에 놓는다. 몸의 왼쪽은 단단히 고정하고, 몸을 목표 쪽으로 회전한다. 낮은 펀치 샷을 할 때는 몸이 임팩트 지점을 지나가고 손과 팔에 의해서 클럽 헤드가 따라 내려오게 되면 공이 낮게 뜬다. 쓰리 쿼터 스윙으로 조용히 스윙한다. 피니시는 낮고 짧게 한다. 공격적인 스윙은 백 스핀이 생기게 만든다. _ 닉 팔도

13. 높게 날아가는 공을 칠 때

핀까지의 거리가 140야드 남아 있고, 나무 위로 공을 보내야 할 경우에는 8번 아이언을 사용, 공을 스탠스 앞쪽에 놓고 체중의 대부분을 오른쪽에 싣고 오픈 스탠스를 취한다. 그립은 비교적 가볍고 편하게 잡는다. 클럽 페이스의 로프트가 증가하게 되어 몸의 축이 샷 뒤에 남아 있는 느낌을 주게 된다. _ 닉 팔도

14. 발보다 낮은 위치에 있을 때

발끝이 내려가는 경사에서는 허리를 낮추어 안정감이 있도록 하고, 두 무릎의 높이를 유지해야 한다. 헤드를 똑바로 높게 올린다. 팔로를 낮게 하면 무릎의 높이가 바뀌지 않는다. 무릎은 굽히고 스탠스를 넓게 취함으로써 균형을 무너뜨리지 않는다. 클럽 페이스가 열리기 때문에 왼쪽을 겨냥해야 하고, 무릎·손목·클럽이 따라가는 순서로 공을 친다. 중심은 앞으로 쏠리기 때문에 발뒤꿈치 뒤쪽에 놓아야 한다. 공의 위치는 오른쪽이지만 역시 연습 스윙을 통해서 자기 스윙의 최하점이 어디인지를 확인하고 공의 위치를 정할 수도 있다.

허리를 낮추어 안정감이 있도록 하고, 두 무릎의 높이를 유지해야 한다. 헤드를 똑바로 높게 올린다. 팔로를 낮게 하면 무릎의 높이가 바뀌지 않는다. 무릎은 굽히고 스탠스를 넓게 취함으로써 균형을 무너뜨리지 않는다.

15. 발보다 높은 위치에 있을 때

클럽은 짧게 잡고 스탠스는 좁게 취한다. 무릎을 약간 구부리고 상체를 편다. 오른쪽을 겨냥한다. 이런 라이에서는 클럽 페이스가 내려올 때 생기기 때문에 훅이 난다. 공은 오른쪽에 놓지만 연습 스윙을 통해 자기 스윙 궤도의 최하점이 어디인지를 확인하고 공의 위치를 결정한다. 백스윙을 할 때는 무게 중심이 뒤쪽에 쏠리기 때문에 발 앞쪽에 중심을 두어야 한다. 그리고 절대로 무리한 샷을 하지 말고 균형 있는 스윙을 해야 한다.

볼이 발보다 위에 있고 로프트가 큰 클럽을 사용할 때는 볼이 왼쪽으로 날아가는 풀 샷이 되기 쉬우므로 충분히 오른쪽을 겨냥한다.

50. 볼이 발보다 위에 있고 로프트가 큰 클럽을 사용할 때는 볼이 왼쪽으로 날아가는 풀 샷이 되기 쉬우므로 충분히 오른쪽을 겨냥한다. _ 톰 왓슨

- 페어웨이 우드 샷에서 중요한 점은 티잉 그라운드처럼 평탄하지 않다는 것이다. 오른발이나 왼발 중 어느 한곳이 낮거나 높은 경우가 많다. 이때는 무릎에 여유를 두고 어드레스해야 작은 언듈레이션도 쉽게 극복할 수 있다. 볼이 높은 위치에 있을 때는 체중 이동을 적게 하면서 상체 각도를 세우고 그립을 짧게 잡는다. 모든 스윙에서처럼 상체 각도를 정확히 유지하는 것이 가장 중요한 포인트다.
- 경사가 어느 쪽으로 기울어져 있는가에 상관없이 반드시 지켜야 할 것이 있다.
  - 넉넉한 클럽을 사용해 피칭 샷을 하듯이 스윙해야 한다.
  - 잔디에 디봇이 생기지 않도록 경사면을 따라 쓸어 치듯이 스윙한다.
  - 스윙을 크게 하거나 빨리 하게 되면 중심이 흐트러져 좋은 샷이 나오지 않는다.

16. 다운 힐(Down Hill)에서의 공략 방법
— 오른발의 지면이 높은 경우

다운 힐에서는 볼을 띄울 수 있도록 로프트가 큰 클럽을 사용한다. 스탠스를 최대한 넓게 취한다. 오른쪽 무릎을 살짝 굽혀 양쪽 무릎이 평행을 유지하게 한다. 볼이 몸보다 높은 쪽에 있으면 훅 구질이 나오고, 낮으면 슬라이스 구질이 나온다. 볼이 발보다 위쪽에 있어 평소보다 몸과 볼이 가까우면 그립을 내려(짧게) 쥘 수밖에 없다. 이를 감안해 평소보다 한두 클럽 긴 것을 골라야 한다. 또 볼이 발 밑에 있어 몸과 볼이 멀어지면 같은 클럽이라도 그립 끝을 잡고 스윙해야 한다. 그린까지 남은 거리가 1백 야드 이내일 경우에는 경사지일지라도 핀을 직접 공략해도 무방하다. 그러나 그 이상일

다운 힐 : 테이크 백은 짧게 밖으로 들고, 팔로 스루는 경사를 따라 길게 한다.

경우에는 혹 구질은 깃대 오른쪽 10야드, 슬라이스 구질은 깃대 왼쪽 10야드 지점을 보고 공략해야 한다.

51. 다운 힐 : 테이크 백은 짧게 밖으로 들고, 팔로 스루는 경사를 따라 길게 한다. _ 타이거 우즈

- 클럽은 한 클럽 짧게 잡고, 균형을 잡기 위해 쉬운 스윙을 한다고 생각한다. 공은 오른발 쪽에 둔다. 체중은 왼발에 70%, 오른발에 30%로 싣는다. 테이크 백은 짧게 밖으로 들고, 팔로 스루는 경사를 따라 길게 한다.
- 타구는 슬라이스성이므로 방향은 약 5m 정도 왼쪽을 본다. 즉 오른발을 약간 오픈한다.

17. 업 힐(Up Hill)에서의 공략
- 왼발이 높은 경우

업 힐에서는 볼이 많이 뜨기 때문에 로프트가 작은 클럽을 사용한다. 어깨를 지면과 평행하게 한다. 그립을 짧게 잡고 클럽을 놓치지 않도록 왼쪽 그립을 강하게 잡아 준다.

52. 업 힐 : 경사면을 향해 볼을 내리누른다고 생각한다. _ 세르히오 가르시아

- 볼을 오른발 맞은편에 놓고 양손을 앞쪽으로 밀어 줌으로써 클럽 페이스의 로프트가 감소된 상태에서 플레이한다. 몸을 경사면 쪽으로 기울

업 힐 : 경사면을 향해 볼을 내리누른다고 생각한다.

이고, 목표물의 오른쪽을 겨냥해야 한다. 체중은 왼발 : 오른발 = 7 : 3의 비율로, 중심은 왼발에, 높은 경사 쪽으로 밀듯이 가야 한다. 팔로 스루가 낮고 길어야 볼이 똑바로 진행되기 때문이다.
- 클럽은 한 클럽 길게 잡는다. 아무래도 올려치게 되므로 공이 높이 뜬다. 거리를 내기 위해서는 평소보다 클럽을 길게 잡는다.
- 오른발은 펴고, 왼발은 구부려 단단히 고정한다.
- 백 스윙을 길게 하고 피니시를 높게 한다.

18. 볼이 러프에 있을 때

53. 그린 근처 러프에서는 60도 로브 웨지를 사용한다. 먼저 클럽 페이스를 열고 그립을 잡는다. 목표를 왼쪽으로 잡고 V-shape 스윙 형태를 이용, 아웃사이드 인으로 스윙한다. V-shape 스윙이란 손목을 가파르게 바로 꺾고 다운 스윙도 가파르게 하는 것을 말한다. _ 사이몬 홈즈

먼저 60도 웨지를 이용해 무성한 풀에 의해 클럽 페이스가 닫히지 않도록 평소보다 클럽을 단단히 쥔다. 몸무게는 앞쪽 발에 좀 더 많이 싣고, 백 스윙 때 팔목을 사용해 클럽을 날카롭게 들어올려 주었다가 지면을

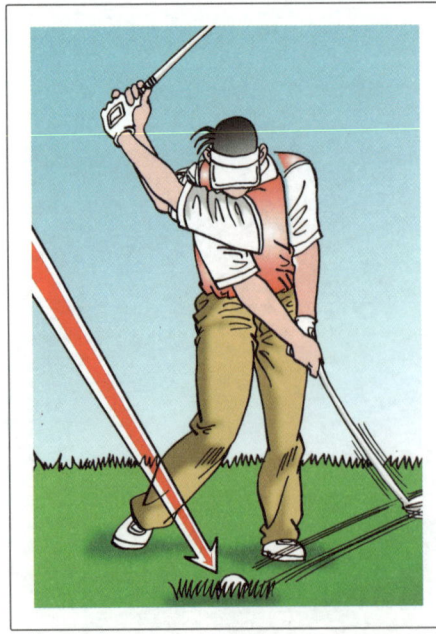

그린 근처 러프에서는 60도 로브 웨지를 사용한다. 먼저 클럽 페이스를 열고 그립을 잡는다. 목표를 왼쪽으로 잡고 V-shape 스윙 형태를 이용, 아웃사이드 인으로 스윙한다. V-shape 스윙이란 손목을 가파르게 바로 꺾고 다운 스윙도 가파르게 하는 것을 말한다.

따라 볼의 뒤쪽을 찔러 넣으면서 팔로 스루는 짧게 끊는다. 그러면 볼은 러프를 탈출해 거의 구르지 않고 멈춘다. _타이거 우즈

19. 볼이 디봇 자국 안에 있을 때

'굿 샷'을 해서 좋은 위치로 볼을 보냈다 싶은데 막상 가 보면 디봇 자국에 볼이 들어가 있는 경우가 많다. 이럴 경우에는 그냥 볼이 잔디 위에 잘 놓여 있다고 생각하면 된다. 핀까지의 거리와 방향만 생각하고 평소와 똑같은 템포로 쳐야 한다. 디봇 자국에 있는 공을 칠 때 범하는 대부분의 미스 샷은 뒤땅이다. 이는 마음이 급해서 공을 찍어 쳐야겠다는 생각이 지나치게 강하게 나타나기 때문이다. 심리적으로 복잡해지고 마음이 앞서 오른쪽 어깨가 바로 밑으로 떨어지면서 나타나는 현상이다.

그러므로 마음을 편하게, 평소처럼 먹은 뒤 샷하려고 노력한다. 클럽을

리딩 에지로 볼의 중간을 친다는 기분으로 샷을 해야 한다. 볼은 결국 클럽 페이스 면을 타고 떠오르기 때문이다.

조금 더 짧게 잡고 어깨를 수평으로 유지해야 하며, 하체 사용을 되도록 자제하면서 샷하면 공이 토핑 비슷한 느낌이 나면서 제대로 갈 것이다. 마치 벙커 샷이나 심한 업 힐 또는 다운 힐에서 칠 때처럼 하체의 움직임을 자제하고 팔로만 공을 정확히 가격해야 한다. 맨땅의 경우도 비슷하다고 생각하면 된다. 페어웨이에서의 샷뿐만 아니라 그린 주변에서도 이와 같은 상황이 많이 발생하는데, 그때 역시 어깨를 수평으로 유지한 채 천천히 상체를 이용한 샷을 하면 미스 샷을 줄일 수 있다. 좋지 않은 상황에서 가장 유의할 점은 바로 마음을 편하게 먹어야 한다는 것이다. 디봇 자국에 볼이 있어도 별것 아니라는 생각으로 임한다. 리딩 에지로 볼의 중간을 친다는 기분으로 샷해야 한다. 볼은 결국 클럽 페이스 면을 타고 떠오르기 때문이다. _ 박세리

20. 벙커(Bunker) 샷

*서툰 골퍼는 우선 해저드에서 1타로 만회하려고 샷을 하고,
능숙한 골퍼는 해저드에서 어떻게든지 빠져나올 샷을 한다.*

_ 잭 버크

54. **벙커 샷** : 클럽 헤드가 볼의 아래쪽으로 미끄러지면서 반대쪽으로 뚫고 나가는 장면을 상상한다. _ 세르히오 가르시아

- 높게 부드럽게 안착시키기 : 준비 자세 때 몇 가지 간단한 조정이 필요하다. 첫째, 볼을 멀리 앞쪽에 위치시켜 앞쪽 발뒤꿈치 맞은편에 놓아 양손이 약간 볼의 뒤쪽에 놓이게 한다. 둘째, 안정된 스윙을 구사할 수 있도록 스탠스를 넓게 잡아 이를 받쳐 준다. 마지막으로 클럽 페이스를 열어 주고 몸을 왼쪽으로 정렬해 이를 상쇄한다. 이러한 준비 자세로 백스윙을 절반 정도까지 가져가면서 손목을 완전히 꺾어 주고, 이어 볼 뒤쪽 5cm 지점의 모래 속으로 스윙한다. 얇게 모래를 잘라 내고, 클럽 페이스는 계속 오픈된 상태를 유지한다. 또 클럽 페이스가 임팩트를 한참 지나친 뒤 하늘을 향하게 한다. 충분한 힘이 실릴 수 있도록 피니시까지 클럽에 계속 가속을 붙인다. 볼은 모래 파도에 실려 바깥으로 날아오르며, 스핀이 많이 들어간 상태로 그린에 내려앉는다.
- 테이크 어웨이 시 오른팔을 몸에 밀착하고, 코킹을 빨리 한다. 그리고 위에서 휘둘러 내리치듯이 볼 뒤의 모래를 향해서 힘껏 내리친다. 옆으

벙커 샷: 클럽 헤드가 볼의 아래쪽으로 미끄러지면서 반대쪽으로 뚫고 나가는 장면을 상상한다.

로 치게 되면 더프(뒤땅을 쳐 볼이 조금밖에 나가지 않는 것)나 토핑(볼의 머리를 때려 볼이 낮고 강하게 날아가는 것)이 발생한다.

- 벙커 샷을 할 때는 그린 중앙을 겨냥하고 2퍼트로 마무리할 생각을 해야 한다. 핀에 붙이려고 하면 오히려 미스 샷이 날 가능성이 높다.
- 30야드 이하 그린 주변에서의 벙커 샷은 자세를 잡을 때 왼발에 체중을 실어서 몸이 흔들리지 않도록 한다. 왼쪽 팔꿈치를 너무 뻗지 말고 가볍게 구부린다. 이렇게 해야 임팩트 뒤에 왼쪽 팔꿈치를 뒤로 빼기가 쉽고 손이 뒤집어지지 않으며, 페이스의 방향도 바뀌지 않는다.
- 페어웨이 벙커 샷은 클럽 페이스의 중앙으로 볼의 심을 정확하게 쳐야한다. 그렇기 때문에 페어웨이 우드를 치듯이 왼발에 체중을 싣고 팔목을 사용하지 않고 클럽 헤드가 볼의 머리를 두드린다는 생각으로 간결하게 스윙해 임팩트를 중시해서 위에서 내리쳐야 한다.

- 그립을 가볍게 유지한다. 대부분의 아마추어들은 모래 함정을 싫어한다. 벙커를 기어올라와야 하기 때문이다. 그러나 이러한 마음을 갖고 있으면 긴장하게 되어 그립을 더 단단히 쥐게 된다. 길고 매끄럽게 흐르는 손목 스윙을 위해서는 그 반대로 하는 것이 필요하다. 그러므로 어드레스 때 그립 압력을 점검해 보아야 한다. 왜글을 하거나 손잡이를 힘껏 쥐었다가 푸는 방법이 도움이 된다.
- 페어웨이 벙커 : 클럽은 벙커 턱의 높이에 따라 선택해야 한다. 가장 중요한 것은 클럽을 짧게 잡고 공을 먼저 때려 모래가 공보다 먼저 튀지 않도록 하는 것이다. 하체의 움직임을 줄이고 상체는 삼각형을 유지하면서 백 스윙과 팔로 스루를 한다. 머리는 고정해 임팩트 뒤에도 공이 떠난 자리를 응시하고 피니시는 목표 방향 쪽으로 민다.

21. 생크(Shank)의 원인과 방지법

생크는 볼이 클럽 헤드의 힐 부분에 맞았을 때 자세를 잡은 위치보다 클럽이 앞으로 오는 경우에 발생한다.

〈원인〉
- 볼을 중앙에 놓고 너무 인사이드에서 친다. 클럽이 down-the-line 스윙 패스가 형성되지 않고 너무 평탄하게 옆에서 내려온다.
- 체중을 발끝에 놓으면 다운 스윙에서 몸이 앞으로 나와 넥에 맞기 쉽다.
- 다운 스윙에서 오른쪽 무릎이 앞으로 나와 오른쪽 어깨가 앞으로 나온다. 따라서 out-to-in 다운 스윙 패스를 만든다.
- 테이크 어웨이 때 손목을 돌린다.
- 왼팔 팔꿈치를 옆구리에 붙이면 실제 스윙 때는 떨어져서 임팩트 시 볼이 힐에 맞게 된다.

〈방지법〉
- 어드레스에서 볼과의 거리가 적당한지를 점검한다(그립을 잡은 손이 배에서 주먹 1개 반 정도 떨어져 있어야 함. 어프로치 샷인 경우에도 마찬가지다).
- 손목의 힘을 빼면 클럽을 부드럽고 리듬감 있게 해 준다. 클럽을 가볍게 함으로써 백 스윙이 높게 되고 down-the-line 스윙 패스가 이루어진다.
- 체중은 항상 양발의 중앙에 싣는다.

- 스윙은 클럽 헤드를 똑바로 뒤로 빼서 똑바로 내밀어야 한다. 그렇게 하면 왼쪽 어깨가 턱 밑으로 가게 된다.
- 다운 스윙에서는 오른쪽 무릎을 왼쪽 무릎 쪽으로 붙이듯이 보낸다. 체중을 뒤꿈치 쪽에 걸치고 치면 즉시 고칠 수 있다.
- 임팩트에서 왼쪽 허리가 스웨이되지 않도록 한다.
- 클럽 페이스를 닫아서 친다. _ 하비 패닉
- 공이 클럽 페이스의 토우 부분에 맞도록 어드레스한다.

22. 패트(Fat) 샷 방지법

주말 골퍼의 대부분이 공보다 잔디를 먼저 친다. 그러나 프로들은 공부터 먼저 친다. 이를 패트 샷 또는 헤비 샷이라고 한다. 이런 실수를 막기 위해 7:3 정도의 비율로 왼발에 체중을 많이 실어 어드레스한다. 그런 뒤 접은 부채를 펴듯이 그대로 백 스윙하면 상체의 비틀림이 어렵게 되어 백 스윙 톱이 자연히 콤팩트해져 몸을 확실하게 회전시키는 느낌이 든다.

어드레스 자세는 손이 공보다 앞에 놓이게 되고, 공 쪽으로 내려올 때도 손이 공보다 전방에 있으며 클럽 헤드가 목표를 향하도록 해야 한다. 그러기 위해서는 다운 스윙을 천천히 시작해 히팅 에어리어에 접어들면 스피드를 가속해 전속력으로 공을 치고 나간다. 다운 스윙을 할 때 코킹이 빨리 풀리는 것을 막기 위해서는 묵직한 교회 종을 곧장 아래로 끌어내린다고 생각하면 된다. 또한 공의 진행 방향에 따라 오른쪽 무릎이 따라가게 하면 뒤땅치기를 방지할 수 있다.

23. 토핑(Topping) 방지법

클럽 헤드의 밑부분이 볼의 윗부분을 치는 것으로, 토핑을 하면 볼이 땅으로 굴러가게 된다. 골프 수준에 상관없이 일어나는 이 샷은 볼의 윗부분만 쳐서 땅으로 굴러가게 하는 당황스러운 것이다. 이것은 드라이버와 페어웨이 우드 샷에서 가장 많이 발생한다. 볼이 공중으로 날게 하기 위해서는 볼의 아래를 쳐야 한다. 클럽 헤드가 지면을 쓸어 치게 되면 헤드의 로프트가 볼을 띄워 줄 것이다. 토핑은 보통 볼을 띄우기 위해 클럽 헤드를 들어 올리려고 하기 때문에 생기는 현상이다. 긴장감 때문에 숨을 들이마셔서 몸이 들리기 때문에 발생하기도 한다.

토핑은 스윙하는 동안 자세를 일으키므로 스윙 아크가 높아지게 되어 정확히 볼을 칠 수 없을 때 일어난다. 다시 말해서 다운 스윙 시 다리를 펴거나 상체를 들어올림으로써 어드레스 때의 자세를 유지하지 못할 때 발생한다. 따라서 어드레스에서 임팩트까지의 자세를 점검하고 등의 각도를 유지하면서 백 스윙을 해야 한다.

만약 페어웨이 우드 샷이 토핑 경향이 있다면 볼이 너무 오른발 쪽에 있지 않은가를 확인한다. 셋업 때 볼을 왼발 뒤꿈치 앞에 두면 다운 스윙 때 볼을 쓸어 치게 되어 토핑을 막을 수 있다.

- 그린 앞에 워터 해저드가 있을 때 : 공을 들어올리려 하다 보면 몸을 들어올리게 된다. 공의 각도를 믿고 내리친다. 임팩트 순간 두 무릎의 위치가 바뀌지 않게 해 어드레스 때의 자세를 그대로 오랫동안 유지한다.

- 오른발 뒤꿈치를 떼지 않고 피니시한다.
- 머리를 들지 않고 피니시한다.
- 이 샷의 주원인은 백 스윙 톱에서 그립이 느슨해지거나, 임팩트 순간에 감속하거나, 어드레스 때 볼을 너무 앞쪽에 두기 때문이다. 볼을 스탠스의 중앙에 놓고, 클럽을 컨트롤할 수 있게 손을 단단히 잡고 볼부터 치고 디봇을 떠내는 샷을 해야 하며, 임팩트에서는 체중이 왼발의 뒤꿈치에 와야 한다.

24. 펀치(Punch) 샷과 바람이 불 때

　펀치 샷(또는 녹다운 샷이라고도 함)은 맞바람에 대처하기에 아주 효과적인 샷으로, 낮게 날아가다가 왼쪽으로 약간 휘어지면서 그린에 안착하면 볼이 쉽게 멈추게 된다. 클럽을 다소 여유 있게 긴 것으로 선택해 스윙을 부드럽게 가져간다. 우선 볼을 몸의 중앙 쪽(평소보다 오른쪽)에 놓고 스탠스는 오픈으로 평소보다 넓게 취하며, 체중은 약간 왼쪽에 싣고(왼쪽 60%, 오른쪽 40%) 준비 자세를 취하면 자연스럽게 3/4 스윙이 된다. 그리고 위크 그립으로 스윙하면 클럽이 덮여서 볼을 임팩트하기에 낮게 비행해 왼쪽으로 슬며시 틀어지면서 안착한다. 펀치 샷의 핵심은 원 피스 테이크 어웨이 — 두 팔과 가슴이 이루는 삼각형 모양을 유지하면서 백 스윙하는 것 — 를 이용하며, 백 스윙을 낮게 하고 코킹을 자제하며 — 코킹한 상태에서 볼을 치면 볼이 많이 뜨게 된다 — 임팩트 후에는 지면에 낮게 깔아 치면서 팔로 스루를 중간에서 멈추듯이 끝내는 것이다. 이 스윙 동작을 익히기 위해서는 임팩트 후 볼 앞 30cm 지점에 볼이 하나 더 있어 두 번째 볼까지 친다고 생각하면 된다. 볼을 치고 난 뒤에 피니시는 짧게 취해진다.
　전영 오픈(The Open) 3회 우승자인 닉 팔도와 타이거 우즈의 펀치 샷이 대표적이다. 200야드가 넘는 파3홀에서 타이거 우즈는 대부분 쓰리 쿼터 스윙의 펀치 샷을 즐겨 사용하는 것을 볼 수 있다.
　박지은 선수는 2004년 CJ 나인 브릿지 클래식 프로암 대회에서 펀치 샷으로 홀인원을 기록했다. 17번 홀(144야드, 파3)에서 바람이 불어 평소보다 긴 7번 아이언으로 펀치 샷을 했는데 볼이 바람을 뚫고 운좋게 홀 속으로 빨려 들어갔다.

녹다운 샷으로 공략하는 것은 굳이 바람이 없어도 사용할 수 있다. 낮게 날아가긴 하지만 볼에 스핀이 많이 걸려 빨리 세우는 샷이 가능하므로 녹다운 샷으로는 직접 그린 공략이 가능하다.

바람이 불 때는 균형을 잃기 쉬우므로 스탠스를 넓게 해 자세를 안정시키는 것이 좋다. 볼의 뒤를 정확히 때리는 것만을 생각한다.

25. 나의 골프 노하우

골프를 즐기는 것이 바로 이기는 조건이 된다._ 헤일 어윈

아래 글은 저자가 그간 많은 시행착오와, 앞서 정리한 골프 명사들의 글을 실제 경험한 내용을 바탕으로 2004년 10월~2005년 2월까지 SBS 골프닷컴(sbsgolf.com) 커뮤니티 메뉴의 〈나의 골프 노하우〉에 게재한 글(필명 : 에이스)이다.

경사지에 따른 스탠스 폭

스탠스는 안정된 자세를 취하기 위해 필요한 만큼만 취하면 된다고 생각한다. 스탠스가 좁을 경우에는 스윙 아크가 작아져서 거리가 나지 않는 반면, 넓을 경우에는 스윙 아크가 커져서 거리가 많이 난다. 그러나 클럽에 비해 스탠스 폭이 지나치게 넓을 경우에는 체중 이동이 불안정해진다. 체중 이동이 안 된 상태에서는 팔 위주의 스윙이 나와서 훅이 되기 쉽다. 따라서 체중 이동이 잘되어 피니시 후 오른다리 무릎이 왼발 무릎에 닿을 정도의 무게 이동이 가능한 스탠스를 취하면 된다.

오르막 라이(앞 또는 옆)에서는 클럽의 길이에 맞게 스탠스 폭을 취해서 뒤땅이 나지 않게 충분히 채가 빠져나갈 수 있는 공간을 마련해 주어야 한다. 스탠스 폭을 너무 넓게 잡으면 자세가 낮아져서 클럽을 그만큼 짧게 잡아야 하고, 볼이 왼쪽으로 가는 경향이 있으므로 클럽 페이스를 약간 오픈

하고 볼을 중앙에 놓는다. 스탠스를 좁게 취해야 클럽의 길이를 유지할 수 있어 원하는 거리로 보낼 수 있다.

반대로 내리막 라이(앞 또는 옆)에서는 클럽을 라이에 맞춰 내리쳐야 하기 때문에 스탠스를 충분히 넓게 취하고, 공이 슬라이스가 나기 때문에 클럽 페이스를 약간 닫는 것이 좋다.

임팩트할 때 최대 스피드를 내기 위한 스윙의 기본

임팩트할 때 어떤 것을 연상하면 도움이 될까? 망치로 못을 박을 때 몸통이나 팔의 힘만으로 할까 아니면 손목의 코킹을 이용해서 때려야 힘이 전달될까?

스윙은 어떤 신체의 한 부분으로 이루어지는 것이 아니다. 몸통을 먼저 회전해야 망치를 뒤로 보낼 수 있고, 허리 및 팔로 다운 스윙해야 손목을 못 가까이 보낼 수 있고, 최종적으로 손목을 풀어(릴리즈)서 스냅을 이용해야 강한 힘이 전달된다.

골프를 처음 배우는 분들이 주의해야 할 점은 레슨 프로들이 하는 이야기에 대해서 어떤 것이 잘못되고 어떤 것이 잘되었는지에 대해 지나치게 신경 쓸 필요가 없다는 것이다. 표현하는 방식, 그리고 중요시하는 것이 다르기 때문이라고 생각하는 것이 좋다. 몸통 스윙에 중점을 둘 수도 있고, 손목의 코킹을 강조할 수도 있다. 그러나 골프는 치료 방법보다는 기본 이론을 이해해야 잘못된 점을 고칠 수 있다.

이안 우스남은 강한 허리의 힘으로 채찍질하듯이 클럽을 휘둘러 160cm 정도의 키에도 불구하고 당대에는 장타자로 유명했다. 이안 우스남이 강조하는 것은 강한 허리의 힘을 바탕으로 임팩트 시 클럽을 잡은 손의 위치를 '클럽 헤드보다 앞으로 나가는' 느낌으로 하라는 것이다. 이는 클럽 코킹이 볼 앞에까지 유지되도록 해서 강한 손목 동작으로 볼을 치라는 의미다.

스냅을 이용하면 부드러운 스윙을 하면서도 볼을 멀리 보낼 수 있다. 파리채를 연상해 보자. 파리를 잡을 때 어떻게 잡는가? 손목을 코킹하고 때릴 때 손목을 푼다. 그런데 손목을 푸는 위치는 어디가 될까? 다운 스윙에서 허리 부분에 샤프트가 지면에 평행될 때까지만 코킹을 유지해야 할까 아니면 볼을 임팩트하는 순간에도 핸드 퍼스트 형태가 되어 백 스윙에서 만들었던 팔과 샤프트의 각도가 90도가 되었던 코킹을 그대로 유지해야 할까?

볼을 왼발 앞쪽에 놓게 되면 다운 스윙 때 코킹이 풀리기 쉬워서 볼을 임팩트할 때 핸드 퍼스트 형태가 만들어지기 어렵다. 그래서 볼이 높게 뜬다. 볼을 오른쪽에 놓게 되면 코킹이 어느 정도 살아 있어서 핸드 퍼스트 형태가 되어 클럽 헤드의 로프트가 작아져 볼이 낮게 날아가고 임팩트가 좋아진다. 그러면 스윙 아크 및 클럽의 스피드는 어느 지점에서 최대가 될까? 허리의 가운데를 원점으로 하는 스윙 아크가 이루는 타원을 생각하면 백 스윙 톱(손의 위치)에서 허리를 지나 반대쪽의 아크와 만나는 지점에서 최대 스피드가 생긴다고 할 때 볼을 스탠스의 중간 위치에서 약간 왼쪽으로 놓을 때라고 할 수 있다. 또한 볼을 친 직후가 최대 스피드가 나도록 하라고 한다. 즉, 두 팔과 클럽 샤프트가 이루는 모양이 영문자 Y 모양이 되는 최대 스피드를 만들 수 있는 순간을 임팩트 순간이 아니라 임팩트 직후에 만들어야 한다는 것이다.

파워와 방향성을 동시에 생각해야 하기 때문에 임팩트 시 왼쪽 손목은 곧게 펴져야 하고, 오른쪽 손목은 코킹이 유지되어 파워를 전달해야 한다. 그래서 골프는 왼쪽으로 리드(방향성)하고 오른쪽(파워)으로 친다고 한다.

한 가지 가장 중요한 것은, 백 스윙 시에 두 팔과 가슴이 삼각형을 이루도록 왼쪽 어깨를 이용해 백 스윙하라는 것이다. 이러한 동작은 어깨 턴을 돕기 때문에 백 스윙 톱에서 턱이 어깨에 닿게 된다. 또한 볼을 정확하게 임팩트하는 것을 도와 거리가 많이 나게 한다. 무게 중심 이동도 필수다.

이런 사실을 바탕으로 최대 속도를 내기 위해서는 무게 중심 이동, 허리의 힘, 백 스윙 톱의 위치, 볼의 위치, 삼각형 유지, 코킹을 임팩트 전까지 유지하는 기술 등이 파워를 내기 위한 중요한 요소가 된다.

훅과 생크 등 미스 샷을 방지하는 방법

훅이 나는 이유는 여러 가지가 있지만 가장 근본적인 이유는 임팩트 후에 볼을 목표 방향으로 끌고 가려는 팔로 스루가 되지 않기 때문이다. 오른팔을 뻗어 두 손으로 타깃 선상에 있는 사람과 악수한다는 느낌으로 클럽 헤드를 풀어 주어야 한다. 또한 임팩트 시 어깨의 위치는 타깃 방향과 평행을 유지한다는 생각으로 하지만 허리와 엉덩이는 약간 목표 방향으로 돌아야만 클럽 헤드가 목표 방향을 향해서 풀어지는 형태가 된다. 클럽 헤드를 30cm 가량 인사이드에서 아웃으로 팔로 스루해 주는 것만 생각하고 스윙하면서 축구공을 찰 때 인사이드 아웃으로 차는 모습을 떠올리며 오른발을 축구하듯이 왼쪽으로 무게를 이동하게 되면 팔로 스루가 쉽게 이루어진다. 이렇게 하면 피니시에서 왼팔의 꺾임이 90도 근처가 된다. 연습 방법은 임팩트 후에 축구하듯이 오른발을 목표 방향으로 차는 것이다.

클럽 헤드의 회전과 허리 회선의 타이밍이 일치하는 순간 왼손목은 클럽 샤프트와 일직선을 이룬다(왼손목이 꺾이면 훅이 발생한다). 또한 스윙의 최저점에서 클럽 페이스가 타깃 방향에 스퀘어가 되도록 타이밍을 맞추는 노력을 하면 슬라이스나 훅이 방지된다. 이렇게 하기 위해서는 스탠스에서 왼발의 토우 부분을 클럽 로프트에 따라 오픈된 상태가 되게 하면(긴 채일수록 더 오픈한다) 엉덩이와 허리를 돌려서 클럽을 릴리즈하기 쉬워져 임팩트 시 클럽 페이스가 목표 방향에 스퀘어 형태가 된다.

또한 다운 스윙 시 허리 회전이 클럽 헤드의 속도를 따라잡기 위해서는 백 스윙 시 어깨 회전을 볼 위치까지 가져가도록 충분히 회전해야 한다. 이렇게 함으로써 감겨 있던 허리와 어깨가 풀리는 속도가 빨라져 클럽 헤드의 속도를 따라잡게 되어 훅을 방지할 수 있다. 즉, 골프 스윙은 팔의 스윙과 허리 회전의 타이밍이 일치할 때 스퀘어된다.

숏 아이언의 미스 샷 치료법

스탠스를 오픈(목표 방향에서 왼쪽 다리를 약간 뒤로 빼 몸이 목표 방향으로 열린 상태)하여 볼을 왼발 뒤꿈치 연장선상에 놓는 방법과, 스퀘어 스탠스를 취하고 볼을 오른발 가까이에 두는 방법이 있다. 몸의 유연성에 따라 또는 페어웨이의 라이 각에 따라 다르겠지만 클럽 로프트에 따라 볼과 목표 방향이 스퀘어되도록 한 다음 볼을 목표 방향으로 릴리즈할 수 있는 공간을 마련할 수 있는 스탠스를 취하면 된다.

또한 짧은 채일수록 스탠스 폭을 좁혀야 한다. 그래야 허리 회전이 잘되어 클럽 페이스의 속도와 타이밍이 동기화되어 훅을 방지할 수 있고, 피니시를 완성하기 쉬워진다.

클럽의 클럽 페이스를 타깃 쪽으로 스퀘어하게 해야 하고 머리가 볼 위 또는 목표 방향 쪽으로 가 있어야 한다. 왼발에 무게 중심을 더 주는 것도 훅을 방지하는 데 도움이 된다.

생크, 토핑, 뒤땅 등이 발생하는 이유는 오른팔을 과도하게 사용해 어드레스 때의 볼과 손 간격을 유지하지 못해서 멀어지거나(생크), 머리의 높낮이가 변하거나(토핑, 뒤땅), 전후 이동이 심하기(생크) 때문이다. 베이스(하체)에서 무게 중심이 발 중심 또는 약간 발뒤꿈치에 있고 백 스윙 시 왼쪽 어깨로 클럽을 타깃의 반대 방향으로 똑바로 낮게 스트로크 백하게 되면 그 궤도로 다시 다운 스윙하게 되어 생크가 나지 않는다. 클럽을 지나치게 인사이드 아웃 또는 아웃사이드 인으로 하려고 하면 몸의 중심이 앞으로 쏠리거나 오른팔에 지나치게 힘이 들어가 클럽 헤드의 힐(뒤꿈치 부분)로 공을 때리게 되어 생크가 발생한다.

스트로크 백과 팔로 스루를 똑바로 하기 위해서는 클럽을 잡은 손의 위치를 몸 가까이 하여 클럽 페이스를 낮게 똑바로 뒤로 빼(왼쪽 어깨로 시작) 타깃 방향으로 볼을 보낸다고(오른팔을 이용) 생각하면 생크를 방지할 수 있다. 즉, 몸의 중심이 전후로 이동되지 않도록 주의해야 한다. 임팩트 후에는 오른쪽 무릎이 왼쪽 무릎을 향해야 무게 중심의 전후 이동을 방지할 수 있다.

가장 쉬운 방법은 머리를 어드레스 때의 위치로 유지하려고 노력하는 것이다. 어깨 높이도 그대로 유지해야 한다. 임팩트 시 오른쪽 어깨가 떨어지면 클럽이 앞으로 나가게 되어 클럽 페이스의 힐 쪽으로 때리게 될 가능성이 높아진다. 따라서 임팩트 시에는 오른쪽 어깨를 남긴다는 기분으로 하면 임팩트가 좋아진다.

연습할 때는 생기기 않다가도 그린 앞에서는 생크가 나는 원인은 볼을 홀에 넣어야겠다는 생각이 앞서서 몸이 먼저 움직이기 때문이다. 즉 헤드 업으로 오른쪽이 열거나 오른팔로 밀어 치려는 생각 때문에 오른쪽 무릎이 앞으로 나가서 상체가 앞으로 기울어지는 경우 등일 것이다. 마음의 눈은 머릿속에 타깃을 그리고, 실제 눈은 볼을 끝까지 보고 머리를 오른쪽에 남긴다고 생각해 볼을 정확하게 임팩트하려고 노력해야 한다.

드라이버와 아이언 샷의 차이점

'골프는 찍어 쳐야 한다' 는 이야기를 많이 들었을 것이다. 그러나 골프는 찍어 치면 볼이 뜬다. 즉, 볼의 뒤쪽 하단을 클럽 페이스에 실어 보내면 클럽 페이스의 빗살 무늬로 패인 부분에 공이 맞게 되어 회전 방향이 공이 나가는 방향과 반대가 되어 공기의 저항으로 볼이 뜨는 것이다. 드라이브는 거리를 내는 클럽이므로 클럽 페이스에 홈이 패인 부분도 없고, 롱 아이언의 경우도 클럽 페이스가 작아 홈이 적어 볼에 백 스핀의 영향을 적게 준다. 어프로치를 위한 클럽은 모두 백 스핀을 이용, 그린 위에 볼이 떨어진 뒤 많이 구르지 않도록 홈이 패여 있다.

드라이브는 어프로치를 위한 클럽이 아니라 거리를 내기 위한 클럽으로, 공이 떨어진 뒤에도 많이 구르면 거리가 늘어난다. 따라서 백 스핀의 양을 줄일 수 있는 스윙 기술이 필요하고, 티도 높게 해서 클럽 페이스의 가운데 부분에 공이 맞도록 해야 한다.

아이언처럼 위에서 볼을 내리치면 백 스핀이 생겨 볼이 뜨게 된다. 따라서 스윙 궤도의 최저점은 볼이 아니라 볼에서 약간 떨어진 뒤쪽이 되는 것이다. 그리고 공의 뒤쪽 중앙에서 올려치듯이 볼을 때려야 공기의 저항을 줄일 수 있고 비거리가 늘어나며 착지 후에도 많이 굴러간다. 그러나 이렇게 하기 위해서 스윙 방식을 바꿀 필요는 없고, 단지 어드레스의 차이가 있을 뿐이다.

다운 블로와 갈비뼈 통증

다운 블로란 클럽 샤프트가 볼을 향하는 입사각(클럽 페이스와 지면이 이루는 각)이 비교적 큰 것을 말한다. 즉 찍어 친다는 의미다. 다운 블로로 치게 되면 백 스핀이 발생해서 볼이 뜨게 된다. 볼의 입사각을 완만하게 해서 (계란을 생각해 보라) 볼의 전후에서 5cm 정도를 클럽 페이스가 지면에 닿을 정도로 쳐내야만 볼의 백 스핀양이 줄어든다. 그런 완만한 다운 스트로크를 하려면 백 스트로크를 어떻게 시작해야 할까?

백 스트로크를 왼쪽 어깨와 왼팔의 힘으로 클럽 페이스를 지면에 낮게 풀에 닿을 정도로 5cm 정도 끌고 간다고 생각하면 신기하게도 클럽이 다시 그런 각도로 내려온다. 골프의 가장 중요한 기본이다.

주위에서 골프는 찍어 치는 것이라고 배워 갈비뼈가 상하는 사람이 많다. 필자 역시 한 달간 물리 치료를 받을 정도로 통증이 심해서 고생한 기억이 있다. 그 이유는 찍어 치라는 이야기를 듣고 뒤땅을 많이 때렸기 때문이다. 뒤땅을 많이 때린 이유는 볼을 다운 블로로 내리치는 연습을 많이 했다는 것이다. 다운 블로로 치는 것이 갈비뼈를 상하게 할까 봐 두려운 사람들은 다음 방법을 사용해 쓸어 치는 연습을 하면 볼이 뜨고 똑바로 간다.

볼을 쓸어 치는 방법

1) 어드레스 : 볼은 가운데로, 손은 낮게.

2) 백 스윙 시 클럽 페이스가 낮게 똑바로 왼쪽 어깨로 밀듯이 함. 손이 허리 높이에 왔을 때 손목을 꺾는 느낌으로 코킹해 클럽을 90도로 들어올린다.

3) 다운 스윙도 그러한 궤도로 내려와 볼을 쓸어 치는 느낌이 되게 한다 (이렇게 하면 볼의 뒤쪽을 바로 때리기 때문에 임팩트가 아주 좋아진다).

골프 마이웨이

아래의 스윙 방식은 모든 클럽에 똑같이 적용된다. 한 가지 차이는 드라이버의 무게 중심은 왼쪽 : 오른쪽 = 4 : 6으로 하고, 3번과 5번 우드는 6 : 4, 또는 5 : 5, 그리고 아이언은 5 : 5로 한다는 점이다. 드라이버, 3번, 5번 우드, 롱 아이언(3, 4, 5)은 약간 클로즈드 스탠스를 취해 슬라이스를 방지하고, 나머지는 약간 오픈 스탠스를 취해 훅을 방지한다.

가장 중요한 3가지는 무게 중심 이동과 백 스윙 시 왼쪽 어깨를 이용해 백 스윙(두 팔과 가슴이 삼각형 유지)하는 것, 그리고 볼을 임팩트할 때까지 보는 것이다.

- **어드레스** : 어드레스는 무릎을 편하게 약간 굽히고 엉덩이를 조금 뒤로 뺀 자세에서 등을 펴고 앞으로 기울인다. 손과 턱이 같은 수직선상에 놓이는 느낌이 되게 하고, 턱과 손 위치의 거리는 눈으로 공을 볼 수 있는 한 멀리 떨어뜨린다고 생각한다. 무게 중심은 양발 중앙에 오도록 하며 두 팔을 자연스럽게 늘어뜨린 상태에서 클럽을 가볍게 잡는다.

  클럽을 땅 위에 놓고 팔을 늘어뜨려 그립을 취했기 때문에 어깨·팔·손에 힘이 들어가지 않은 아주 편안한 자세가 된다. 공의 위치는 7, 8번이 스탠스의 중앙이 되고, 클럽의 로프트에 따라 약간씩 좌우로 이동하면 된다. 두 팔을 늘어뜨린 후에 클럽의 로프트에 따라 클럽 페이스의 아랫날 쪽이 타깃 방향에 스퀘어가 되도록 맞추면 공의 위치는 자동적으로 정해진다.

- **백 스윙** : 백 스윙은 왼쪽 어깨로 클럽 헤드를 타깃 방향과 반대 방향으로 두 팔과 가슴이 이루는 삼각형 모양을 유지하면서 똑바로 천천히 미는 동작으로 시작해 점차 속도를 높인다. 클럽 헤드는 지면 가까이 유지하고 왼쪽 어깨가 턱에 닿을 때까지 백 스트로크한다. 이때는 왼쪽 어깨가 너무 떨어지지 않도록 어깨의 높이를 어드레스 때의 높이로 유지해야 한다. 백 스윙 시 오른쪽 무릎이 오른쪽으로 밀리지 않도록 의식적으로 다리는 지면에 단단히 고정하고 허리를 돌려서 백 스윙하며, 임팩트 후에 오른쪽 발을 지면에서 띄운다고 생각한다. (주의 사항 : 백 스윙을 너

무 크게 하려고 하다 보면 머리의 이동이 생기고 밸런스가 무너져 미스 샷이 될 확률이 높다. 따라서 백 스윙도 몸통을 중심으로 간결하게 한다고 생각한다. 백 스윙 시 손의 위치가 귀 높이에 왔을 때 정상적인 톱 모양이 형성된다.)
머리는 백 스윙하는 동안 고정되어 있다고 생각하며(실제는 약간 오른쪽으로 이동하겠지만…) 눈을 공에서 떼지 않는다. 클럽 헤드의 위치와 무게를 인식할 정도의 속도로 백 스윙하며 백 스윙 톱에서 클럽 샤프트가 지면과 평행이 된 것을 느낀 다음 다운 스윙을 시작한다. 또한 무게 중심을 이동해 백 스윙 톱에서 오른발 쪽으로 무게 중심이 이동되게 된다.

- 다운 스윙 : 볼을 향하는 입사각을 낮게 유지하기 위해서 노력 없이 클럽을 지면을 향해 떨어뜨리는 기분으로 다운 스윙한다.
- 임팩트 : 임팩트 시에 두 어깨는 타깃 방향과 여전히 평행을 유지하며 (오른쪽 어깨가 어드레스 때의 위치 그대로 남아 있다) 머리를 볼 뒤에 남겨야 클럽 페이스가 열리는 것을 막아 주어 볼이 똑바로 날아간다.

임팩트는 공을 때리는 것이 아니라 클럽 헤드가 지나가는 라인에 공이 있다는 느낌으로(공을 보지 않고 하는 연습 스윙에서는 스윙 최저점에서 클럽 헤드의 스피드가 최대가 된다) 한다.

 클럽 헤드가 공의 전후에서 최대 스피드가 되도록 하는 데 집중한다. 클럽 헤드의 스피드는 몸의 회전과 클럽 헤드의 회전이 동기화되어 같은 타이밍에서 공을 임팩트할 때 최대화된다. 이렇게 하기 위해서는 '배꼽 스윙(클럽의 그립 끝이 배꼽을 향한다고 생각하며 백 스윙, 임팩트, 팔로 스루한다)'을 하면 효과적이다(실제는 클럽 헤드가 배꼽보다 먼저 돈다.) 또한 톱에서 형성된 코킹을 사용하여 임팩트하면 파워가 생긴다.

- 팔로 스루 : 골프 스윙은 결국 볼을 타깃 방향으로 보내기 위한 것이므로 팔로 스루가 골프에서 가장 중요한 것 같다. 앞의 세 가지 과정은 팔로 스루를 효과적으로 하기 위한 준비 과정이라고 생각해도 좋다. 임팩

트 후에는 오른쪽 무릎이 왼다리 쪽으로 이동해 두 무릎이 닿도록 체중 이동을 한다.
- 피니시 : 팔로 스루가 잘 이루어졌다면 피니시 동작에서는 왼팔이 꺾임이 90도가 되고, 오른쪽 어깨가 턱에 닿아 있는 형태가 된다.

※ 위의 내용은 장타자 브래드 피터슨(Brad Peterson)의 이론과 맥락을 같이한다.

골프와 4차원 세계

"Progress is impossible without change, and those who cannot change their minds cannot change anything." _ 조지 버나드 쇼(George Bernard Shaw)

골프 스윙은 4차원의 세계에 비유할 수 있다.

1차원의 세계는 선의 세계이고, 2차원의 세계는 선이 무한대로 모인 면의 세계이고, 3차원의 세계는 면이 무한하게 모인 입체의 세계이고, 4차원의 세계는 3차원에 시간 축이 하나 더 붙은 세계로서 시간 이동이 자유롭다. 5, 6, 7차원의 세계는 수학적으로는 설명할 수 있으나 현재 우리에게 느낌을 전하기에는 불가능한 세계다. 고차원의 세계에서 행해지는 일은 3차원에서 볼 때는 기적으로 나타나게 된다.

우리는 가끔 비행기나 배 같은 것들이 아무런 흔적 없이 사라졌다는 얘기를 듣게 된다. 이 경우 우리는 보통 우리가 사는 세계, 즉 3차원의 세계에 있던 물체가 4차원의 세계로 들어가 버렸기 때문이라고 생각한다. 그렇다면 왜 4차원으로 들어간 물체는 볼 수 없을까?

2차원의 세계에 파리가 앉아 있다. 2차원 세계의 사람들은 물론 이 파리를 볼 수 있다. 그런데 2차원에 있던 파리가 공간, 즉 3차원의 세계로 날아가 버린다. 그러면 2차원 세계의 사람들은 마치 파리가 갑자기 흔적도 없이 사라졌다고 생각할 것이다. 이와 마찬가지로 3차원 세계에 있던 물체가 4차원으로 들어가 버리면 물체 자체는 없어지지 않았는데도 불구하고 눈으로는 볼 수 없게 되는 것이다.

WHO(세계보건기구)에서도 '건강'을 영적(spiritual) 세계를 인정하여, '건강(Health)이란 신체적(Physical) 건강(1차원 세계), 정신적(Mental) 건강(2차원 세계), 사회적(Social) 건강(3차원 세계), 영적(Spiritual) 건강(4차원 세계), 이렇게 4가지 건강이 다 갖추어진 상태'라고 정의내려 놓았다. 골프 스윙도 이러한 4차원의 개념으로 이해할 수 있을 것이다.

- 0차원-점(프리 샷(pre - shot) 세계) : 골프는 클럽 헤드로 볼을 때려 원하는 방향으로 보내는 운동이다. 따라서 가장 기본은 볼을 응시하고 정확하게 때리는 것이다. 프리 샷 루틴 때 땅 위의 한 점을 정해서 그것을 때리는 데만 정신을 모은다.
- 1차원-점 + 선(신체적(physical, mechanical) 세계 : 타깃 스윙) : 이 세계에서는 스윙만을 생각한다. 즉, 타깃 라인에 맞추어 정렬하고 클럽 페이스를 똑바로 뒤로 백 스트로크하는 것으로 시작해서 스윙 중의 모든 과정을 스퀘어하게 한다. 백 스윙 시 허리 높이에 왔을 때 클럽의 그립 부분이 타깃 방향을 향하도록 한다. 이때 왼팔은 곧게 펴져 있으며 손등은 전방을 향하도록 해야 한다. 스윙 톱에서는 클럽의 헤드가 타깃 방향을 바라보아야 한다. 그러나 쓰리 쿼터 스윙(풀 샷의 3/4 크기)이 오히려 방향성 및 스피드가 좋아진다. 다운 스윙 역시 가능한 한 백 스윙 시의 경로를 그대로 재현하도록 노력하여 클럽을 똑바로 끌어내려 클럽 샤프트가 허리 부근에 왔을 때 손등이 전방을 향하고 있어야 클럽 페이스가 열리거나 닫히지 않은 상태, 즉 스퀘어 상태가 된다. 임팩트 후에 팔로 스루 또한 타깃 방향으로 클럽을 낮고 길게 보내서(마치 공을 클럽 페이

스에 싣고 낮게 밀고 가는 느낌으로) 클럽 샤프트가 왼쪽 허리 부근에 왔을 때 오른손등이 전방을 바라보고 있어야 하고, 클럽 헤드는 타깃 방향을 향하고 있어야 한다. 마찬가지로 왼팔은 목표 방향으로 곧게 뻗어야 한다.

스윙 축을 중심으로 한 스윙 플레인을 구성하는 파라메터는 선의 개념이다. 즉 스윙 축(중심선), 스윙 아크의 지름, 스윙 플레인의 형태 등이 될 것이다. 스윙 축이 흔들리면 1차원의 정렬 개념이 아무 소용없게 된다. 스윙 아크를 크게 하면 비거리가 늘어난다. 스윙 플레인의 형태는 타원형(예 : 계란을 높인 형태)에서 아랫부분이 평평한 형태가 된다.

- 2차원－선 + 면(정신적(mental) 세계 : 멘탈 골프 및 올바른 셋업) : 이 단계는 머리 및 시선 고정, 타깃 스윙 등의 1차원적인 요소가 자동으로 이루어진 뒤의 세계로, 멘탈 골프(자신감 · 집중력 · 승부욕 등) 및 올바른 셋업(면의 개념)이 여기에 속한다. 그 밖에 면의 개념인 티 박스에서의 셋 업이나 그린, 페어웨이에서의 오르막, 내리막 셋업 등도 포함한다.

- 3차원－선 + 면 + 입체(사회적(social) 세계 : 게임 전략) : 2차원적인 요소를 마스터한 골퍼는 3차원의 세계로 들어가게 된다. 해저드 · 벙커 · 나무 · 숲 · 러프 · 페어웨이 슬로프 · 그린 슬로프 등 골프 코스의 입체적인 장애물들을 어떻게 극복할 것인가가 스코어를 향상시키는 데 중요한 요소가 될 것이다. "페어웨이 샷을 어떤 곳에 떨어뜨려야 그 다음 샷이 수월할 것인가", "볼이 홀 근처로 가기 위해서는 그린의 어떤 부분에 볼을 떨어뜨려야 할 것인가" 등의 게임 전략에 대한 세계다.

- 4차원－선 + 면 + 입체 + 시간(영적(spiritual) 세계 : 이미지 샷) : 이것은 이미지 트레이닝처럼 미래에 일어날 일(볼이 날아가서 떨어지는 모습을 예측하고 상상한다)을 믿는 신앙심과 같은 믿음의 영적 차원이라고 할 수 있다. 이 단계는 1 · 2 · 3차원의 단계는 무의식적으로(자동적으로) 이루

어지며, 노력하지 않기 때문에 에너지가 소비되지 않아서 에너지가 비축되고, 비축된 에너지는 기적을 만들어 내는 데 사용된다고 할 수 있다.

골프 게임의 스코어는 플레이어의 차원에 따라 달라진다고 본다(파72홀에는 파3가 4개, 파4가 10개, 파5가 4개 있다).

- 0차원 골퍼는 100대(전부 더블 보기로 마치면 108이 된다)
- 1차원 골퍼는 90대(전부 보기로 마치면 90이 된다)
- 2차원 골퍼는 80대
- 3차원 골퍼는 70대(전부 파로 마치면 72가 된다)
- 4차원 골퍼는 60대
- 5차원 골퍼는 50대(전부 버디로 마치면 54가 된다)
- 6차원 골퍼는 40대
- 7차원 골퍼는 30대(전부 이글로 마치면 32가 된다)
- 8차원 골퍼는 20(파3홀은 모두 이글, 파4홀과 파5홀은 모두 알바트로스로 마치면 26이 된다)
- 9차원 골퍼는 18점(전부 홀인원으로 마치면)

제4장
스포츠 심리와 멘탈 골프

1. 스포츠 심리와 멘탈 골프

Whatever the mind of man can conceive and believe, it can be achieved.
_ 나폴레온 힐(Napoleon hill)

　멘탈(정신적) 골프는 골프와 관련된 감정, 사고 등 골퍼의 마음을 조절하는 것뿐만 아니라, 골퍼가 받아들이는 감각과 지각 체계, 그리고 주의(attention), 힘 조절의 문제에까지 확대할 수 있는 포괄적인 개념이다.
　특히 골프는 정신적인 요소가 70% 이상을 차지하는 게임이기 때문에 번뇌는 게임을 방해하는 요소가 된다고 한다. 이 책에서 108이라는 수를 사용한 이유는 골프와 108이라는 수는 우연이라고 하기에는 너무나 밀접한 관계를 가지고 있기 때문이다. 불교의 108 번뇌란 중생의 번뇌 수가 108개라는 데서 유래한 것인데, 골프에서도 이 108이라는 수가 의미하는 것이 비슷하다. 홀의 지름은 108mm으로, 108mm 지름의 홀에 공을 넣을 때가 바로 108번뇌가 사라지는 순간이다. 18홀은 대부분 파72인데 그 18홀을 평균 보기로 돌면 스코어가 90이 되고, 평균 더블 보기로 플레이하면 108이 된다. 즉, 108개의 번뇌에 휩싸인 초보의 스코어가 그렇게 나온 것이라고 생각한다면 100개, 90개, 80개를 깨기 위해서는 번뇌 수도 따라서 100, 90, 80으로 줄여야 하는 것과 마찬가지가 된다. 즉, 골프 스윙의 기초는 이러한 번뇌에서 벗어나 애쓰지 않을수록 그 효과가 배가된다고 한다. 다시 말해 수많은 연습을 통해서 몸의 근육에 골프 스윙에 관련한 메모리가 축적되어 근육이 스스로 알아서 동작되도록 해야만(눈을 감고 쳐도 똑바로 나갈 정도로)

스윙이 완성되는 것이다.

　이처럼 불교에서 말하는 108번뇌를 골프에 비유하면 재미있다. 우리의 육관(六官)인 눈·귀·코·혀·몸·뜻에는 고(苦), 락(樂), 불고불락(不苦不樂)의 3자가 따르는데, 이를 곱하면 18번뇌가 되고, 이 18번뇌마다 탐(貪)과 불탐(不貪)의 두 자를 곱하면 36번뇌가 되고, 이 36을 각각 과거, 현재, 미래에 대해 생각하면 108번뇌가 된다고 한다.

　골프에 비유한다면 다음의 의식적인 노력에서 벗어나야 한다는 것이다. 즉 노력 없이도 다음 6가지가 무의식적으로 자연스럽게 이루어져야 완전한 스윙을 만들 수 있다고 할 수 있다.

　　눈 = 타깃 스윙
　　귀 = 집중력
　　코 = 어드레스
　　혀 = 자신감
　　몸 = 몸통 스윙
　　뜻 = 스코어

　이러한 6가지에 대한 기쁨, 괴로움, 또는 기쁨도 아니고 괴로움도 아닌 상태에서 벗어나라는 의미라고 해석해 본다. 또한 탐하거나 불탐하는 것도 아닌 상태여야 하고, 과거나 현재 또는 미래에 대한 두려움도 모두 벗어난 상태여야 한다. 결국 홀인원이나 알바트로스는 이러한 108번뇌가 사라진 순간에 주어지는 선물이라 할 수 있다.

- 골퍼만큼 많은 적을 갖고 있는 선수도 없다. 14개의 클럽과 18홀이 모두 각각 다르다. 모래·나무·풀·물·바람, 그 밖에 1백여 명의 선수가

있다. 여기에 골프의 50%는 멘탈 게임, 따라서 최대의 적은 자기 자신이다. _ 던 잭킨스

55. 골프 게임의 90%는 멘탈이다. 따라서 제대로 플레이하지 못하는 골퍼들에게 필요한 것은 레슨 프로가 아니라 바로 정신과의 싸움이다. _ 톰 머피

- 성공한 스포츠 지도자들에게서 공통적인 특성을 찾아 경영자가 기업 운영에 필요한 리더십 요건을 유추하려는 시도에서 제시된 'VICTORY 모형(삼성경제연구소, 1997)'은 스포츠 리더가 갖춰야 할 주요 특성을 보여 준다. 여기서 VICTORY는 Vision(비전), Intelligence(지능), Consideration(배려), Trust(신뢰), Outlook(직관력), Resolution(결단력), Yearning(승부욕)을 의미한다.
- 경기 수행에 미치는 요인은 기능과 체력, 그리고 태도다. _ Davey
- 운동 수행에 미치는 요인은 성장 및 발달, 성격, 학습, 연습과 훈련이다. _ 싱어
- 운동 수행의 결정 요인은 신체적 능력이나 기능 수준, 체력 등과 관계없이 심리적 구조에 달려 있다. _ 앨더맨(Alderman)
- 개인의 내적 변인으로는 신체적(신장·체중)·생리적(체력)·심리적 변인(성격, 동기, 불안, 공격성)과, 환경적 변인이라고도 불리는 외적 변인인 물리적(기후·시설·환경)·사회적 변인(관중·코치·팀 구성원)으로 정리할 수 있다.
- 훌륭한 골프 선수가 갖고 있는 공통적인 특성으로는 지능·적극성·자신감·정신적 평온·민첩성·주의 집중력·융통성(창의성)·성공과 성취에 대한 동기 및 욕구·내적 통제력·높은 자의식·낙관주의 등을 들 수 있다.

골프 게임의 90%는 멘탈이어서 제대로 플레이하지 못하는 골퍼들에게 필요한 것은 레슨 프로가 아니라 바로 정신과의 싸움이다.

56. 연습의 양이나 강도 못지 않게 중요한 것은 선수들이 연습할 때 쏟는 노력과 집중력의 질(質)이다. _ 한명우(심리학박사, 97년도 캐나다 빅토리아 양궁 세계 선수권 대회 양궁 심리 부분을 담당)

57. 골프 코스는 여러 가지 어려운 상황에 처하게 하므로, 강한 정신력과 자제력이 필요하다. 따라서 그것을 이루겠다는 강력한 집념이 필요하다. 이것은 골프뿐 아니라 인생을 살아가는 데 있어서도 적용되는 진리다. _ 닉 팔도

2. 자기 관리 기법

자기 자신을 이기는 일은 남을 이기는 일보다 위대하다. _ 골프 속언
산 속의 적을 처부수기는 쉬워도 마음속의 적을 이기기는 어렵다. _ 골프 속언

58. 타깃 스윙 : 뚜렷한 목표 지점에 집중하라. _ 조니 밀러

- 일정한 샷을 유지하기 위한 오직 하나만 염두에 둔다. 시각적으로나 심리적으로나 볼을 응시하는 데 집착하기보다는 볼이 착지할 목표 지점을 염두에 두고 샷을 하는 것이다. 타깃 방향에 대한 스윙만을 생각하면 볼을 잘 맞힐 수 있을까 하는 불안감이 해소되어 'hit the ball' 이 아니라 'through the ball' 형태가 되어 스윙이 타깃을 향하게 된다. _ 알 맥밀란
- 자신의 샷이 표적 중앙에 적중하는 모습을 상상하며 자신감을 갖도록 한다. 그리고 바람의 방향과 속도를 잘 관찰해 타깃 포인트를 정확히 설정한다.
- 골프 탄도의 이미지를 머릿속으로 그려 본다. 샷을 하기 전에 공이 있는 자리에 서서 머릿속으로 미리 자신의 샷을 그려 보고 공이 날아가는 모습을 상상하며, 공이 떨어져 굴러 멈추는 장면까지 머릿속으로 그리고 난 뒤 실제 샷을 한다.

59. 타깃을 향해서 눈의 초점을 맞추고, 그 타깃을 집어삼키듯이 과감하게

클럽 페이스를 공과 목표 방향에 맞추어 스퀘어로 놓게 되면 나머지 스탠스와 볼의 위치가 자연스럽게 이루어져 목표 방향으로 볼을 보낼 준비를 갖추게 된다.

공략한다. _ 로얄 멜버른 골프 클럽

이 명언은 볼을 목표 방향으로 똑바로 보내기 위한 스윙 준비 마음가짐 및 자세에 대해서 잘 설명하고 있다.

첫 번째는 볼이 떨어질 목표를 세우라는 말이다. 목표를 정하다 보면 목표에만 집중하기 때문에 스윙에 대한 두려움에서 벗어날 수 있어 스윙이 좋아진다(이러한 스윙을 타깃 스윙이라고 부른다). 클럽 페이스를 공과 목표 방향에 맞추어 스퀘어로 놓게 되면 나머지 스탠스와 볼의 위치가 자연스럽게 이루어져 그 목표 방향으로 볼을 보낼 준비를 갖추게 된다.

두 번째는 그 목표를 삼킬 듯이 하라는 뜻이 아닌가 생각된다. 즉, 그런 느낌을 갖기 위해서는 볼을 목표 지점을 향해서 똑바로 팔로 스루하려는 생각을 갖는 것이 좋다. 이렇게 하면 테이크 백도 목표의 반대 방향으로 똑바로 이루어지게 된다.

세 번째는 목표 방향에 대해서 공격적인 태도를 갖고 임하라는 말이다. 자신감을 갖고 공격적으로 스윙하게 되면 다운 스윙 시 가속도가 붙어 스루 볼(through ball) 형태가 되어 방향성과 파워가 향상된다.

60. 정확한 결단, 나이스 샷, 그리고 냉정의 3요소가 갖추어질 때 좋은 스코어가 나온다. _ 데이비드 러브 3세

- 자기 스스로의 합리화에 빠지지 마라. 부정적인 생각은 무조건 버려라. 자신의 결점은 생각하지 않는다. 본인의 능력대로 실행 가능한 기술을 사용해야지 다른 사람의 스윙 폼을 흉내내거나 조언에 귀를 기울여서는 안 된다.
- 점수에 대한 결과를 미리 예측하지 않도록 한다. 게임 도중 자신이 예측한 기록보다 저조할 경우 게임 전체의 리듬이 깨져 실패하는 경우가 있다. 게임 결과는 연습 과정에 따라 나타날 것이다. 게임 시에는 자신의 기록에 만족하고, 한 타 한 타에 최선을 다해야 한다.
- 다른 선수와 자신의 기록을 비교하지 않아야 한다. 이러한 관심은 자신의 기록에 대한 부담감만 가중시키기 때문이다. 골프란 자신과, 자신의 최악의 적인 자기 자신과 플레이하는 게임이다. _ 핀리 피터 던(미국 작가)
- 당신이 지고 이기고의 문제가 아니라 내가 이기고 지는 문제다. _ 샌디 라일
- 하루의 라운딩을 마쳤을 때 그날의 스코어를 모를 때가 있는데, 이것이야말로 이상적인 심리 상태라고 하겠다. 한 홀에 하나의 샷에만 집중하는 능력을 길러야 한다. 세계적인 선수들은 모두 샷을 한 뒤에 곧바로 그 샷을 잊도록 훈련받았다. _ 닉 팔도

61. 경기 중 좋지 않았던 샷에 대해 다시 생각하지 않는 것이 좋다. 노여움을 컨트롤하는 방법은 마음놓고 크게 웃는 것이다. _ 톰 왓슨

- 비록 실수를 하더라도 그 다음 샷에 더욱 충실해 만회할 기회는 얼마든지 있으므로 그 실수에 개의치 않는다. 실수는 그만큼 가치 있는 것이다. 또한 실수를 통해서 가치 있는 레슨을 메모해 두는 습관을 기른다. 이것이야말로 프로다운 자세다. _ 닉 팔도
- '네가 골프를 칠 때 잘되지 않거든 휘파람을 불라' _ 닉 프라이스의 아버지

62. 골프는 연애와 같다. 심각하게 하면 마음이 아프고, 그렇지 않으면 재미가 없다. _ 아놀드 댈리

핀을 바로 공략하려고 하면 욕심과 집착으로 인해 긴장하게 되어 좋지 않은 샷이 나온다. 그린의 가운데로 안전하게 떨어뜨린다는 가벼운 마음으로 스윙하면 좋은 결과를 가져오게 된다.

자기 능력을 생각하고 플레이하면 편안한 마음으로 마음을 비운 듯 플레이할 수 있기 때문에 스코어가 줄어든다. 본인의 능력 이상을 기대하게 되면 실망하게 되고 스코어를 망치는 요인이 된다.

63. 최후의 순간, 당신은 당신 자신과 맞선다. 당신은 골프 코스와 맞서는 것이 아니고 언제나 당신 자신과 당신의 능력과 한계, 그리고 자신이 만들어 낸 압박감 속에서 발휘할 수 있는 능력에 확신을 갖느냐는 문제와 직면하게 된다. _ 타이거 우즈

타이거 우즈의 이러한 지적은 골퍼 자신의 자기 관리 능력이 골프를 하

는 데 얼마나 중요한지를 다시금 생각하게 한다.

타이거 우즈의 자기 관리 기법 11가지

- 나는 내 운명의 주인이다
- 나는 나를 믿는다
- 나는 장애를 보면서 미소짓는다
- 나는 확고한 결단력을 갖고 있다
- 나는 나의 결심을 힘차게 수행한다
- 나의 힘은 위대하다
- 나는 모든 것을 편안하게 자연스럽게 견뎌 나간다
- 나의 의지는 산을 움직인다
- 나는 늘 정신을 집중하고 나의 모든 것을 거기에 바친다
- 나의 결심은 강력하다
- 나는 전심 전력을 다한다

3. 비전 및 성취 욕구

불운이란 나 혼자에게만 닥치는 것이 아니라 다른 사람에게도 닥치게 마련이다. 초조감 없이 기다리면서 인내로 대처해야 한다._ 보비 존스

64. 좋은 골퍼는 볼을 치는 동안 좋은 일만 생각하고, 서툰 골퍼는 나쁜 일만 생각한다. _ 진 사라젠

게임이 잘 풀리지 않을 때는 과거에 이런 상황에서 모면해 좋은 결과를 냈을 때의 경험을 상상하면서 샷을 한다.

좋은 골퍼는 볼을 치는 동안 좋은 일만 생각하고, 서툰 골퍼는 나쁜 일만 생각한다.

65. 나의 골프 인생이 성공한 것은 멋진 스윙을 이미지화한 덕분이라고 생각한다. _ 잭 니클라우스

잭 니클라우스는 자신의 책《골프 마이웨이》에서 자신은 실제로 샷을 하기 직전에 이상적인 스윙과 날아가는 볼의 탄도 및 방향을 그린다고 했다.

66. 절대 포기하지 마라. 게임을 포기하는 것은 인생을 포기하는 것이다. _ 톰 왓슨

- 훌륭한 골퍼는 상황이 좋지 않거나 아주 어려운 게임에서도 최선을 다하며 강인한 정신력을 키워 나간다.
- Learn to become comfortable with discomfort. _ 톰 쿠비스탄트
- 평소의 핸디캡보다 잘 치거나 못 치게 되면 고뇌가 생긴다. 그러나 더 잘하려는 노력이 오히려 반대의 결과를 가져오는 경우를 많이 본다. '나머지 홀을 파로 끝내면 이제 3오버네' 라는 생각을 하게 되면 결국 스코어가 더 나빠질 확률이 커지고, '나머지 홀을 보기로 끝내도 5오버이니 이만하면 잘 친 거야' 라고 편안한 마음가짐으로 임하면 의외로 좋은 결과를 얻게 된다. '컴포트 존' 이란 어떤 스코어를 치기 위한 본인의 기대치를 설정하고 스스로 제한을 두는 것을 말한다. 본인의 컴포트 존에서 벗어나는 방법은 다음과 같다.

  — 적극적으로 샷한다.
  — 샷에만 집중하고 스코어를 잊는다.
  — 기대치에 제한을 두지 않는다.
  — 본인의 스코어를 미리 계산하지 않는다. _ 패트릭 콘

4. 주의 집중, 직관력 및 결단력

생각이 적을수록 스윙이 좋아진다. _ 보비 존스

67. 바람직한 골퍼는 남이 자기를 어떻게 생각하는지 상관하지 않는다. _ 골프 속언

- 외부의 자극에 대해 최적의 감수성을 유지하는 경각심과 여러 가지 원천보다 한 가지 원천에서 나오는 정보에 바탕을 두고 집중할 수 있는 선택 능력이 경각심과 관련 깊다. _ 패러스라만
- 주의 집중은 중추 신경계와 높은 정도의 효율성을 가진 상태다. 주의 집중력은 주어진 상황 속에서 중요한 순서를 파악하고 선택된 중요도에 따라 주의를 집중해 마음을 잘 쓰는 힘을 말한다. 주의 집중력은 마음의 기초가 튼튼하고 안정적이며 심신이 건강한 사람에게서 나온다. 인간의 정보 처리 능력은 한계가 있다. 제2차 세계 대전 당시, 레이더를 추적하는 병사 하나가 레이더에 나타나는 신호를 30분 이상 추적하지 못했다는 이야기가 있다. 이처럼 많은 정보에 동시에 직면했을 때는 제한된 수의 정보들만을 선택하고 나머지 정보들은 무시하게 된다.
- 이처럼 선택적으로 정보 처리를 수행할 수 있는 능력을 주의(attention)의 핵심이라고 할 수 있다. 즉, 주의란 동시에 가능한 여러 대상이나 사고의 흐름 가운데 하나를 분명하고 마음이 생생한 형태로 포착하는 것인데, 그 본질은 의식의 초점 집중과 집중력이다. 따라서 집중력도 어떤 것을 효과

적으로 다루기 위해 다른 것에서 분리하는 것을 뜻한다고 할 수 있다.

68. 스윙에 대해서 생각하는 대신 땅 위의 한 지점에만 마음을 집중하면 임팩트가 좋아진다. _ 하비 패닉

 심리적인 전략 : 볼을 스윗 스폿에 정확히 맞히려는 노력만 한다. 그럼으로써 스윙에 집중할 수 있다. _ 톰 왓슨

- 내 스윙에는 문제가 없다. 다만 내가 어떤 한 점을 칠 수 없다면, 그것은 내 마음이 다른 곳에 가 있기 때문이다.

69. 스윙하는 동안에는 결코 자신에게 레슨을 해서는 안 된다. _ 줄리어스 브로스

- 결정적인 순간에는 의식적인 활동을 완전히 중단하라. 그 중요성은 아무리 강조해도 지나치지 않다. _ 마이클 머피
- 진실로 하고 싶은 훈수 한 가지. 내 선생 스튜어트 메이든(Stewart Maiden)이 누누이 강조한 말이다. '스윙하는 동안 이런저런 스윙 테크닉에 관해 생각한다면 샷을 성공적으로 해낼 수 없다.' 이것이 내가 일생 동안 골프를 하면서 발견한 것이다. _ 보비 존스
- 마음이 흔들리면 잡다한 사물이 생기지만, 마음이 고요하면 잡다한 사물이 사라진다. _ 아쉬바고샤(Ashvaghosha)

70. 우유부단은 긴장을 만들고, 남아 있는 자신감마저 없앤다. _ 새론 모란

71. 골프 라운딩 중 미스 샷을 많이 내고 싶거든 이런저런 생각을 많이 하라. _ 샘 스니드

72. 생각이 적을수록 스윙이 좋아진다. _ 보비 존스

73. 가상의 원을 생각한다. 원 안에는 긍정적이고 이완시킬 수 있는 생각들로 채운다. '평화 · 집중 · 재미 · 쉽다 · 템포가 좋다' 등. '좌절 · 분노 · 걱정 · 스코어 · 긴장 · 과도한 생각'은 바깥쪽으로 보낸다. _ 렌 지아마테오

74. 백 스윙 전 폐를 90% 비워 두고 임팩트 때 10%를 토해 낸다. _ 폴 도우셀

75. 골프가 어려운 것은 정지한 볼을 앞에 두고 어떻게 칠 것인가 하고 생각하는 시간이 너무 길다는 데 있다. _ 아치 호바네시안

76. 일단 긴장하게 되면 일련의 동작이 빨라지게 되어 리듬감과 타이밍을 잃기 쉽다. 긴장감 자체를 없애기는 어렵지만, 일련의 동작을 서두르지 않고 차분하게 마무리하기 위해서는 일련의 동작을 패턴화하는 것이 좋다. 스코어를 생각하면 집중력을 유지하기가 어려워진다. 집중력을 향상하는 방법으로 프리 샷 루틴이 아주 효과적이다. _ 게리 길크리스트

- 프로 골퍼들은 일관된 루틴(샷 준비 동작)을 거쳐 스윙을 만들어 내는데, 빈 스윙 연습은 일관된 스윙을 만들어 내기 위한 좋은 방법이다. 골퍼들은 연습을 통해 일관된 스윙을 만들어 낼 수 있을 뿐만 아니라, 근육의 긴장을 풀어 실제 스윙 시 동작을 부드럽게 만들 수도 있다.
- 스윙하기 전에는 여러 가지 생각 때문에 긴장하고 당황하게 된다. 긴장감을 극복하는 방법은 사전 준비를 어떻게 하느냐에 달려 있다. 왼쪽 뇌는 몸의 오른쪽을 조절하고, 오른쪽 뇌는 몸의 왼쪽 및 느낌, 기계적 동

작을 조절한다. 오른쪽 뇌만 'switch on' 된 경우에는 왼쪽이 강해져서 풀 샷이 될 가능성이 높아진다. 대부분의 골퍼들은 왼쪽 뇌가 'switch on' 되어 몸의 왼쪽 사이드가 약해지고 오른쪽이 강해져서 볼이 슬라이드 또는 푸시가 나 공이 오른쪽으로 가기 쉽다. 왼쪽과 오른쪽을 모두 'switch on' 하기 위해서는 프리 샷 루틴을 통해 속으로 '릴랙스' 라고 말하면서 본인이 좋아하는 것을 떠올리면 오른쪽 뇌가 잠에서 깨어난다. 사랑하는 사람을 떠올리면서, 예를 들어 "This is for my son" 이라고 혼잣말하면서 바로 샷으로 들어간다. 이런 방법을 통해 양쪽 뇌가 활성화되어 볼이 곧바로 멀리 날아가는 것이다. _ 어니스트 설리반

5. 신뢰 및 자신감

Dream is a blueprint of your life. You are very special. You have a right to dream big. Love is given. Trust and Respect is earned.

_ 얼 우즈(Earl Woods, 타이거 우즈의 아버지)

77. "아빠! 자신의 스윙을 믿으세요." _ 콰스 싱(비제이 싱의 아들)

- 유명한 골프 선수인 아놀드 파머는 "토너먼트 프로 선수는 자신감이 있어야 살아남을 수 있다"고 말했다. 수많은 선행 연구들도 성공적인 선수와 비성공적인 선수를 구별해 주는 가장 일관된 요인은 바로 자신감이라고 지적했다. 이것은 최우수 선수들은 일관적으로 높은 자신감을 가지고 있다는 것을 의미한다.

78. 자신을 가져라. 자신감이란 진실이나 사실의 실체를 확실하게 믿는 것, 또는 자신의 능력을 신뢰하거나 의지하는 것이다. _ 하비 패닉

79. 당신 자신 이상으로 당신의 스윙을 잘 알고 있는 사람은 없다. _ 더그 포드

- 자신의 스윙이 최상은 아니지만 나름대로 발전시켜 온 자신의 스윙에 대해 자신감과 확고한 믿음을 가질 수 있어야 한다.
  샷을 할 때 가장 중요한 것은 내가 결정한 모든 것 – 클럽 선택, 타깃 방

향, 어드레스 – 에 확고한 믿음을 갖는 것이다. 자신을 믿지 않으면 누구를 믿겠는가?

80. 먼저 샷을 머릿속으로 그려 본 다음 실행에 옮긴다. _ 잭 니클라우스

- 계획 : 모든 샷은 미리 머릿속으로 스윙 계획을 그려 보고 그대로 실천한다. 칩 샷을 머릿속으로 그릴 때는 칩 샷과 퍼트를 결합시켜서 생각한다. 볼이 내가 원하는 지점에 떨어지고 나머지 거리는 퍼팅처럼 굴러가는 광경을 그려 본다.
- 프리 샷 : 본인의 계획을 굳게 신뢰하고 계획한 대로 연습 스윙을 한다. 목표 지점을 바라보고 목표 지점에 공이 떨어지는 것을 생각하면서 연습 스윙을 한다. 이때는 공을 보지 않는다.
- 실천 : 스트로크하기 전에는 스윙에 대한 생각은 하지 말고 오직 마음속

먼저 샷을 머릿속으로 그려 본 다음 실행에 옮긴다.

으로 홀과 클럽 페이스가 보이지 않는 라인으로 연결되어 있다고 생각한다. 그리고 그 끈을 따라서 볼을 밀어 보낸다고 생각한다.

- PGA 통산 73승(메이저 대회 18승 포함)을 거둬들인 잭 니클라우스는 스포츠 심리학자들이 흔히 말하는 쉽게 동요되지 않는 성격의 소유자이자 정신적으로 잘 무장된 골퍼이며, 심리 상태를 잘 활용한 선수이기도 하다. 니클라우스는 1967년 US 오픈 72홀 플레이에서 61번을 정규 타수 내에 온 그린 시킬 정도로 골프 역사상 가장 곧은 샷을 날린 강타자다. 긴장감이 고조될 때도 내면의 긴장 상태를 이상적인 수준으로 끌어올릴 뿐 도를 지나치는 경우가 거의 없었다. 니클라우스의 일관된 샷의 비결은 자신이 원하는 방향으로 볼을 보내는 능력의 50% 이상이 어떤 상황을 마음속에 그려 보는 이미지에 의지하기 때문에 가능했다고 한다. 즉, 골프에서는 목표에 대한 희망적인 이미지를 머릿속에 가득 채우는 것이 스윙에 대한 부담과 게임에 대한 부정적인 사고를 몰아내는 효과적인 수단으로 사용된다. 잭 니클라우스는 한때 슬로 플레이어로 비난받았을 정도로 그의 샷 절차는 다른 선수들에 비해 많은 시간이 걸렸다. 그는 항상 상대와 겨뤄 이기는 장면을 머릿속에 미리 그려 보고 게임에 임했을 뿐만 아니라, 샷이나 퍼팅의 경우에는 성공적인 이미지를 떠올린 뒤에 동작을 수행했다. 그는 라운드 중 주의를 집중할수록 경기를 더욱 잘 기억할 수 있으며, 좋은 샷만 기억해 두었다가 똑같은 상황이 재연되었을 때 그 이미지를 재생해 활용하면 큰 효과를 볼 수 있다고 했다. 이처럼 자신이 그린 이미지에 따라 스윙을 유도한다면 일관되고 안정적인 샷을 만들어 낼 수 있을 것이다. 또한 자연스럽게 목표에 주의를 집중할 수 있고, 주의를 집중하면 경기력 향상에도 큰 효과가 나타난다. 프로 골퍼들은 연습 스윙에 임할 때도 연습은 연습일 뿐이라는 생각을 버리고, 실제 스윙과 똑같이 할 것을 권한다. 볼과 타깃을 무시하고 하

> **로버트 슐러 박사의 '자신감을 위한 충고'**
>
> 1. **Self-esteem(자존심)** : 자신감을 가지려면 자존심을 키운다. 타인의 위엄에 눌려 그를 모방하지 말라. 자기 자신만큼 자신을 잘 알고 있는 사람은 없다는 것을 기억하라.
> 2. **Modesty(겸손)** : 겸손하고 배우는 자세를 유지하라. 성공했다고 너무 자만하지 말라. "나는 아직도 2% 모자란 사람이다"라고 생각한다.
> 3. **Assiduousness(부지런함)** : 작은 실패에 바로 조급해한다면 그건 성공한 사람들이 쏟아부었을 그 많은 노력에 대한 예의가 아니다.
> 4. **Ambition(야망)** : 위기를 극복할 수 있는 가장 큰 무기는 열정으로 가득한 자신의 성공한 모습을 마음속으로 그려 보는 것이다.
> 5. **Positivity(긍정성)** : 긍정적인 사고로 무장하라. '아무것도 이루지 못했다'는 것은 다른 무엇인가가 더 필요하다는 것을 의미할 뿐이다. 그 어떤 위기도 자신을 굴복시킬 수 없다는 사실을 명심하고 장애물을 피하지 말라.

는 연습 스윙은 효과도 없을 뿐만 아니라 자칫 실전 게임에까지 그 습관이 연결될 수 있기 때문이다.

81. 가장 조화로운 삶은 이론과 실천이, 생각과 행동이 하나가 되는 삶이다.

_ 헬렌 니어링

6. 골퍼와 리더십

"*I teach people to play golf, not golf to people.*" _ 부치 하몬

하비 패닉이 말하는 지도자의 자세와 지도법

- 가끔 자신을 비평하고, 잘못한 일은 없는지 돌아보라. 다른 사람들을 절대로 비난하지 말라. 그것은 화만 불러일으킬 뿐이다. 알고 있는 모든 사람들에게 좋은 말만 하라. 사람들을 너무 빨리 판단하지 말라. 하나님은 끝까지 기다리신다.
- 항상 칭찬하는 데 인색하지 말고 단점을 발견하는 데 서두르지 말라.
- 상대방에게 하는 비판 한 마디가 잘해 보겠다고 하는 학생의 희망을 짓밟을 수 있다. 사람들은 저마다 중요한 사람이 되고 싶어한다. 그들의 중요성을 깨달았다는 것을 알게 해 주어라.
- 모든 사람들은 어떤 면에서 나보다 더 잘하는 것이 있다. _ 에머슨
- 학생들에게 무엇인가를 하게 하는 가장 좋은 방법은 그들이 그것을 좋아하도록 만드는 것이다.
- 논쟁을 하지 말라. 다른 사람이 틀렸다고 말하지 말라. 다른 사람이 나에게 틀렸다고 하면 인정하지 않을 것이다.
- 내 주장과 배치된다고 해서 '확실히, 틀림없이' 라고 맞서기보다는 '내가 보기에는, 내가 알기로는, 지금 보기에는, 어떤 경우에는, 지금 이 상황에서는' 이라고 하라.
- 내가 실수했을 경우에는 솔직하게 인정하고 변명하지 않는다. 다음에 잘하겠다고 또는 내가 고치겠다고 말하라.

- 친절하게 대하라. '나'에 대해서 생각하지 말라. 다른 사람의 말에 귀를 기울이고, 캐디와 멤버들, 그리고 다른 모든 사람들에게 관심을 가져라. 그 사람들이 무엇을 가지고 있는지, 그리고 그 사람들이 무엇에 신경을 쓰고 있는지를 파악하라.
- 이름을 기억하려고 노력하라.
- 쉽게 설명하려고 노력하라.
- 일상생활이나 가르칠 때나 플레이를 할 때도 마찬가지로 단순하게 하려고 하라. 길고 복잡한 것은 어려운 방법을 헤쳐 나가는 것처럼 우리를 힘겹게 만든다.
- 인생에는 자질구레하고 성가신 일들은 수없이 많지만 정말로 중요한 일들은 별로 없는 법이다.
- 용기 있는 사람은 대개 부드러운 목소리로 대한다.
- 우리는 올바르고 최선인 것을 배우기보다는 친구들이 하는 것을 보고 영향을 받는다.
- 나는 다른 사람들에게 영향을 끼치는 사람이며 본보기가 되는 사람이라는 것을 명심해야 한다.
- 선생은 학생들이 마음속에 어떤 생각을 가지고 있는지를 알아야만 한다. 가르치는 것은 간단해야 한다. 기술적인 것에 치우치지 말라. 스스로 학생의 입장에서 생각하라.

제5장
코스 관리

1. 코스 공략법

In golf, I am three under; one under a tree, one under a rock, and one under a bush. _ 게리 치버스

82. 대개의 골퍼들은 골프를 플레이하는 것만 알고 있지 코스를 플레이하는 것은 잊고 있다. _ 토미 아머

83. 어떻게 볼을 칠 것인가가 아니라 어떻게 홀을 공략할 것인가가 이기는 조건이 된다. _ 골프 속언

84. 볼 앞 1~2m 지역에 중간 목표물을 정한 다음에는 그 목표물을 향해 샷을 한다는 생각을 갖고 실제 목표물을 다시 보지 않고 스윙에만 집중하면 성공하는 경우가 많다. 퍼팅 라인도 한번 정하고 나면 — 볼의 방향선에 퍼터 클럽 페이스의 스윗 스폿이 임팩트되게 하면 — 실제 목표물에 대한 걱정을 잊고 스윙에만 집중한다. 이처럼 항상 두 번에 나누어서 생각하는 습관을 기르는 것이 좋다. _ 골프 속언

85. 과감히 레이 업을 시도하라. 만일 코스를 잘 몰라 티 샷이 트러블 지역에 빠졌다면 무조건 더 나은 확률을 위해 레이 업하는 것이 좋다. _ 골프 속언

86. 비거리의 일관성을 유지하려면 그립과 어드레스와 스윙에 일관성이 있

어떻게 볼을 칠 것인가가 아니라 어떻게 홀을 공략할 것인가가 이기는 조건이 된다

어야 한다. _ 골프 속언

87. 티 샷은 세컨드 샷이나 어프로치 샷을 하기 좋은 곳으로 볼을 보내려는 마음가짐을 갖고 이를 실행에 옮긴다. 아이언 샷은 퍼팅 라인이 쉬운 지점으로 볼을 보낸다. _ 골프 속언

- 파4홀은 대개 레귤러 티 기준 300~400야드 미만이다. 만약 한 홀이 380야드라고 가정한다면 어떤 채를 선택하겠는가? 9번 아이언이 본인에게 정확도가 높은 클럽이라면 드라이버를 250야드 보내고, 나머지 130야드는 9번 아이언으로 그린에 올리는 것이다. 만약 8번 아이언이 편하다면 230야드를 스푼으로 쳐서 페어웨이 중앙에 안착시키고, 나머지 150야드는 8번으로 치는 것이다.

비거리의 일관성을 유지하려면 그립과 어드레스와 스윙에 일관성이 있어야 한다.

- 더욱 세심하게 코스 매니지먼트를 생각한다면 세컨드 샷을 라이가 평평한 곳이 되도록, 또 퍼팅 라인도 바른 결의 오르막이나 스트레이트가 되도록 목표를 좁혀 간다.

88. 난이도가 높은 홀에서 자신이 없으면 짧게 친다. _ 골프 속언

- 대부분의 그린이 앞쪽보다 뒤쪽이 높게 설계되어 있으므로 깃대를 넘기는 것보다 짧게 떨어뜨려 업 힐 퍼팅을 하는 것이 훨씬 쉽다.

89. 러프에서는 그린 위로 올린다는 생각보다는 안전한 곳으로 볼을 치고 어프로치를 기대하는 자세가 필요하다. _ 골프 속언

① 디봇에 있는 샷 ② 깊은 러프 ③ 페어웨이 벙커 ④ 내리막 경사.
이러한 샷은 실수를 최소화해 자신에게 유리한 상황을 만드는 것이 스코어를 줄이는 최상의 방법이다. 이러한 샷은 백 스윙 시 스윙 아크가 너무 크지 않게 하고, 실수를 최소화하는 최상의 선택을 할 줄 알아야 한다.

90. 바람 속에서 최상의 비결은 바람과 맞서는 것이 아니라 바람에 순종하는 것이다. _ 헨리 롱허스트

- 바람은 골퍼의 장점과 단점을 극명하게 드러내 준다. _ 해리 바든
- 바람이 불 때는 공을 낮게 깔아 쳐라.
- 바람이 불 때는 스코어 목표를 낮추어 부담 없이 즐거운 마음으로 플레이해야 한다. 한 클럽을 길게 잡아 로프트를 줄여 낮게 치는 것이 방향

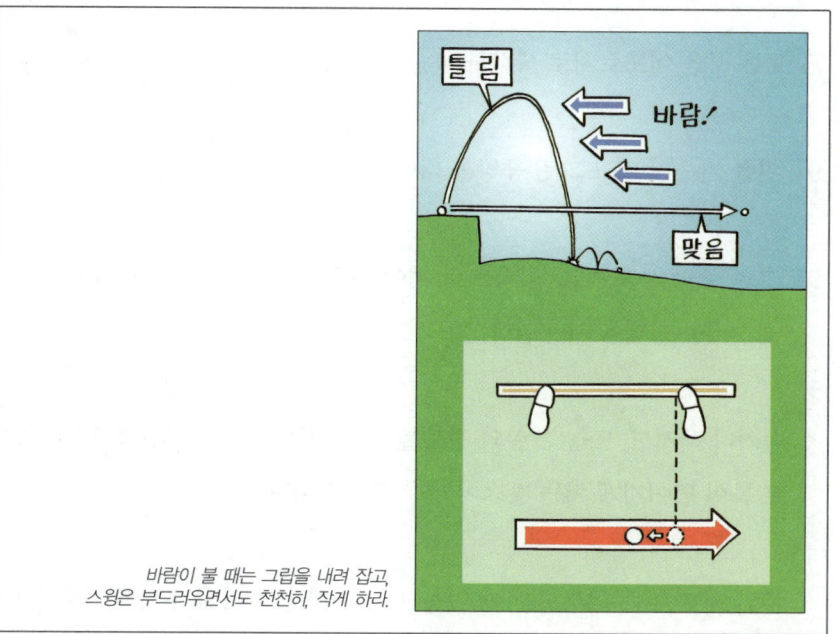

바람이 불 때는 그립을 내려 잡고, 스윙은 부드러우면서도 천천히, 작게 하라.

성과 거리 면에서 유리하다.
- 볼은 평상시보다 오른쪽에, 바람이 불 때는 그립을 내려 잡고, 스윙은 부드러우면서도 천천히, 작게 하라.

91. 타깃에 도달하려면 큰 클럽을 사용하라. 어느 클럽을 쓸 것인가 망설여질 때 큰 쪽을 택해 편하게 쳤을 때 결과가 나빴던 일이 거의 없다. _ 헨리 피커드

- 아이언으로 그린을 공략할 때는 클럽을 꼭 2~3개 빼내어 그린 앞의 여러 상황을 보고 신중하게 판단한 뒤 하나를 선택해야 한다.

92. 다년간의 경험을 통해서 깨달은 것은 볼을 티 위에 높게 올려놓고 공중에서 치는 것이 땅을 치는 것보다 저항이 적다는 것이다. _ 잭 니클라우스

93. 모든 샷을 어프로치로 생각하라. _ 골프 속언

94. 핀을 겨누지 말고 그린 중앙을 겨누어라. _ 골프 속언

95. 그린 중앙을 겨누고 핀 쪽으로 페이드 또는 드로 샷을 이용해 핀에 근접시키는 방법을 사용한다. _ 잭 니클라우스

96. 벙커나 해저드, 또는 그린의 경사를 피해 안전한 곳을 겨냥하고 핀 쪽으로 볼이 떨어지게 치는 방법이 매우 효과적이다. _ 닉 팔도

- 볼이 러프 또는 디봇 자국에 있을 때는 저항을 이겨내기 위해 그립을 단

핀을 겨누지 말고 그린 중앙을 겨누어라.

벙커나 해저드, 또는 그린의 경사를 피해 안전한 곳을 겨냥하고 핀 쪽으로 볼이 떨어지게 치는 방법이 매우 효과적이다.

단히 쥐고 팔목을 사용해 헤드를 올린다. _ 마쓰이 이사오

- 디봇이나 러프, 잔디가 적은 지점, 특히 페어웨이 벙커 등 항상 적당한 라이에서 아이언을 사용할 수 있는 것은 아니다. 라이가 나쁠 때는 쓸어 치는 것이 실패하지 않는 열쇠다. 나쁜 라이는 헤드를 찔러 넣으면 안 된다. 타점이 조금이라도 틀어지면 크게 실수하기 때문이다. 능숙한 타법은 쓸어 치는 것. _ 임진한

97. 공을 퍼트할 수 있거든 퍼터를 이용하라. _ 골프 속언

- 그린 근처인데 퍼팅으로 쳐도 볼이 충분히 굴러갈 수 있다고 판단되면 웨지보다 퍼팅이 쉽다. 그린 에지 부분에서는 웨지보다는 퍼터로 어프로치하는 것이 성공 확률이 높다. 격언에도 "최악의 퍼팅이 최선의 웨지만큼 쉽게 그린에 올릴 수 있다"고 했다.

공을 퍼트할 수 있거든 퍼터를 이용하라.

98. 80타를 깨고 싶으면 3개 홀에 보기 하나씩 한다는 마음가짐으로 임해 보라. _골프 속언

'발전 가능성이 없는 골퍼'의 특성 _잭 니클라우스 코리아

- 라운드가 끝날 때까지 골프 공 6개 정도만 잃어버렸다면 괜찮은 라운드였 다고 생각한다.
- 티 샷을 할 때는 주로 아이언을 쓴다.
- 동호회 회원이나 친구들과의 게임에서는 모든 홀에서 한 타 정도는 접고 친다.
- 게임이 끝나면 잘 쳤던 한 개의 샷만 기억한다.
- 비거리를 향상시키기 위한 방법은 더 멀리 나가는 볼을 구입하는 것이라 생각한다.
- 같은 그린에서 두 번 이상이나 '그래도 멀구만' 하는 소리를 듣는다. 자주 가는 골프 코스 중에 한 번도 더블 보기 이하의 성적을 기록하지 못한 코스 가 있다.
- 라운딩 전 항상 동료와 멀리건 규칙에 대해 논의한다.
- 퍼터 2개를 포함해 골프 백에 15개 이상의 클럽이 들어 있다.
- 결코 그린 홀 컵 가까이 가 본 적 없는 당신의 퍼팅을 보고 동반자들은 항 상 '나이스 퍼팅' 이라고 위로한다.
- 잘못 친 샷은 항상 다른 사람 아니면 다른 무엇 때문이라고 생각한다. 결코 자기 탓은 아니다.
- 첫 번째 홀에서 가장 마지막 순서로 정해지면 안도의 숨을 내쉰다.
- 가지고 가는 골프 공 대부분을 잃어버릴 거라 생각하기 때문에 가격이 싼 골프 공을 구입한다.
- 실력을 향상시키기 위해서는 클럽을 바꿔야 한다고 생각한다.
- 그린 근처에서 2.5m 칩 샷을 할 경우 혹시라도 깃대에 맞아 공이 멈출지도

모른다는 생각에 깃대를 그대로 꽂아 놓고 칩 샷한다.
- 티 샷할 때 누군가 보고 있으면 엄청난 중압감으로 인해 꼭 엉뚱한 곳으로 공을 보낸다.
- 칩 샷을 한 뒤에 공이 홀 컵에서 더 멀어져 있다.
- 골프 백에 들어 있는 6~7개의 골프 공의 상표가 제각각이다.
- 한 번 80대 타수를 기록했지만, 그 이후로 100타 이하를 쳐 본 적이 없다.
- '이 정도 거리면 보기 정도는 충분히 할 수 있어'라고 생각하고 140야드 남은 상태에서 홀 아웃해 버리곤 한다.

2. 코스 공략 사례

스코어 향상의 3가지 방법 : 1. 성공 확률에 맞추어 플레이하라.
2. 결과보다는 과정에 집중하라. 3. 숏게임 이미지 스윙을 이용하라.

_잭 무어하우스(Jack Moorehouse)

코스의 주변 환경을 고려해 클럽 선택 및 샷의 종류를 선택해서 코스를 공략하는 방법을 알아본다.

[2004년도 아이언 거리(yardage, carry) (http://www.golfdigest.com/equipment/mybag)]

클럽(아이언) \ 선수	최경주	타이거 우즈	비제이 싱
5번 아이언	190	208	205
6번 아이언	175	190	190
7번 아이언	165	172	175
8번 아이언	150	158	160

[J.D.Cho, 저자]

클럽	사양	평균 비거리
1번 우드	로프트 각 : 10도, 샤프트 : Stiff	250미터
3, 5, 7번 우드	로프트 각 : 13, 17, 19, 샤프트 : Regular	230, 220, 200미터
4~9번 아이언, PW, GW, SW	샤프트 : Steel 로프트 각 : 24, 28, 32, 36, 40, 44, 48, 52, 56도	4 : 180미터, 5 : 170미터 6 : 155미터, 7 : 145미터, 8 : 135미터 9 : 125미터, PW : 110미터 GW : 90미터, SW : 70미터

99. 홀의 구조를 파악하고 그린에서부터 페어웨이, 티 박스까지 바람직한 중간 지점을 미리 계획한다. _ 골프 속언

제주도에 있는 해비치 골프 코스(18홀 72파)에서 필자가 앞 표의 거리에 따라 플레이한다고 가정하고 공략법을 생각해 보자.

해비치 코스의 경우 티 박스의 거리 표시는 티 박스에서 그린 중앙까지의 거리를 말한다. 티 샷 거리는 레귤러 티 거리를 나타내며, 프로 티의 티 샷 거리는 레귤러 티에서 20~30m를 추가하면 된다.

해비치 골프 코스 East 코스(9홀)의 각 홀에 대해서 코스 전략의 대가인 잭 니클라우스가 주창한 퍼센테이지 샷(성공할 확률이 높은 샷을 일컬음)과 같은 개념의 스코어를 향상시키기 위한 홀별 공략법을 살펴본다.

잭 니클라우스는 똑바로 가는 볼은 실수라고 했다. 볼을 똑바로 보내려고 하기보다는 페이드 또는 드로우 샷을 이용, 핀에 근접시키려고 하면 마음이 편해진다. 잭 니클라우스는 그린의 중앙을 목표 지점으로 삼고 핀이 오른쪽에 있으면 페이드 샷을 하고, 왼쪽에 있으면 드로우 샷을 하라고 한다. 그러면 공이 날아가 떨어질 지점이 자연히 머릿속에 남게 되고, 샷은 그 이미지대로 날아간다.

잭 니클라우스는 골프는 퍼센테이지 게임이라고 했다. 즉, 3~4개의 변수를 생각하여 샷을 하라는 말이다. 일단은 정규 타수대로 볼을 그린 위에 올려야 한다. 파3는 2번 만에, 파4인 경우는 3번 만에 올리는 것이 정상이다. 사이드 핀일 경우 핀을 공략하면 사이드 벙커에 빠질 확률을 배제할 수 없다. 확률이 높은 방법은 핀의 중앙을 타깃으로 하고 페이드 또는 드로우로 접근시키는 것이다. 운이 좋으면 버디 찬스가 될 것이고, 그렇지 않다고 해도 해저드에 빠지지는 않을 것이다.

■ East 코스 1번홀(파4/321m)

F/W 왼쪽에는 화단이 있고 오른쪽에는 그린 입구까지 OB가 있으며, 180m 전방에도 보이지 않는 벙커가 있고 전체적으로 슬라이스가 많이 나는 홀이다. 내리막 경사이고 거리가 조금 짧아서 드라이버 거리는 많이 나지 않지만 무리 없이 파 온을 할 수 있다. 드라이버 공략은 왼쪽 210m 전방의 팽나무 방향목을 목표로 한다. 그린 공략은 내리막 경사가 심해 왼쪽 그린 앞의 벙커만 조심하고 실거리보다 10m 정도 짧게 보는 것이 좋다.

100. 첫 홀에서의 티 샷은 그날 라운드의 분위기를 결정하기 때문에 가장 중요하다. 그러므로 가장 자신 있는 클럽을 선택해 거리보다는 방향성을 중시한다. _ 골프 속언

첫 홀의 드라이브 샷은 긴장하게 되므로 타이밍을 놓치기 쉽다. 따라서 물이 흐르는 듯한 템포를 유지하면서 과감하게 치는 것이 중요하다.

첫 홀은 몸이 덜 풀린 상태이므로 아이언도 한 클럽 더 잡는다.
클럽 선택 : 210m(5W) + 120m(9I) 또는 180m(4I)+ 140m(7I)

101. 첫 홀의 드라이브 샷은 긴장하게 되므로 타이밍을 놓치기 쉽다. 따라서 물이 흐르는 듯한 템포를 유지하면서 과감하게 치는 것이 중요하다. _골프 속언

슬라이스가 나지 않도록 백 스윙 톱을 만들 때까지 충분한 어깨 턴이 이루어져야 한다. 첫 홀이 파5홀인 경우, 세컨드 샷을 무리하게 3번 우드로 홀을 바로 공략하기보다는 가장 자신 있는 클럽으로 세 번째 샷이 홀에 가장 근접할 수 있는 방향으로 레이 오프하는 것이 좋다.

> ■ East 코스 2번홀(파3/130m)
> 비교적 거리는 짧지만 그린 앞 양쪽으로 벙커가 있고 뒤쪽에도 보이지 않는 벙커가 있어 정확한 그린 공략을 요한다. 그린 또한 2단으로 경사가 심해 핀보다는 조금 짧게 공략해 오르막 퍼팅을 하는 것이 유리하다.

102. 본인이 선택한 클럽을 믿고 샷한다. _골프 속언

착지점을 그린 앞쪽 에이프론(apron)으로 잡아야 핀에 근접할 가능성이 높아진다.
클럽 선택 : 120m(9I, draw)
그린 중앙 앞쪽 에지를 겨냥해 드로 샷을 해 볼이 그린 에이프론에 떨어져 오른쪽에서 왼쪽으로 굴러 들어가는 모습을 상상한다. 2단 경사이기

대부분 그린의 세로 폭은 35~40m가 되는데, 이 거리는 아이언 2~3개의 차이가 난다. 그래서 본인이 선택한 클럽에 불안감을 가질 필요가 없다. 약간 짧게 떨어뜨려도 그린 앞쪽이 되고, 드로가 걸리더라도 그린 뒤 언덕에 걸리는 경우가 대부분일 것이기 때문이다. 따라서 본인이 선택한 클럽을 믿고 샷한다.

때문에 내리막 퍼트의 버디 찬스일 경우 긴장하게 되면 3퍼팅을 하게 되어 보기가 될 수 있다. 이를 막기 위해서는 안 들어가도 파는 한다는 마음으로 거리감을 중시하며 가볍게 생각하면 된다.

■ East 코스 3번홀(파5/464m)

홀의 전체 모양이 S자 형태로, 페어웨이 양쪽에 OB가 있고 왼쪽에 넓은 벙커가 있다. 세컨드 샷은 오른쪽에 벙커가 있다. 그린 앞 뒤쪽에 벙커와 OB가 있어 그린 뒤쪽과 왼쪽이 내리막 경사다.

클럽 선택 1 : 230m(3W)+150m(6I)+84m(SW)

페어웨이가 좁아 드라이브 대신 3W를 선택한 경우, 230m 나갔을 때 남은 거리는 234m가 되는데, 세컨드 샷을 한 번에 온 시키기 어려울 때는 두 번에 나누어서 공략하는 것이 좋다. 처음에는 6번 아이언을 선택해 150m를 편안하게 치고, 나머지 84m 어프로치는 샌드 웨지로 홀을 직접 공략하면 그린 위에서 런도 생기지 않고 편안한 마음으로 볼을 홀에 붙일 수 있다.

103. 퍼센테이지 어프로치 샷을 하는 것이 스코어를 올릴 수 있는 가장 좋은 방법이다. _ 잭 니클라우스

그린 앞 100m 전방에서 그린 오른쪽으로 어프로치하기 위해서는 한 클럽을 더 잡고 홀의 1사분면 중앙을 겨냥해 9I로 페이드 샷을 구사한다. (홀을 4개로 나누면 오른쪽 위가 1사분면, 왼쪽 위가 2사분면, 왼쪽 아래가 3사분면, 오른쪽 아래가 4사분면이 된다.)

104. 3번 또는 5번 우드를 사용할 때는 그린 중앙을 겨냥하기보다는 그린 앞쪽 프린지에 떨어뜨려 굴러 들어가도록 해야 한다. _ 골프 속언

클럽 선택 2 : 250(드라이버), 214(3w)

■ East 코스 4번홀(파4/290m)
페어웨이 왼쪽에 벙커가 있고 오른쪽도 150m 전방 삼나무만 넘기면 페어웨이가 넓게 펼쳐져 있다. 그린 공략 시 그린 오른쪽 사이드는 피해야 한다.

클럽 선택 1 : 180m(4I), 110m(PW, 드로 샷)
그린 앞 오른쪽 벙커를 피하기 위해서 그린 왼쪽을 향해서 샷한다. 슬라

3번 또는 5번 우드를 사용할 때는 그린 중앙을 겨냥하기보다는 그린 앞쪽 프린지에 떨어뜨려 굴러 들어가도록 해야 한다.

이스가 나더라도 오른쪽 벙커에 빠질 위험이 없을 정도로 드로 샷으로 공략한다. 드라이버를 꺼내 바로 그린을 공략하고 싶은 홀이나 약간 왼쪽 도그렉 홀로, 벙커 넘어 왼쪽에 OB 지역이 있어 바람직하지 않다. 어프로치는 50m일 경우에는 56도 샌드 웨지로 하프 스윙을 사용하고, 70m일 경우에는 샌드 웨지로 풀 스윙을, 90m일 경우에는 갭 웨지로 풀 스윙한다.

■ East 코스 5번홀(파4/313m)

230m 이상의 드라이버 거리를 내는 플레이어는 왼쪽 벙커를 넘기면 짧은 어프로치 거리를 남기게 된다.

80m 어프로치는 56도 웨지를 이용한다. 그린 왼쪽이 벙커, 뒤쪽이 해저드이

므로 그립을 짧게 잡고 손목을 쓰지 않으면서 페이드 펀치 샷을 구사한다.

> ■ East 코스 6번홀(파4/350m)
> 오른쪽으로 굽은 도그렉 홀로, 230m 이상의 드라이버 거리를 내는 플레이어는 오른쪽 숲 해저드를 넘겨서 드라이버로 공략하거나 200m만 보내도 파 온에는 크게 무리가 없다.

오른쪽 폰드를 피해 드로 샷으로 그린을 공략한다.

105. 슬라이스가 나는 골퍼는 티 박스 오른쪽에 티를 꽂고 페어웨이 왼쪽을 향해 티 샷한다. _ 골프 속언

오른쪽 도그렉 홀이므로 페어웨이 왼쪽 방향으로 친다. 핀이 페어웨이 오른쪽에 있는 경우에는 왼쪽 페어웨이를 향해서 치면 세컨드 샷을 할 때 시야가 확보되어 온 그린 시킬 확률이 커진다.
롱 홀의 세컨드 샷인 경우에도 이런 방법을 사용하면 효과적이다.

> ■ East 코스 7번홀(파5/459m)
> 페어웨이가 좁아서 정확한 티 샷이 필요하다.

티 샷이 러프 지역에 떨어져 나무 사이로 그린 방향을 공략해서 성공할 확률이 낮을 경우에는 과감한 결단력이 필요하다. 한 벌타로 생각하고 러프를 탈출할 수 있는 가능성이 가장 높은 방법을 택한다. 아이언을 이용해서 낮은 탄도로 페어웨이 가운데 올려놓는 것만을 생각한다.

■ **East 코스 8번홀**(파3/155m)

그린 양쪽과 뒤에 벙커가 있어 까다로운 홀이다.

레이 업 : 그린 양쪽에 깊은 벙커나 해저드가 있을 경우에는 그린에 못 미친(예를 들면 30m 정도) 안전한 페어웨이로 레이 업해 어프로치를 노리는 것이 파 세이브하거나 보기로 막을 확률이 높다.

클럽 선택 : 155(6I, 펀치 샷으로 낮게), 그린 주변의 바람, 실제 거리를 다 봐야 함.

벙커를 넘기는 피칭 샷 : 벙커까지의 거리가 30m이고 벙커 끝에서 핀까지가 5m라고 할 때 35m를 생각하고 피칭하면 벙커에 들어갈 확률이 높다. 이때는 여유 있게 40m를 생각하고 샷을 하면 30m가 날아가서 5m 정도 굴러서 핀에 붙게 된다.

슬라이스가 나는 골퍼는 티 박스 오른쪽에 티를 꽂고 페어웨이 왼쪽을 향해 티 샷한다.

> ■ East 코스 9번홀(파5/298m)
>
> 포대 그린

내리막 라이에서의 세기를 조절하려다가 너무 짧게 쳐서 3퍼트가 되기 쉽다. 그러나 평지라고 생각하고 치면 약간 깃대를 지나가더라도 오르막 퍼팅을 남기게 되어 2퍼트로 세이브할 확률이 높아진다.

> ■ North 코스 2번홀(파4, 347m)
>
> 그린 앞뒤에 워터 해저드가 있으므로 물을 확실히 넘길 수 있는 공략법을 신중히 선택해야 한다.

106. 왼쪽에 워터 해저드가 있는 도그렉 홀인 경우, 티 샷을 페어웨이의 오른쪽으로 하면 안전하게 핀을 공략할 수 있다. _ 골프 속언

워터 해저드가 머릿속에 남아 있는 상태에서 부담을 갖고 샷을 하게 되면 집중력이 흐트러져 뒤땅이 발생하기 쉽다. 홀을 직접 공략하기보다는 넓은 그린 오른쪽을 공략해 롱 퍼팅으로 승부하거나 자신 있는 세컨드 샷 거리를 남기도록 한다.

> ■ North 코스 3번홀(파3, 130m)
>
> 좌우 앞쪽의 벙커를 의식하지 않을 수 없고 그린 앞의 워터 해저드와 그린 사이에 볼이 떨어지면 경사면을 타고 볼이 굴러 떨어지게 된다. 따라서 한 클럽을 더 잡고 그린 뒤 언덕을 향해 공략하는 것이 좋다.

왼쪽에 워터 해저드가 있는 도그렉 홀인 경우, 티 샷을 페어웨이의 오른쪽으로 하면 안전하게 핀을 공략할 수 있다.

■ North 코스 4번홀(파4, 328m)

물에서 멀리 떨어져 풀 스윙으로 거리를 맞출 수 있는 거리가 남도록 페어웨이 왼쪽으로 티 샷해 일부러 그린에서 멀리 떨어지게 하는 방법이 효과적이다.

107. 오른쪽으로 도그렉이 있고 오른쪽 워터 해저드를 넘겨야 하는 코스에서는 워터 해저드에서 멀리 떨어져 있는 왼쪽 페어웨이 쪽으로 공략하는 것이 좋다. _ 골프 속언

108. 앞에 물이 있을 때는 공을 똑바로 보고 과감하면서도 공격적인 태도가 대단히 중요하다. _ 골프 속언

■ North 코스 6번홀(파4, 310m)

오른쪽으로 도그렉이 있고 210m 이상 티 샷하면 OB가 있는 코스이므로 왼쪽 페어웨이 쪽으로 5W 또는 4I 등으로 공략해 세컨드 샷하기 좋은 도그렉의 꺾어지는 부분까지 샷하는 것이 중요하다. 스코어를 만회하기 위해 과감한 공격이 필요할 때는 오른쪽 러프 지역을 넘기는 210m 샷을 하면 100m의 어프로치를 남기게 된다. 페어웨이 오른쪽으로 워터 해저드 근처를 공략하게 되면 물을 넘겨야 하는 부담 때문에 볼을 물에 빠뜨리기 쉽다. 그러므로 물에서 멀리 떨어져 풀 스윙으로 거리를 맞출 수 있는 거리를 남기도록 페어웨이 왼쪽으로 티 샷해 일부러 그린에서 멀리 떨어지게 하는 방법이 효과적이다.

제6장

부록

1. 코스의 구조

*골프를 보면 볼수록 인생을 생각하게 되고,
인생을 보면 볼수록 골프를 생각하게 된다.*

― 헨리 롱허스트

티 박스(Tee Box)

티 박스에 올라서면 홀의 번호(1~18), 홀의 레이아웃(lay out), Par3~5, 그리고 그린까지의 거리가 표시되어 있다. 티 샷을 하는 자리로, 챔피언 티, 레귤러 티, 레이디 티의 3가지로 분류되어 있다.

챔피언 티는 평소에는 오픈되지 않고 오픈 대회나 클럽 챔피언 대회 등 대회가 있을 때 사용하는 티라고 생각하면 된다. 레귤러 티와는 거리가 대략 20m 내외이고, 레귤러와 레이디 티와의 거리도 그 정도다. 레귤러 티는 일반인들이 평소에 이용하는 티이고, 레이디 티는 빨간색으로 구분되어 있으며 여성 골퍼들이 이용한다.

'티잉 그라운드' 란 티 샷을 할 수 있는 구역으로, 2개의 티 마크의 바깥쪽을 경계로 해 전면(前面)과 측면(側面)이 한정되며, 측면의 길이가 2클럽 길이인 장방형의 구역이다.

해저드(Hazard)

해저드에는 워터 해저드와 벙커가 있다. 그중 벙커는 위치별로 페어웨이 양쪽에 있는 크로스 벙커 혹은 사이드 벙커라고 불리며, 그린 근처에 있

코스의 구조

는 벙커는 그냥 벙커라고 부른다. 해저드에 볼이 들어갔을 경우 볼을 칠 수 있으면 벌타 없이 플레이가 가능하다. 도저히 플레이가 되지 않을 경우에는 1벌타를 받고 홀에 가깝지 않은 곳으로 드롭이 가능하다. 크로스 벙커는 드라이브 샷(티 샷)이 떨어질 만한 자리에 만들어 놓아 티 샷을 어렵게 하고 그린 전후좌우에도 벙커를 만들어 온 그린(on green)이 어렵게 만들어져 있다. 벙커에서는 클럽 헤드가 모래 위에 닿으면 스트로크한 것으로 간주한다. 러프(Rough)는 '거칠다' 라는 의미를 가지고 있는데, 코스(페어웨이, 그린)의 바깥 가장자리 부분이다. 페어웨이는 잔디 손질이 아주 잘되어 있지만 코스의 바깥 부근으로 가면 잔디를 손질해 놓지 않는다. 잔디 길이가 대략 7cm 이상 되어 제대로 샷을 하기가 어렵게 되어 있으며, 거친 정도에 따라서 A러프, B러프라고 부르기도 한다.

오비(OB)

오비란 Out of Bounds의 약자로, 깊은 숲 속이나 절벽 아래처럼 플레이가 불가능한 구역을 말한다. 이 지역은 흰색 말뚝으로 표시해 놓았으며, 이곳에 볼이 들어가게 되면 원래 샷을 한 자리에서 다시 볼을 쳐야 한다. 오비가 난 줄 모르고 그곳까지 갔다가 볼이 없어서 로스트 볼 처리가 되면 다시 원래 자리까지 되돌아와서 쳐야 한다. 하지만 이렇게 하다 보면 플레이가 지연되므로 국내에서는 특이하게 오비 티(OB Tee)라고 하는 곳이 있다. 오비 티에서 치면 2벌타를 포함해 네 번째 샷이 된다. 이것은 진행을 빨리 하기 위해서 만들어 놓았다고 생각하면 된다.

그린(Green)

그린 위에는 홀 컵에 깃대가 꽂혀 있다. 볼이 그린 위에 올라가면 공 뒤에 마크를 하고 볼을 집는다. 모든 플레이어의 볼이 그린 위에 올라가면 깃대를 뽑는다. 그린에서는 모든 클럽이 사용 가능하지만 주로 '퍼터'를 사용한다.

핀(Pin)

핀, 혹은 깃대라고 부른다. 홀 컵의 위치를 깃대를 꼽아 표시해 놓은 것으로서 자주 위치가 바뀌며, 위치에 따라서 난이도가 달라진다. 핀 위치를 바꾸는 또다른 이유는 핀 주위의 발자국이 퍼팅 라인에 영향을 주기 때문이다.

페어웨이(Fairway)

페어웨이는 티 박스에서 그린에 이르기까지의 코스를 말한다. 코스 양쪽에는 그린까지의 거리를 측정해 놓은 말뚝이나 조금 특이한 — 다른 나무들과 구분되는 — 키 작은 동그란 모양의 나무로 표시가 되어 있다. 말뚝의 경우 줄(line)이 3개 있으면 200m, 2개는 150m, 1개는 100m를 표시한 것이다.

파5홀을 제외하고는 200m 말뚝은 설치되어 있지 않으며, 그린이 2개일 경우 왼쪽 그린은 왼쪽 말뚝을 이용하고, 오른쪽 그린은 페어웨이 오른쪽에 설치된 오른쪽 말뚝을 이용한다.

2. 골프 게임 방식

골프 코스

골프 게임을 하는 경기장인 골프 코스는 서로 다른 18개의 홀로 구성되어 있다. 각 홀은 볼을 맨 처음 타격(Tee off : 티 오프)해 내보내는 티잉 그라운드라는 구역에서 볼을 넣는 홀이 있는 그린이라는 구역까지의 거리에 따라 파3, 파4, 파5홀로 구분된다. 또 플레이하는 순서에 따라 1~18까지 홀 번호가 있는데, 1~9번 홀까지를 아웃 코스(Out Course), 10~18번 홀까지를 인 코스(In Course)라 부른다.

홀의 구성

18홀에는 파3홀이 4개, 파4홀이 10개, 파5홀이 4개로 구성되는 것이 기본이다. 여기서 파3홀이란 해당 홀의 티잉 그라운드에서 그린에 있는 홀에 볼을 넣기까지 필요한 규정 타수(Green in Regulation, 골프 볼을 타격하는 수)다. 그러니까 파3홀이란 골프 볼을 3번 타격해 구멍에 넣어야 하는 홀이라는 뜻이다.

규정 타수

파4홀은 4타, 파5홀은 5타수가 그 규정 타수다. 즉, 파3는 골프 볼을 1번

골프는 수백 미터 밖에 있는 직경 10.8cm의 구멍에 골프 볼을 몇 번의 타격 만에 넣느냐를 가리는 게임이다.

의 타격으로 티잉 그라운드에서 그린까지 보내고 2번의 퍼팅으로 구멍에 넣어 홀을 마무리해야 한다는 것이다. 파4홀은 파3홀보다 거리가 길기 때문에 2번의 타격과 2번의 퍼팅으로 마무리해야 정규 타수 파(Par)가 되며, 파5홀은 3번의 타격과 2번의 퍼팅으로 구멍에 넣어야 정규 타수 파가 된다는 것이다. 골프에서는 모든 홀에서 일단 볼이 그린에 올라가면 2타 만에 마무리해야 하는 것을 기준으로 삼고 있다.

결국 골프는 수백 미터 밖에 있는 직경 10.8cm의 구멍에 골프 볼을 몇 번의 타격 만에 넣느냐를 가리는 게임이다. 적은 타수로 볼을 넣은 것이 골프를 잘하는 것임은 물론이다.

타수

파3홀이 4개면 12타, 파4홀이 10개면 40타, 파5홀이 4개면 20타, 총 18홀의 규정 타수는 72타가 된다. 72타보다 적은 타수를 기록하면 언더 파(Under Par), 많은 타수를 치면 오버 파(Over Par)라고 칭한다(71타는 1언더 파, 73타는 1오버 파). 골프장의 여건에 따라 가끔은 18홀의 기준 타수가 71, 70, 73타가 되는 경우도 있다. 대부분 이런 경우 기본의 골프 코스보다 파3홀이나 파5홀의 숫자가 많거나 적기 때문이다.

이렇게 1번 홀에서 18홀까지 모두 홀 아웃하는 것을 1라운드라고 한다. 1라운드의 규정 타수인 72타는 일반 아마추어가 기록하기 어려운 타수다. 81타(핸디캡 9) 이내면 싱글 골퍼(Single Golfer)라고 부른다.

[파3 · 파4 · 파5의 기준 거리]

	남자	여자
파3	229m 이하(250야드)	192m 이하(210야드)
파4	230m 이상 430m 이하	193m 이상 366m 이하
파5	431m 이상(471야드)	366m 이상(400야드)

3. 골프 에티켓 및 조언

골프에서 에티켓이나 단정한 몸가짐은 경기의 룰과도 같다.

_ 보비 존스

- 골프는 용사(勇士)처럼 플레이하고 신사(紳士)처럼 행동하는 게임이다.
  _ 데이비드 로버트 포건
- 첫 홀부터 마지막 홀까지 즐거운 마음으로 한다.
- 골프 스윙 시 가까운 주위에 사람이 있는지 없는지를 확인한 다음 스윙한다.
- 앞사람이 안전 거리에서 완전히 벗어날 때까지 볼을 쳐서는 안 된다.
- 볼은 홀에서 가장 먼 사람부터 쳐야 하고, 볼은 있는 그대로의 상태로 플레이해야 한다.
- 벙커에서 볼을 치고 나올 때는 고무래를 사용하여 발자국을 깨끗이 정리해야 한다.
- 페어웨이에서 볼을 칠 때 생긴 잔디 뭉치는 제자리에 옮겨 놓고 밟아 준다.
- 그린 위에 생기는 볼 자국과 스파이크 자국을 조심스럽게 고쳐야 한다.
- 골프 경기를 할 때는 티 오프 시간보다 넉넉하게 도착하는 것이 좋다.
- 아무데서나 함부로 스윙 연습을 하거나 시끄럽게 떠드는 것은 예의에 어긋난다.
- 볼이 그린에 올라가면 볼 마크를 한다. 다른 사람이 그 볼을 치면 2벌타

를 먹게 된다.
- 볼이 OB 지역에 떨어졌을 때 찾는 시간이 오래 걸린다고 판단되면 빨리 포기한다(골프 룰 : 5분간).
- 상대방이 볼을 잃어버렸을 때는 찾는 것을 도와준다.
- 페어웨이 및 주변에서 자기 볼이 아닐 때는 줍지 않는다.
- 파트너의 일진이 좋지 않을 때는 격려한다.
- 불쾌한 점이 있더라도 참고, 불평하거나 다른 사람을 탓하지 않는다.
- 상대방의 샷에 방해가 되는 행동을 하지 않도록 주의한다.
- 코스의 안전 관리 : 볼이 갤러리나 다른 사람 쪽으로 잘못 날아가면 '포어(Fore) 또는 '볼'이라고 외친다. 스윙하는 사람 근처에 서지 않는다.
- 게임의 지연에 주의한다. 이동은 빠르게, 그러나 스윙은 서두르지 않는다.
- 다른 사람의 퍼팅 라인을 밟지 않는다. 퍼팅할 때는 시선을 방해하는 위치에 서지 않고 퍼팅 라인에 그림자가 비치지 않도록 한다.
- 당신이 깰 수 없는 두 가지 기본 규칙이 있다. 그것은 섬세하라는 것과 나쁜 게임을 하는 사람과 비즈니스를 하지 말라는 것이다. _ 윌리엄 데이비스
- 만일 골프에서 매너를 제일로 삼지 않았더라면 오늘과 같이 위대한 게임으로 발전하지 못했을 것이다. _ 존 로(영국의 골프 입법가)
- 골프 코스를 비판하는 사람은 저녁 식사에 초대받았다가 떠날 때 주인에게 음식이 형편없었다고 말하는 사람과 같다. _ 게리 플레이어
- 골프만큼 그 사람의 성격을 잘 드러내는 게임은 없다. 그것도 최선과 최악의 형태로 드러낸다. _ 버나드 다윈
- 볼은 '있는 그대로 칠 것'. 앞 팀과 멀지 않고 뒤 팀에 방해되지 않는 상태라면 있는 그대로 볼을 치는 습관을 스스로 들이는 것이 좋다.

- 다른 사람이 어드레싱할 때는 조용히 한다.
- 다음 티에 도착하기 전까지 스코어를 적는다.
- 한 홀의 플레이를 마치면 신속히 퍼팅 그린을 비운다.
- 스윙하기 전 전방에 사람이 있는지 체크한다.
- 한 그룹이 뒤에 기다리고 있을 때는 멀리간을 플레이하지 않는다.
- 플레이어의 라인 앞 또는 뒤에 서 있지 않는다.
- 상대방이 굿 샷을 했을 때는 "굿 샷!" 하고 칭찬한다.
- 휴대 전화는 끄거나 두고 나온다.
- 퍼팅 그린에 골프 백을 놓지 않는다.
- 벙커는 앞쪽(그린 쪽)으로 들어가지 않는다.
- 홀 컵에서 깃대를 뽑은 다음 그린 가장자리에 가만히 내려놓는다.
- 비록 일진이 좋지 않더라도 불평하지 않는다.
- 의심이 나면 묻는다. 플레이어 진행 속도, 옷차림, 카츠 패스 규칙, 스파

휴대 전화는 끄거나 두고 나온다. 골프에서 에티켓은 경기만큼이나 중요하다.

이크 허용 여부 등.
- 담배꽁초나 쓰레기를 아무데나 버리지 않는다.
- 디봇을 고친다.
- 벙커에 남은 발자국을 레이커로 제거한다.
- 그린에 남은 볼 마크를 수선한다. 볼 마크를 수선하지 않으면 잔디가 다시 원래대로 자라는 데 열흘이 걸린다.
- 다른 골퍼를 존경한다.
- 플레이어는 자기 외에 그 누구도 비난할 수 없다. _스코틀랜드 속언
- 볼을 상대방이 친 비슷한 방향으로 보내서 함께 걸어가며 대화를 나눈다.
- 안전을 위해 다른 사람의 샷 동작을 처음부터 끝까지 주의 깊게 관찰한다.
- 상대의 핸디캡에 관해 따지고 싶은 사항이 있어도 라운드 뒤로 미룬다.
- 실패한 짧은 퍼트가 아쉽더라도 다른 사람이 막 퍼트 하려는데 다시 연습 퍼트를 하지 말라.
- 샷 소리만 낫다 하면 '나이스 샷' 혹은 '굿 샷' 하고 큰소리로 외쳐 대지 말라. 칭찬하고 싶으면 볼이 페어웨이 중앙이나 또는 그린 위에 제대로 멎는 것을 보고 하더라도 늦지 않다.
- 플레이 중 남의 스윙을 교정하는 코치 행위를 하지 않는다.

4. 골프 규칙의 기초

1744년 USGA(United States Golf Association)와 St. Andrews의 the Royal and Ancient Golf Club에서 100페이지 이상의 골프 룰을 승인했다. 그 내용을 간단하게 요약한다.

- 14개 이상의 클럽으로 플레이하면 안 된다(한 홀당 2벌타, 최대 4벌타까지 부과됨).
- 볼에 본인의 볼임을 나타내는 표식을 한다. 그렇지 않으면 로스트 볼(분실구)로 인정한다.
- 첫 번째 티에서는 추첨을 해서 순서를 정하고, 그 다음 티부터는 전 홀의 스코어 순서로 플레이한다. 티잉 그라운드 경기자가 티잉 그라운드에서 최초로 플레이할 수 있는 권리를 부여받는 것을 '오너를 얻었다'고 한다. 티 박스에서는 티 마커로부터 2클럽 길이 이내에서 티 오프할 수 있다.
- 홀에서 멀리 떨어져 있는 공부터 먼저 플레이한다(골프 룰 제10조 2항).
- 퍼팅 그린 위의 볼을 마크한 후 집어올릴 수 있고 닦을 수 있다. 집어올린 볼은 다시 마크한 원위치에 놓아야 한다.
- 볼은 클럽 헤드로 바로 쳐야 하며, 밀어내거나 끌어당기거나 떠 올려서는 안 된다.
- 루스 임페디먼트(loose impediment), 자연물로서, 생장하지 않고 땅에 단단히 박혀 있지 않으며 돌, 나뭇잎, 나뭇가지나 벌레, 그들의 미세물 등

이 쌓여 올려진 것들을 말한다. 모든 루스 임페디먼트는 벌타 없이 제거할 수 있다.

- 볼이 장애물(모든 인공물의 표면과 측면 등을 포함)의 안 또는 위에 있지 않을 때는 그 장애물을 제거하거나, 움직일 수 없는 장애물인 경우는 1클럽 길이 이내에 드롭해야 한다.
- 별도의 로컬 룰이 적용되지 않는 한 볼이 놓여 있는 지점에서 플레이한다.
- 볼이 워터 해저드에 빠졌을 때는 볼이 그 해저드를 지난 해저드 후방 지점(병행 워터 해저드인 경우는 그린 쪽 전방)에 놓고 플레이한다. 1스트로크 페널티를 받게 된다.
- 인공 지형물(울타리, 도로, 스프링클러 등)에 대해서는 볼을 한 클럽 길이 내에 드롭(홀과 반대 방향으로)해 플레이한다. 이때 스트로크 페널티는 없다. 그 밖에 인공 지형물이 아닌 곳에 공이 떨어져서 플레이할 수 없

볼이 워터 해저드에 빠졌을 때는 볼이 그 해저드를 지난 해저드 후방 지점(병행 워터 해저드인 경우는 그린 쪽 전방)에 놓고 플레이한다.

을 때는 '언플레이볼(unplayable ball)'로 선언하고 공을 2클럽 길이 내에서 드롭하거나(홀에서 현재 장소보다 더 가까운 곳이면 안 됨) 홀 반대 방향의 아무 곳에서 1스트로크 페널티를 받고 플레이할 수 있다.
- 공 주위의 돌이나 풀 등은 치울 수 있다. 이때 공을 움직이면 1스트로크 페널티를 받게 된다.
- 공을 워터 해저드가 아닌 다른 장소 또는 OB 지역에서 잃어버렸을 때는 공을 친 장소로 되돌아와 1스트로크 페널티를 받고 다시 친다.
- 홀 핀을 뽑지 않고 퍼팅했을 때 공이 핀을 히트해서 들어가지 않으면 페널티가 된다.
- 파트너가 컨시드(concede)를 주지 않는 한 볼은 항상 홀에 넣는다(hole out).
- 정규 라운드 동안, 플레이어는 그의 파트너를 제외한 경기에 참가한 어느 누구에게도 어드바이스를 해서는 안 된다. 플레이어는 정규 라운드 동안 자기의 캐디와 파트너, 그리고 그의 캐디에게만 어드바이스를 구할 수 있다.

5. 골프 타수 계산 방법

- **버디(Birdie)**

  파보다 1타 적은 타수로 홀 아웃한 경우를 버디라고 한다. 파5홀은 4타, 파4홀은 3타, 파3홀은 2타로 각각 홀 아웃하면 버디가 된다.

- **이글(Eagle)**

  파보다 2타 적은 타수로 홀 아웃한 경우를 이글이라고 한다. 일반적으로 파5홀은 3타(투 온, 원 퍼트)로 홀 아웃하는 것을 가리키는데, 파4홀을 2타에 홀 아웃해도 이글이라고 한다.

- **더블 이글(Double eagle) 또는 알바트로스(Albatross)**

  파보다 3타 적은 타수로 홀 아웃한 경우를 알바트로스라고 한다. 파5홀을 2타에 홀 아웃하는 경우가 이에 해당된다.

- **홀인원(Hole in one) 또는 에이스(Ace)**

  파3, 4홀에서 1타로 홀 아웃한 경우를 홀인원이라고 한다. 즉, 티 샷으로 컵 인하는 것을 말한다.

- **보기(Bogey)**

  파보다도 1타 많은 타수로 홀 아웃한 경우를 보기라고 한다.

- 더블 보기(Double bogey)

  파보다 2타 많은 타수로 홀 아웃한 경우를 더블 보기라고 한다.

- 트리플 보기(Triple bogey)

  파보다 3타 많은 타수로 홀 아웃한 경우를 트리플 보기라고 한다.

- 쿼드러플 보기(Quadruple bogey)

  파보다 4타 많은 타수로 홀 아웃한 경우를 쿼드러플 보기라고 한다.

- 더블 파(Double par)

  파의 2배에 해당하는 타수로 홀 아웃한 경우를 더블 파라고 한다.

- 스코어 카드(예)

[Round 2 — TPC of Scottsdale]

Hole	1	2	3	4	5	6	7	8	9	OUT	10	11	12	13	14	15	16	17	18	IN	TOT
par	4	4	5	3	4	4	3	4	4	35	4	4	3	5	4	5	3	4	4	36	71
Rnd 2	4	4	4	3	3	3	2	3	3	29	4	4	3	4	3	5	2	2	4	31	60
Status	-5	-5	-6	-6	-7	-8	-9	-10	-11		E	E	E	-1	-2	-2	-3	-5	-5	-5	-11

PBR Open, 02/06/2005 Phil Mickelson's Tour Career Record

6. 골프 게임의 종류

스트로크 플레이(Stroke Play)

1라운드의 총 타수로 승부를 결정하는 경기 방법으로, 가장 적은 타수로 18홀을 끝낸 사람이 우승자다. 다만 보통 경기에서는 실제 친 타수(그로스)에서 그 사람의 핸디캡을 뺀 수(네트)로 승패를 결정케 된다.

1위가 2사람 이상일 경우 프로 토너먼트에서는 같은 점수의 플레이어가 연장전으로 우승을 결정하지만, 여기서는 연장자나 핸디캡이 적은 사람, 또는 최초의 9홀(하프 라운드)에서 성적이 좋은 사람을 우승자로 정하는 경우가 대부분이다. 스트로크 플레이의 점수 기입은 특별히 마커가 있는 경우를 제외하고는 경기자끼리 서로 스코어 카드를 교환해 서로가 상대의 마커가 된다.

스코어는 각 홀마다의 경기자로 하여금 타수를 확인하도록 하면서 매긴다. 그리고 라운드가 끝나면 서명해 경기자에게 준다.

골프에서는 경기자가 각 홀마다 기입된 타수의 옳고 그름에 대한 유일한 책임자이므로 만일 마커가 스코어를 잘못 기입했다고 하더라도 본인이 최종 확인 단계에서 그것을 발견, 정정하지 않으면 안 되는 책임이 있다.

매치 플레이(Match Play)

스트로크 플레이가 18홀의 총 타수로 승패를 결정하는 데 비해 각 홀마다 홀의 승자를 결정, 18홀이 끝난 단계에서 이긴 홀의 수가 많은 쪽이 승자가 되는 경기 방식이다. 현재는 스트로크 플레이가 세계적으로 통용되고 있지만 골프 초창기에는 매치 플레이가 성행했다.

원칙적으로 경기자 2명이 1 : 1로 대전하며, 한 홀 이기면 업(up), 지면 다운(down), 무승부일 경우 하프라고 부르고, 이긴 홀과 진 홀이 동수일 경우에는 올 스퀘어(all square)라고 부른다.

포 썸(Four Some)

4명이 2명씩 조를 짜서 각 조가 1개의 볼을 교대로 쳐 나가는 경기 방법으로, 스트로크 플레이든 매치 플레이든 할 수 있다. 1 : 2로 3명이 하는 경우는 쓰리 썸(Three Some)이라고 한다. 핸디캡이 비슷한 사람끼리 같은 조를 짜서 파트너하며, 호흡이 잘 맞아야 이길 수 있다.

포 볼(Four Ball)

포 썸과 같이 2개 조가 편을 갈라 대전하는 경기 방식인데, 이 게임에서는 각자가 자기 볼로 플레이해 가서 서로간의 팀의 좋은 스코어를 그 홀의 스코어로 한다는 점이 다르다.

스킨스 게임(Skins Game)

매 홀마다 걸려 있는 판돈을 그 홀에서 최저타를 기록한 사람이 가져가는 게임이다. 최저타를 기록한 사람이 2명 이상일 경우 그 홀에 걸려 있는 판돈은 그대로 그 다음 홀 판돈에 얹혀지게 된다. 이 게임은 몇 홀을 연속

비겨 상금이 계속 쌓일 수 있기 때문에 거액의 상금이 걸린 한 홀에서 잘 치면 상금을 받아 낼 수 있다는 묘미가 있다.

　스킨스 게임은 세인트 앤드류스에서 시작되었다. 다른 나라에서 온 모피 거래 업자가 가죽(skins)을 놓고 골프를 해 '스킨(skin)'은 상대 골퍼와의 내기에서 이겼을 경우 따낸 홀을 지칭하게 되었다. 4개 홀을 따냈을 경우 '포 스킨(4 skin)'을 얻었다고 말한다.

　PGA에서는 해마다 최고 실력의 프로 골퍼 4명을 불러 홀마다 큰 돈을 걸고 스킨스 게임을 하고 있다. 아놀드 파머, 잭 니클라우스, 게리 플레이어, 그리고 톰 왓슨 등 4명을 초대해 방송으로 내보낸 제1회 PGA Skins Game에서는 게리 플레이어가 17만 달러를 따서 우승했다.

　타이거 우즈, 콜린 몽고메리, 예스퍼 파네빅, 그렉 노먼이 참가한 2001년 19회 스킨스 게임은 이전 방식과는 다르게 진행되었다. 한 선수가 홀에서 승리했을 경우 다음 홀에서 이기거나 1등과 비기지 못할 경우 그 홀에 걸린 상금을 가져가지 못한다는 규칙이 적용되었다. 18번 홀과 연장전의 경우에는 이 규칙이 적용되지 않았다. 타이거 우즈는 1번 홀에서 10피트 버디 퍼팅으로 승리했지만 2번 홀에서 그렉 노먼이 버디를 기록하면서 승리하는 바람에 1번 홀에 걸린 판돈 2만 5천달러는 타이거 우즈의 호주머니에 들어가 보지도 못했다. 이런 방식으로 진행되자 18번 홀에 이르기까지 참가 선수 어느 누구도 스킨을 따내지 못했다. 게다가 새로운 규칙이 적용되지 않는 18번 홀에서는 비겼다. 결국 연장전에 들어가 14번 홀에서 그렉 노먼이 4피트 버디 퍼팅으로 승리를 따내 단번에 그때까지 주인을 찾지 못했던 거금 1백만 달러를 거머쥐게 되었다.

스크램블

팀 경기 중 한 팀 선수들이 각자 티 샷을 한 후 가장 좋은 위치의 볼을 선택해 그 위치에서 다시 각자가 다음 샷을 하는 방식이다. 가장 좋은 스코어를 기록할 수 있는 경기 방식이다.

딩 동 댕

각 홀에서 맨 먼저 그린에 태운 사람이 1점, 전원이 그린에 올렸다면 핀에 가장 가까이 댄 사람이 1점, 이어서 맨 먼저 홀에 명중시킨 사람에게 1점을 주는 방법으로, 18개 홀을 돌아 합계 득점이 가장 큰 사람이 우승을 한다. 스트로크식 경기와 곁들여 하면 더욱 재미있다. 먼저 누가 그린에 볼을 올렸다면 다른 사람은 컵에 명중시키려고 한다. 그것이 잘 안 될 경우 중요한 타수가 챙겨지지 않는다는 단점이 있다. 즉 점수를 따는 데 치중하느냐, 타수를 챙기는 데 치중하느냐 가운데 어느 하나를 정할 필요가 있다. 스킨스 게임을 하다가 마지막 홀에서 비기는 경우 딩 동 댕 게임을 거는 경우도 있다. 이 경우는 남은 상금을 셋으로 나누어 건다.

낫소(Nassau)

18개 홀을 전반, 후반, 합계 셋으로 구분하여, 각각의 승패를 겨루는 방법이다. 스트로크 플레이에서나 홀 매치에서나 모두 적용할 수 있다.

라스베가스

각 홀의 1위와 4위, 2위와 3위가 짝을 이뤄 스코어를 비교하는 방식이다. 잘 친 사람끼리, 못 친 사람끼리 비교하기도 하고, 각 팀 2명의 스코어 합계를 비교해 우열을 가리기도 한다. 내기 액수는 차이나는 타수만큼 할 수도 있고 일정액을 정해 놓을 수도 있다.

한 경기를 네 사람이 한 팀으로 한다. 두 사람씩 짝을 짠다. A와 B, C와 D가 짝이라고 가정한다. 어느 홀에서 A=5, B=6, C=4, D=6의 결과가 나왔을 때 라스베가스식 계산법은 각 짝 중에서 타수가 적은 쪽을 두 자리 숫자, 타수가 많은 쪽은 한 자리 숫자로 계산한다.

그러므로 AB는 A=5, B=6이니까 56이 되고, CD는 C=4, D=6이므로 46이 된다. 그것만으로도 한 홀에서 10타의 차이가 나는데 짝 중에서 누가 1타 미달을 내면 더욱 어이없게 된다. A가 버디 3, B=6, C=6, D=8이라고 가정하자. 그럴 경우 36과 68이 될 것 같지만 그렇지 않다. 버디를 낸 AB짝은 그대로지만 진 CD 짝은 스코어가 나쁜 D=8이 두 자리 숫자로 되어서 86이 된다. 한 홀에서 50점이나 실점을 하는 셈이다.

하이로우(High-Low)

네 사람이 두 명씩 편을 짜서 홀 매치로 승부를 겨룬다. 각 편의 나쁜 스코어와 좋은 스코어를 각각 비교하며 각 홀의 승부를 겨루고, 점수가 많은 편이 이긴다. 좋은 스코어 중에서 이긴 편이 1점, 나쁜 스코어 중에서 이긴 편이 1점을 딴다.

후세인

4명 중 2위를 한 골퍼가 후세인이 되며, 그 사람의 스코어에 3배를 한 것과 다른 3명의 스코어를 비교한다. 후세인이 지면 3명에게 모두 진 타수만큼의 상금을 주고, 후세인이 이기면 3명이 후세인에게 상금을 준다. 실력이 비슷한 사람끼리 하면 재미없고, 실력 차가 큰 사람끼리 하면 잘 치지 못하는 골퍼가 백전백패한다.

어네스트 존(Honest zone)

친선 경기를 시작하기 전에 먼저 그날의 목표 스코어를 저마다 신고한다. '90으로 끝낸다'고 신고한 사람이 결과적으로 '95'로 마쳤다면 5타 벌금을 문다. 그렇다고 좀 많다 싶게 신고를 해 두려는 음큼한 마음을 먹어도 안 된다. 많이 잡아서 '95'로 신고한 사람이 '88'로 마쳤다면 신고한 수보다도 7타나 미달이 된다. 미달에 대한 벌금은 곱으로 물게 된다.

친구

매치 플레이 때 하는 경우가 많다. 이 놀이는 각 홀의 티 샷 때 팀(친구)을 정하는 점이 특이하다. 네 사람이 티 샷을 친다. 그린을 향해서 오른쪽으로 날려 떨어뜨린 두 사람과 왼쪽으로 떨어뜨린 두 사람이 짝을 짜는 것이다. 그 친구의 합계 타수로 그 홀의 승부가 결정된다.

다음 홀에서도 같은 식으로 친구를 정하기 때문에 앞서 홀의 친구는 다음 홀의 적이 될 수 있다. 행운·불운이 정신을 차리지 못할 정도로 바뀌기 때문에 아주 흥미 있다. 다만 잘하는 사람이 상급자나 자기에게 유리한 사람의 볼을 겨냥해서 볼을 조작해 치기 때문에 드라이브에 익숙한 사람에게 유리하다.

7. 비거리 향상과 안정성에 도움되는 운동

*요행 샷은 누구나 경험하지만 그것을 지속할 수 있는 방법을
아는 사람은 없다._ 보비 존스*

스쿼트 운동, 허리 운동, 악력 운동 이 3가지가 허리 및 하체의 탄력을 좋게 해 비거리를 늘려 준다. 상체를 지탱해 주기 위해서는 강한 하체가 필요하다. 특히 허벅지 앞쪽 근육인 사두근을 발달시킬 필요가 있다.

스쿼트 운동

똑바로 일어나면서 무릎을 90~160도 정도 사이에서 상하로 구부렸다 폈다 하는 운동이다. 스쿼트 운동은 무릎 윗부분의 대퇴사두근에 큰 자극을 준다. 이 운동을 매일 50~60회 정도 하면 하체에 탄력이 생겨 비거리가 확실하게 늘어난다.

- 자전거 타기, 계단 오르기, 혹은 의자에서 일어나는 행동은 모두 엉덩이 근육의 역할로 이루어진다. 사두근은 무릎을 쭉 펼 수 있도록 해 준다. 강한 엉덩이와 허벅지는 힘을 낼 수 있도록 해 주고, 스포츠를 하는 데 있어 스태미나와 스피드를 내게 도와준다.
- 대퇴사두근은 허벅지 앞쪽에 대퇴직근, 외측 광근, 내측 광근, 중간 광근으로 구성되어 있는데, 그 운동 방법은 다음과 같다.
  ① 똑바로 서서 무릎을 약간 구부린다. 양발을 어깨 넓이로 벌리고 양팔

은 앞으로 똑바로 편다. 설 때는 무릎을 160도(뒤쪽 허벅지와 종아리가 이루는 각도) 정도 구부린다.

② 무릎을 구부릴 때는 숨을 쉬면서 마치 의자에 앉는 것처럼 허벅지를 낮춘다. 하지만 이때는 완전히 앉는 자세에서 반 정도만 몸을 내린다. 이 동작은 화장실에서 완전히 앉지 않고 쪼그리는 동작과 비슷하다. 이렇게 앉으면 대퇴부와 하퇴부의 각도(무릎, 슬관절)가 90도가 된다.

③ 허벅지를 들어올릴 때 숨을 내쉬면서 양다리를 편다. 선 자세로 되돌아올 때는 엉덩이를 조이면서 실시한다. 이렇게 10~20회 반복한다. 이런 자세를 리듬에 맞게 함으로써 동작을 일정하게 할 수 있다.

스쿼트 운동은 스키를 통해서도 할 수 있다. 스키는 무릎을 90도에서 160도까지 무릎을 경사에 맞추어 조정하면서 탄다. 스키를 탄 뒤 라운딩하게 되면 무릎의 탄력이 좋아지고 하체가 안정되어 스코어가 향상되는 것을 느낄 수 있다. 인간은 발부터 쇠약해진다고 한다. 무릎과 대퇴사두근이 약해지는 것이다. 골프를 위해서도, 자신의 건강을 위해서도 하반신의 근력을 평소부터 단련해 두자. _ 카와이 다케시

허리 회전 운동

사행근이란 몸 측면에 있는 근육으로, 몸을 비트는 역할을 한다. 이 근육을 단련하기 위해서는 허리를 고속으로 회전시키는 것이 효과적이다. 정면을 보고 배꼽이 좌우로 완전하게 90도를 향하도록 각 다리에 체중이 실리도록 힘껏 돌린다.

악력 운동

악력이 강하면 그립을 부드럽게 쥘 수 있다. _카와이 다케시

볼을 사용하는 운동에서는 악력이 강한 사람일수록 높은 운동 능력을 발휘한다. 고무 공이나 테니스 공을 꽉꽉 쥐는 것만으로도 악력이 좋아진다.

맨손체조

불필요한 힘을 빼는 것은 강약의 리듬을 만들어 내기 위한 것이다. 골프에서는 리듬감이 상당히 중요하다. 일련의 스윙 동작은 어드레스 때 '약'으로 시작해서 테이크 백 동작에서 '강', 최고 정점에서 전환할 때는 '약', 다운 스윙에서 임팩트에 걸쳐서는 '강', 최종적으로 팔로 스루에서는 '약'으로 끝난다.

강약의 리듬을 좋게 하는 운동으로는 맨손체조가 좋다. 양팔을 좌우로 올린 다음 힘을 빼면서 떨어뜨린다. 양팔을 앞으로 올린 다음 힘을 빼면서 떨어뜨린다. 양팔을 모아서 좌우로 올린 다음 힘을 빼면서 떨어뜨린다.

야구 방망이를 이용한 근육 강화

하루에 50회씩 가능한 빠른 속도로 야구 방망이를 휘두른다. 무거운 방망이일수록 팔과 손목의 힘을 강화해 준다. '바람 소리가 날 정도'로 방망이를 휘두르면 스윙 폼을 잊지 않도록 해 준다. _짐 맥밀란

미국을 대표하는 문호 존 업다이크는 로우 핸디캐퍼의 실력이었는데, 그가 쓴 골프에 관한 에세이는 깊이 있고 날카롭기로 유명하다. 그에 의하

하루에 50회씩 가능한 빠른 속도로 야구 방망이를 휘두른다. 무거운 방망이일수록 팔과 손목의 힘을 강화해 준다.

면, 골퍼에게는 실제 나이와 관계없이 골퍼 연령이 따로 있다고 한다. 즉 클럽을 처음 쥔 날이 생일이고, 100을 깬 날이 성년의 날이며, 90을 깼을 때 비로소 자립할 수 있으며, 80을 깨고 나서야 원숙의 경지를 맞는다는 것이다. 따라서 나이가 60일지라도 골프를 늦게 시작했다면 골프 연령상으로는 성인이 못 된 미숙한 사람이라는 말이 된다. 성인 이전에는 클럽을 마구 휘둘러 거리와 싸운다. 그러다가 골프란 거리만이 아니라 방향으로 성립됨을 아는 것은 성인이 된 뒤다. 90대를 치는 자립에 가서야 골프를 알며, 80을 끊는 원숙에 이르러 비로소 골프에 통달한 나이가 된다는 것이다. "나이가 많아지니까 거리가 줄었다.", "눈도 흐려져 퍼트도 안 된다.", "우선 집중력이 흐트러져서……", "이제부터는 건강을 위한 골프를 해야 할 것 같아." 이렇게 말하는 골퍼들은 나쁜 스코어를 나이 탓으로 돌리고 나이 때문에 기량이 나빠졌다고 핑계를 댄다. 그러나 골퍼들은 정신만 늙지 않으면 된다는 것을 골프의 발상지인 스코틀랜드의 윌리엄 싱크레어(1700~1778)라는 한 클럽 챔피언이 증명했다. 그는 세인트 앤드루스 클럽의 챔피언을 세 번이나 차지했다. 첫 번째는 64세, 두 번째는 66세, 그리고 세 번째는 68세 때였다.

8. 부상의 원인과 예방

미국 스포츠의학회의 조사에 따르면 전체 골퍼의 약 33%가 손목과 허리, 팔꿈치, 갈비뼈, 힘줄, 엘보 등 근골격계 손상이 있다고 한다. 부상 예방을 위해서 근력을 강화하는 운동이 필요하다.

골프 부상의 종류와 원인

- **요추 염좌**
  미국 시니어 PGA 투어 통계를 보면 선수들 가운데 30%가 투어 중 한 번 이상 요통으로 대회에 결장한 기록이 있다. '황금곰' 잭 니클라우스(65) 역시 42회(40회 연속 포함)나 출전했던 마스터즈 대회에 2002년 대회에는 척추 부상을 이유로 불참했다. 골프는 척추가 꼬였다 풀어지는 힘을 이용해 공을 치는 운동이다. 골프로 인해 허리가 아픈 경우는 대부분 염좌로, 허리 근육이 삐어서 나타나는 통증을 말한다.

- **엘보**
  과사용 증후군(Overuse syndrome)으로, 자신이 갖고 있는 신체의 운동 능력보다 더 많은 운동을 해서 근육과 힘줄에 손상이 생긴 것이다. 골프 엘보를 예방하기 위해서는 찍어 치기 타법을 피하고, 통증이 생기면 즉시 치료해야 한다. 엘보 증세를 보이면 보호대를 차서 손목과 팔꿈치 등을 덜 쓰게 만드는 것이 최선의 치료법이다. 엘보 방지를 위해서는 악력

기나 아령, 연식 정구공 등을 이용해 세게 쥐었다 놓았다 하면서 손과 손목의 근력과 지구력을 길러야 한다.

• 옆구리 통증

골프 스윙에서 백 스윙 시의 과도한 어깨 회전 동작 때, 초보자의 경우는 한 번도 해 보지 않던 이와 같은 동작을 수없이 연습하게 되는데, 이렇게 반복되는 동안 과도한 스트레스가 누적되면서 늑골에 스트레스성 피로 골절이 발생하기 쉽다. 옆구리 통증의 원인은 크게 2가지로 나뉜다. 하나는 늑간근(갈비뼈 사이의 근육)이 파열됐기 때문이다. 늑간근은 근육의 배열이 섬세하고 내-외늑간근의 힘을 받는 방향이 서로 달라 조그만 손상에도 쉽게 통증을 느끼게 한다. 다른 하나는 늑골(갈비뼈)이 아예 부러진 경우다. 늑골 중에서도 3, 4, 5번이 자주 부러지는데, 이 경우 심한 통증이 생긴다. 갈비뼈 사이의 늑간근은 평소 숨쉴 때 이외에는 좀처럼 사용하지 않아 단련이 덜 되어 있어서 계속되는 스윙은 늑강근과 갈비뼈에 무리를 주고, 결국 갈비뼈가 부러질 수도 있다.

• 손목 부상

왼손을 많이 돌려 잡는 스트롱 그립을 사용하는 경우, 손목에 과도한 부담이 될 수도 있다는 보고가 있다.

초보자의 경우 지나치게 클럽을 세게 잡거나 손목 코킹을 지나치게 할 경우, 코킹을 엄지손가락 쪽이 아니라 손등 쪽으로 하게 되는 경우, 그립의 끝을 손바닥에 감아쥐고 찍어 칠 때 손바닥에 충격이 가해지면서 손상되는 경우, 다운 스윙 시 손목 코킹이 풀리는 경우 등에 의해 손가락이나 손목에 무리가 간다.

- 연골 부위의 통증

    인대나 근육, 관절낭 같은 무릎 주변 조직에도 통증이 발생할 가능성이 있으며, 연골 손상으로 이어질 수도 있다. 무릎처럼 발에도 상당한 부하가 걸리게 되는데, 스윙할 때 발바닥에 가해지는 최고 수직 마찰력은 체중의 약 1.5배에 달한다. 또 18홀을 도는 동안 불규칙한 면을 오랜 시간 걷게 되면 작은 충격이 수없이 발바닥에 전달되어 특정 부위에 손상을 입을 수 있다. 로우 핸디캡이며 구력이 길고, 라운딩 횟수가 잦거나 한 주당 연습장 방문 횟수가 많은 골퍼에게 많이 나타나는 경향이 있다. 라운딩 때 경사진 곳을 많이 걷거나 경사가 심한 곳에서 스윙하고 난 뒤 발목 주위 인대에 무리가 가는 경우, 발뒤꿈치에서 발바닥 쪽으로 통증이 있는 경우(족저근막염), 발뒤꿈치에서 10cm 위쪽 아킬레스건 부위가 붓고 아픈 경우(아킬레스 건염) 등이다.

요통 및 디스크 예방을 위한 바른 허리 자세

- 허리 부상에 가장 좋은 운동은 손가락이 아래를 향하게 하고 양손으로 양허리를 받치고 얼굴이 하늘을 향하도록 허리를 뒤로 젖히는 것이다. 이것을 꾸준히 10회 되풀이하면 90%가 좋아진다. 그 다음으로 좋은 운동은 두 손을 허벅지 쪽으로 내리고 허리를 앞으로 굽혀 팔을 발 쪽으로 뻗는 것이다.
- 평소에 의자에 앉거나 운전할 때는 엉덩이를 의자의 등받이에 밀착시키고, 무릎 관절의 위치가 고관절(Hip Joint)의 위치보다 높게 하는 것이 좋다. 의자도 푹신한 소파보다는 바닥이 단단하며 등받이가 있는 것이 좋다.

손가락이 아래를 향하게 하고 양손으로 양허리를 받치고 얼굴이 하늘을 향하도록 허리를 뒤로 젖히는 운동은 허리 부상을 예방하는 데 좋다.

- 단단한 매트나 요 위에 누운 자세를 취할 때는 무릎 밑에 베개나 수건을 말아서 받치고 옆으로, 누운 자세에서는 무릎을 약간 구부리는 것이 좋다. 엎드린 자세에서는 베개를 배 밑에 깔고 엎드리는 것이 좋다.
- 의자에 앉은 자세에서 배를 앞쪽으로 불룩하게 내밀면서 허리를 쭉 펴는 것도 허리의 긴장을 풀고 근육을 강화해 준다.

부상 예방을 위한 운동법 – 복부와 엉덩이 강화 운동

- 골반 후방 경사 운동

  대둔근과 하복부근을 강화한다. 바로 누운 자세에서 무릎을 구부리고 복부에 힘을 주어 허리가 바닥에 밀착되게 한다. 양발을 좀 더 엉덩이 쪽으로 끌어당겨 골반을 위로 올린다.

- 윗몸 일으키기 운동

  복부근을 강화한다. 바로 누운 자세에서 무릎을 약간 구부리고 양팔을 펴서 머리 위로 올린 다음 윗몸을 일으킨다.

- 무릎 구부려 가슴 대기 운동

  허리의 근육(배근)을 강화해 준다. 바로 누운 자세에서 양쪽 무릎을 어깨 쪽으로 구부리고 양손은 무릎 바로 밑을 잡고 구부리되, 대퇴 전면이 가슴에 닿지 않도록 다리를 양옆으로 벌려 어깨 쪽으로 구부린다.

- 무릎 펴고 앉아 허리 굽히기 운동

  허리 근육(배근)과 대퇴 후근(슬괵근)을 강화해 준다. 무릎을 펴고 앉은 자세에서 허리를 구부려 양손이 발끝에 닿도록 한다(단, 방사통이 있는 환자는 통증이 완전히 사라진 다음에 실시하도록 한다).

- 엎드려 한 다리 뻗치기 운동

  고관절 굴곡근을 강화해 준다. 달리기의 출발 자세를 취한 뒤 구부린 다리를 위아래로 올리고 내린다.

- 쪼그려 앉고 일어서기 운동

  대둔근과 대퇴 사두근을 강화한다. 바로 선 자세에서 양발을 30cm 정도 벌리고 발목을 약 30도 정도 밖으로 벌린 다음 양팔을 앞으로 펴고 그대로 쪼그려 앉는다.

- 108배

  108배는 매일 아침에 깨어나서 절을 하는 동안 번뇌를 다스릴 수 있는 좋은 수행법이다. 따로 미용 체조를 하지 않아도 좋을 만큼 건강에도 좋다. 절은 곧 하심(下心)이자 자신의 마음을 비우는 작업이다. 물건이 기울어져야 속에 찬 것이 기울어지듯이 몸을 낮추어 겸손한 자세를 갖추면 야만심·자존심·이기심·선입관·고정관념을 쏟아 낼 수 있다. 몸의 자세가 바르지 못한 데서도 건강이 나빠지는 원인을 찾을 수 있다. 등뼈가 굽거나 자세가 바르지 못한 상태로 오랫동안 지내면 반드시 증상이 나타나게 마련이다.

9. 골프 클럽 선택

There's an old saying, 'It's a poor craftsman who blames his tools.' It's usually the player who misses those three-footers, not the putter. _ Kathy Whitworth

세 가지 플레이 수준에 따라 클럽 선택 기준이 다르다.

- 핸디캡이 낮은 골퍼 : 싱글 디짓(single-digit) 플레이어(10스트로크 오버 파보다 적은 핸디캡, 즉 81이하 스코어(파72 코스에서)
- 핸디캡이 중간 수준인 골퍼 : 보기 골퍼(각 홀마다 1오버 파) 또는 11~20 핸디캡 범위.
- 핸디캡이 높은 골퍼 : 핸디캡 21 이상

1998년도 남자의 평균 드라이버 거리는 230야드, 여자는 200야드다. 남자 5아이언의 평균 거리는 160야드, 여자는 140야드다. 클럽의 번호가 늘어날수록 10야드씩 거리가 늘어난다고 보면 된다.

[핸디캡에 따른 클럽 선택, 같은 거리의 클럽들 : 5우드 = 2아이언, 7우드 = 3 또는 4아이언, 9우드= 5아이언]

핸디캡	우드	아이언	웨지
로우	드라이버(8~9.5 degree), 3번 우드(5 또는 7번 우드)	3~9	PW, SW, Lobe 또는 approach
미들	드라이버(9.5~10.5 degree), 3·5번 우드	3~9	PW, SW, Lobe 또는 approach
하이	드라이버(9.5~10.5 degree), 3,·7·9번 우드	5~9	PW, SW, Lobe 또는 approach

다음은 투어 프로 챔피언들의 2001년 클럽 사양 및 프로필이다.

비제이 싱

클럽	사양
1번 우드(드라이버)	로프트 각 : 8.5도 / 길이 : 45인치 / 샤프트 : XX
3번 우드(스푼)	로프트 각 : 14도 / 길이 : 42.25인치 / 샤프트 : XX
7번 우드	로프트 각 : 20도
3~9번 아이언	아이언 길이 : 39.5인치 / 샤프트 : 메탈 XX
PW, SW, LW	로프트 각 : 47, 54, 60도

데이비드 톰스

클럽	사양
1번 우드	로프트 각 : 8.5도 / 길이 : 45인치 / 샤프트 : X
3·5번 우드	로프트 각 : 15, 19도 / 길이 : 43, 42.5인치 / 샤프트 : 바이메트릭스(s)
3~9번 아이언	길이 : 39.5인치 / 샤프트 : 라이플(6.5)
PW, SW, LW	로프트 각 : 47, 56, 60도

헤일 어윈

클럽	사양
1번 우드	로프트 각 : 7.5도 / 길이 : 45인치 / 샤프트 : X
3·4번 우드	로프트 각 : 14, 17도 / 길이 : 43, 42.5인치
2~9번 아이언, PW	길이 : 39인치 / 샤프트 : 카본 x
SW	로프트 각 : 56도

부록 241

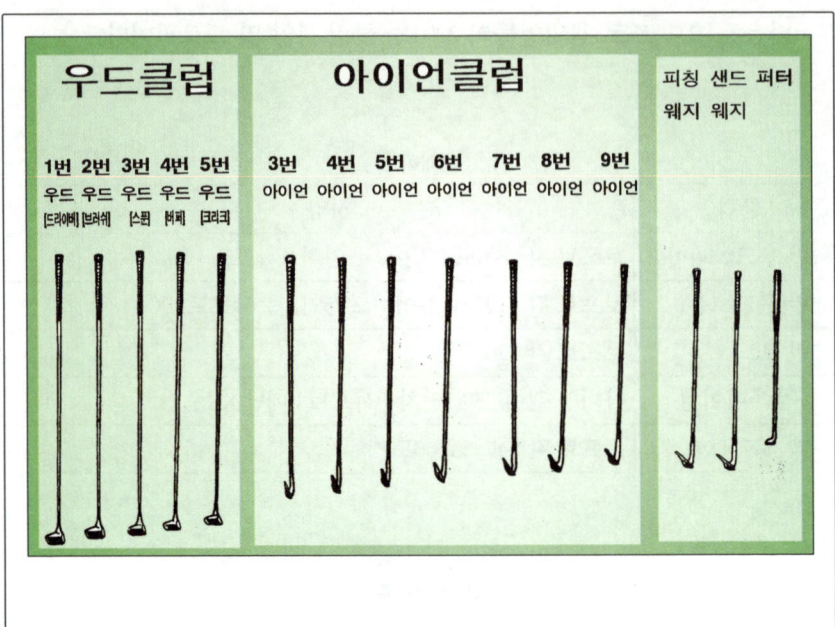

어니 엘스

클럽	사양
1번 우드	로프트 각 : 9.5도 / 길이 : 44인치 / 샤프트 : X
3번 우드	로프트 각 : 15도 / 길이 : 42.5인치 / 샤프트 : X
2~9번 아이언, PW	샤프트 : Forged
SW, LW	로프트 각 : 54, 58도

애니카 소렌스탐

클럽	사양
1번 우드	로프트 각 : 9.5도 / 길이 : 46인치 / 샤프트 : Firm
3·7번 우드	길이 : 43, 41.5인치 / 샤프트 : Firm
4~9번 아이언, PW	길이 : 39인치 / 샤프트 : 스틸
AW, SW, LW	로프트 각 : 53, 56, 60도 / 샤프트 : R300

볼에 대하여

볼의 딤플은 볼 표면의 움푹한 모양으로, 볼을 떠올리는 힘이나 방향을 잡아 날아가는 데 크게 작용한다. 딤플이 없으면 볼 뒤에서 공기의 소용돌이가 생겨 볼을 뒤쪽으로 잡아당기는 압력이 생겨 속도가 줄어든다. 2-layer와 multi-layer 두 종류가 있다.

2층 구조는 고무로 된 core와 cover로 되어 있으며, 3층 구조는 그 사이에 mantle-layer가 하나 더 있다. core가 단단할수록 거리가 더 나고, cover가 부드러우면 스핀과 느낌이 좋다. 그 이유는 우레탄을 사용해 부드럽고 공에 달라붙는 듯한 느낌이 있어서 볼에 스핀이 걸리기 때문이다. mantle-layer는 특성에 따라 거리와 스핀, 느낌을 강조할 수 있다. 2-piece distance 볼에는 Callaway War Bird, Pinnacle Gold, Top-Flite XL Pure Distance가 있다. 장점은 긴 거리이며, 단점은 스핀이 적다는 것이다. 이 볼은 하이 핸디캡퍼에게 적당하다. 2-piece low compression 볼에는 Dunlop LoCo, Maxfli Noodle Spin, Mike Power Distance Super Soft, Precept Lady and Laddie, Titleist DT SoLo가 있다. 장점은 거리와 부드러움, 그리고 super-ball effect(낮은 스윙 속도로 더 멀리 보낼 수 있다)이며, 단점은 스핀이다. 이 볼은 느리게 스윙하는 사람에게 적당하다. 2-piece performance 볼에는 Callaway CB1 and HX 2-piece, Maxfli A3, Srixon Hi-Spin and Soft Feel, Titlest NXT and NXT Tour, Top-Flite Infinity가 있다. 거리, 느낌, 스핀에서 모두 좋으나 짧은 거리 샷의 경우 스핀이 적다는 단점이 있다. 이 볼은 값과 성능을 모두 생각하고 multi-layer 볼의 성능을 모르는 플레이어에게 적당하다.

Multi-layer 볼에는 Ben Hogan, Apex Tour, Callaway HX and CTU 30, Maxfli M3, Nike TA2, Double C and One, Precept U-tri and Tour Premium, Srixon Pro UR and UR-X, Top-Flite Strata line, Titleist Pro V1 and Pro V1x,

Top-Flite Tour, Wilson True Tour V and Elite가 있다. 이 볼들은 투어 프로를 위한 볼이며, 거리·스핀·느낌에서 모두 좋다. 그러나 그 이점을 충분히 살려 일정한 샷을 하지 못하더라도 아마추어가 사용하지 못할 이유는 없다.

샤프트에 대해서

샤프트는 스틸과 그래파이트류로 대별된다. 스틸은 주로 프로 골퍼나 상급자들이 쓰고, 그래파이트류는 아마추어들이 주로 쓴다. 스틸은 샷에 일관성이 있다. 그래파이트는 가벼워서 치기 쉽지만 일관성 면에서 스틸에 비해 떨어진다.

샤프트 강도는 탄력의 정도에 따라 L(레이디), A(애버리지), R(레귤러), S(스티프), X(엑스트라 스티프) 등으로 표시한다. 샤프트 강도는 헤드 스피드에 따라 선택하는 것이 좋다. 성인 남성의 경우 보통 헤드 스피드가 38~42m/s. 이 정도 헤드 스피드에 알맞은 샤프트 강도는 R이다. 헤드 스피드가 45m/s 이상이면 S가 적합하고, 37m/s 미만이면 A가 적당하다. 샤프트 강도가 자신의 헤드 스피드에 비해 강하면 슬라이스나 토핑이 나기 쉽고, 약하면 훅이나 뒤땅 발생률이 높아진다.

클럽의 길이가 길면 아크가 커져서 헤드 스피드가 증가해 비거리를 좀 더 낼 수 있지만 볼이 스윗 스폿에 맞는 정확도는 그만큼 떨어진다. 또한 스윙 때 골프 클럽이 무겁게 느껴져서 때에 따라서는 헤드 스피드를 충분히 낼 수가 없어 오히려 클럽이 짧을 때보다 더 비거리가 줄어들기도 한다. 그러나 골프 코스가 난이도를 높이기 위해서 방향성을 더욱 요구하도록 재설계되고 있기 때문에 비거리보다 페어웨이 안착이 우선이다. 그래서 미 PGA 프로들은 현재 9.5도에 43.5~44.75인치로 드라이버를 교체해 사용하고 있다.

10. 아이언의 특성

드라이버가 비거리, 방향성의 순서라면 아이언은 방향성이 선순위이고, 비거리는 후순위라고 할 수 있다. 아이언을 선택할 때 가장 중요한 것은 자신의 헤드 스피드를 알고, 이 헤드 스피드에 따라 클럽을 구성하는 각 요소들의 특성을 고려해 선택하는 것이다.

헤드 무게는 테이크 백, 헤드 스피드, 임팩트 순간의 페이스 방향에 영향을 미친다. 물론 헤드 무게가 스윙 밸런스와 직결되긴 하지만 이 3가지의 경우 헤드 무게와 상관 관계가 크다. 헤드가 무거우면 톱 스윙이 낮아지기 쉽고 오버 스윙을 하기 쉬운 반면, 가벼우면 톱 스윙이 높아진다. 헤드 스피

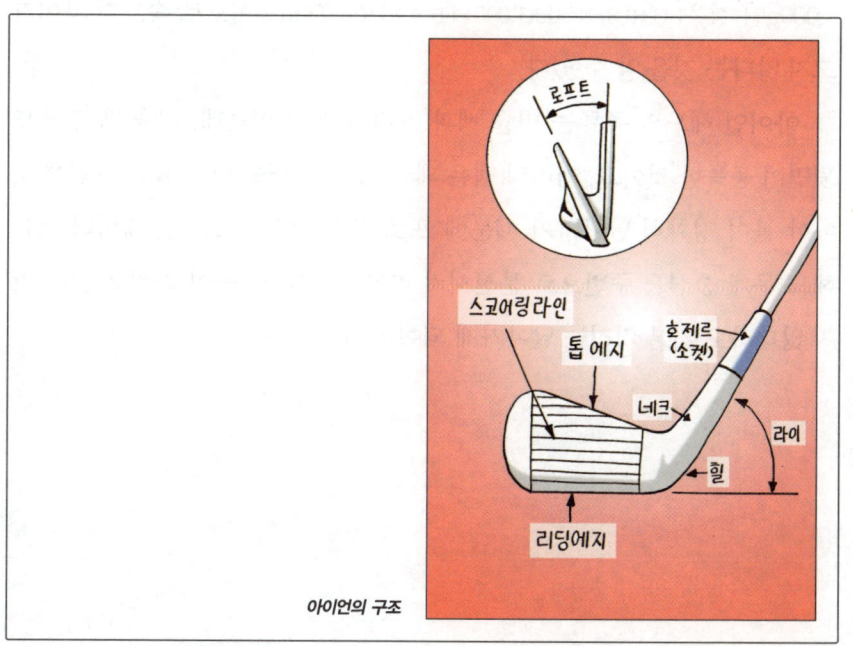

아이언의 구조

드 측면에서 보면 헤드가 무거우면 임팩트 전, 가벼우면 임팩트 후가 빨라진다. 또 헤드가 무거우면 코킹이 빨리 풀려 임팩트 때 페이스가 오픈되어 볼의 출발이 오른쪽으로 가기 쉽고, 가벼우면 빨리 닫히기 쉽다.

역학적 원리에 의하면, 같은 속도로 때렸을 때 무게의 차이에 비례해서 공을 그만큼 더 멀리 보낼 수는 없다. 클럽의 무게를 500g에서 1,000g으로 바꾸면 공의 초속이 약 4.2% 증가한다. 단, 반발 계수는 0.8이고 공의 무게는 44g이며, 클럽의 속도는 44m/s라고 가정한 경우다.

공의 속도 v는, v1(임팩트 전 클럽의 속도), mc(클럽의 질량), mb(공의 무게)를 이용, 아래 공식으로 산출한다.

$$v = (1+e)mc \div (mc+mb) \times v1$$

클럽이 500g인 경우 : (1+0.8)500÷(500+44)×40=66.18(m/s), 클럽이 1,000g인 경우: (1+0.8)×500(1,000+44)×40=68.97(m/s)이므로 속도의 차이가 크지 않다는 것을 알 수 있다.

아이언 헤드의 종류는 머슬 백과 캐비티 백이 있는데, 머슬 백은 헤드 뒷면이 뭉툭한 것이고, 캐비티 백은 패인 것이다. 머슬 백은 유효 타면에 맞아야 볼이 정확히 날아가기 때문에 프로 선수들이 선호한다. 캐비티 백은 헤드 무게 중심을 주변으로 분산시켜 놓았다. 그래서 볼이 스윗 스폿에 맞지 않더라도 기본 거리는 날아가게 되어 있다.

11. 드라이버의 특성

골퍼들이 가장 많은 관심을 갖는 골프 클럽은 역시 드라이버일 것이다. 비거리는 클럽 헤드의 스피드와 볼에 걸리는 스핀 양에 따라 달라진다. 그래서 헤드 스피드가 빠르면 빠를수록 볼을 멀리 보낼 수 있다. 타이거 우즈 같은 선수들은 헤드 스피드가 약 55m/s에 달하며, 아마추어의 경우 약 45m/s 정도다. 헤드 스피드를 어떻게 높이는가가 장타를 위한 과제다. 자신에게 적합한 골프 클럽의 요건을 헤드에서만 찾을 수는 없다. 가장 중요한 것은 헤드와 샤프트의 조화라고 할 수 있는데, 여기서는 헤드 부분을 소개한다. 골프 클럽은 본인의 클럽 스피드나 체력 조건에 따라서 선택해야 하

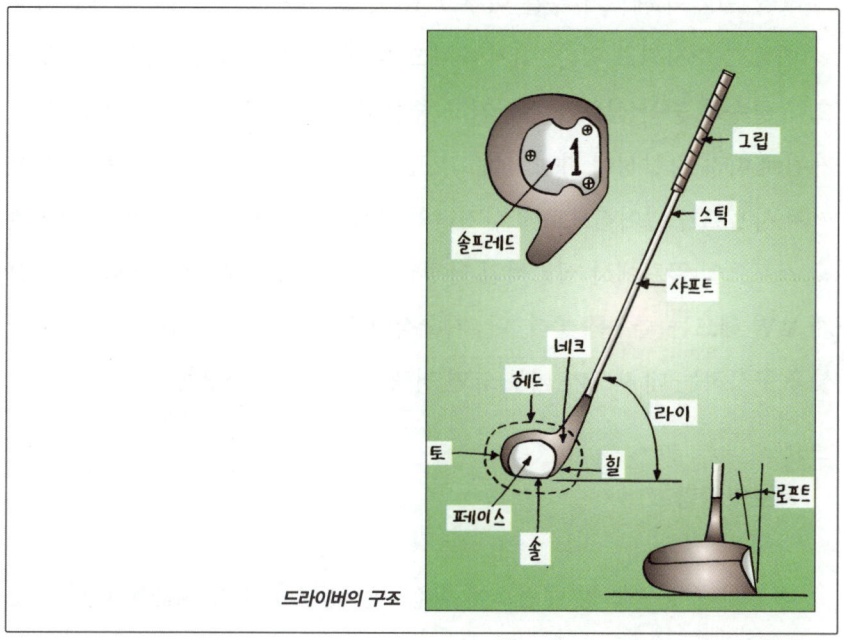

드라이버의 구조

나 최근 유명 브랜드들은 모두 포기빙(forgiving : 스윗 스폿에 공이 맞지 않더라도 크게 영향을 주지 않도록)을 주어 설계했기 때문에 모두 무난하다고 할 수 있다. 대형 헤드를 사용할 때는 티도 높게 사용하는 것이 좋다. 1/4인치 높게 티 오프하면 500RPM 스핀이 줄어들기 때문에 2야드의 거리가 더 난다. 티가 자주 부러지면 중간에 테이핑해서 사용한다.

드라이버 헤드의 체적

운동 법칙 중 제1법칙을 관성 모멘트라고 한다. 이것은 움직이는 모든 물체는 외부에서 힘이 가해지지 않는 한 계속 움직이려 하고, 정지해 있는 물체는 외부에서 힘이 가해지지 않는 한 계속 정지해 있으려고 한다는 성질이다. 이러한 관성의 특징에 의해 발생하는 관성력을 예로 들어 보자.

드라이버 헤드의 체적은, 최근 비중이 가벼운 티타늄이 등장하면서 270~300cc 크기의 헤드가 주를 이루고 있다. 그러나 아주 크게는 400cc 이상의 제품도 출시되고 있다. 이처럼 헤드가 대형화되는 것은 기술적으로 헤드가 클수록 중심 심도가 깊어지고 중심 거리가 길어져 관성 모멘트가 증가됨에 따라 방향성이 향상되어 그만큼 쉽게 사용할 수 있고, 스윗 스폿이 커져 샤프트가 길어짐으로써 비거리의 향상을 가져오기 때문이다. 또한 멘탈 스포츠인 골프에서 심리적인 안정감을 주는 것도 생각할 수 있다. 이렇게 보면 헤드는 클수록 좋다. 단, 기술적인 샷을 요구하는 상황에서 컨트롤 샷을 구사하는 데 헤드가 너무 크면 저해 요인이 될 수 있다.

헤드의 중량

헤드의 중량은 스윙 밸런스에 직접적인 영향을 주기 때문에 골퍼의 힘과 조화를 이루는 것이 중요하다. 또한 골프 클럽의 길이와도 밀접한 상관관계를 가지고 있다. 헤드가 무거우면 스윙할 때 헤드의 무게를 느끼면서 스윙하기 쉽고 관성 모멘트가 커지는 효과가 있지만 너무 무거우면 스윙에 부담을 느껴 볼을 정확히 맞추는 저스트 미트율이 떨어진다. 그러면 오히려 헤드 스피드의 감소를 가져올 수 있다. 스윙 웨이트는 골퍼가 스윙할 때 느끼는 무게를 말한다. 구체적으로는 헤드에 어느 정도의 무게가 실려 있는지를 말하는 지표다. 그립 끝부분에 비교적 많은 무게가 실려 있는 것은 스윙 웨이트가 가벼운 것이고, 헤드 쪽에 실려 있는 것은 무거운 것이다. 남자는 C9~D6, 여자는 C5~C8이 무난하다.

로프트와 라이

로프트는 스핀 양과 볼의 탄도에 영향을 미쳐 비거리에 변화를 준다. 로프트가 적으면 스핀 양이 감소되어 비거리의 향상을 가져올 수 있다. 하지만 헤드 스피드가 늦고 볼을 정확히 맞히는 능력이 떨어지는 사람이 작은 로프트의 클럽을 사용하면 볼을 띄우기 어렵고 저스트 미트율이 떨어져 방향성은 물론 비거리도 감소한다. 드라이버에서 라이는 볼을 티 위에 올려놓고 치기 때문에 그렇게 중요한 요소는 아니다. 페이스의 각과 헤드의 크라운면(윗면)의 형상이 조화를 이루어 어드레스할 때 안정감을 느끼는 것이 중요하다. 만일 평균 스코어가 100 이상이라면 3번 우드를 사용하는 것이 좋다. 그리고 평균 스코어가 90대라면 12~14도 로프트의 드라이버를, 80대에 들어가지 못했으면 11도를 즐겨 사용하는 것이 좋다.

페이스 각

페이스 각은 어드레스를 취한 뒤 헤드를 내려다볼 때 페이스 라인이 이루는 각도를 말한다. 종래의 작은 헤드는 −2~3도 정도 오픈됐으나 헤드가 커지면서 1~2도 닫혀지게 설계되어 있다. 이는 헤드가 커지면서 중심거리가 커져 다운 스윙에서 임팩트 순간까지 헤드가 반전될 때 그만큼 늦어지기 때문에 이를 보완하기 위해서 페이스 각을 그만큼 훅 방향으로 만들어 줌으로써 임팩트 순간 스퀘어되게 하는 것이다. 페이스 각은 라이와 길이와 상관이 있어서 업라이트한 라이거나 길이가 길어지면 같은 페이스 각이라도 더욱 훅 페이스처럼 보인다. 볼의 구질, 즉 훅이냐 슬라이스냐에 영향을 미치는 것보다 최초의 타출 방향에 크게 영향을 미친다. 헤드 스피드가 떨어지거나 코킹이 약한 골퍼는 훅 페이스를 선택하는 것이 좋고, 헤드 스피드가 빠르거나 코킹이 좋으면 반대가 좋다.

12. 골프 통계

승리는 모든 것이다. 돈을 써 버릴 수는 있어도
추억을 써 버릴 수는 없다. _ 켄 벤츄리

알바트로스는 한 홀에서 기준 파보다 3타 적게, 즉 파5홀에서 두 번째 샷을 홀인시키는 것으로, '더블 이글' 이라고도 한다.

'괴력의 장타자' 존 댈리는 밥호프크라이슬러 클래식 4라운드 PGA웨스트 파머 코스 2번홀(파5)에서 진기록의 행운을 안았다. 그는 티 샷한 뒤 핀까지 220야드가 남은 거리에서 5번 아이언으로 시도한 세컨드 샷을 그대로 홀인시켜 더블 이글(알바트로스)을 낚았다.

같은 홀에서 기적 같은 두 번의 '에이스' 는 태국 방콕의 왕립 공군 골프장(파72)에서 끝난 태국 오픈 1, 3라운드에서 기록된 것으로, 행운아는 첸청쳉(대만). 그는 첫날 홀인원의 행운을 잡았던 4번홀(파3, 187야드)에서 또 한 번의 홀인원을 기록하는 진풍경을 연출했다.

메르세데스 챔피언십, 2004. 1. 11의 week 기록은 다음과 같다.(R1 : Rank This Week ; R2 : Rank Last Week ; P: Player ; Grs : Greens ; R : Rounds ; T. : Total ; Stk : Strokes)

- 공식적인 세계 랭킹
  현재부터 지난 104주 동안의 시합당 평균 포인트.

[Official World Golf Ranking]

R1	R2	P	Events	Avg Points
1	1	Tiger Woods	40	14.17
2	2	Vijay Singh	58	9.95
3	3	Ernie Els	53	8.11
4	4	Davis Love III	48	7.71
5	5	Jim Furyk	51	6.82
6	6	Mike Weir	46	6.22
7	7	Retief Goosen	58	5.85
8	10	Kenny Perry	52	5.10
9	9	David Toms	51	5.03
10	8	Padraig Harrington	49	4.99

- All Around Rank

다음 항목들에 대한 선수의 랭크를 합계한 것.

Scoring leaders, Putting leaders, Eagle leaders, Birdie leaders, Sand Saves, Greens in Regulation, Driving Distance, Driving Accuracy.

[All-Around Ranking]

R1	R2	P
1	2	Vijay Singh
2	16	Stuart Appleby
3	30	Darren Clarke
4	136	Adam Scott
4	1	Tiger Woods
6	23	Kirk Triplett
7	5	Davis Love III
8	6	Jim Furyk
9	100	Ben Crane
9	–	Scott Hoch

- **평균 타수**

  플레이한 라운드 전체 타수를 라운드 횟수로 나눈 것.

  평균 타수가 1968년에 라운드당 71.9타에서 2001년 70.88타로 단지 1.02타밖에 줄어들지 않았다는 사실은 매우 놀랍다. 이는 30년이 넘는 기간 동안 라운드당 1.12타의 변화를 의미한다. 그러나 최근 10년 동안 평균 타수는 타수당 거의 0.4정도 변했다. 필드의 거리와 기준 타수 사이의 변동에 기준한 '조정 타수'라고 알려진 또다른 통계에 의하면 평균 타수는 1988년 이후 대략 71.2타에 머물러 있다.

  골프 코스의 조건뿐만 아니라 골프 용품의 변화, 프로 선수들의 체격, 골프 기술, 정신적 안정 등 다양한 이유에 의해 평균 타수는 낮아졌다.

[Scoring Avg.]

R1	R2	P	R	%	total stroke
1	49	Stuart Appleby	4	67.50	270
2	1	Vijay Singh	4	67.75	271
3	86	Darren Clarke	4	68.75	275
4	4	Retief Goosen	4	69.25	277
4	3	Tiger Woods	4	69.25	277
6	36	Kirk Triplett	4	69.50	278
7	150	Adam Scott	4	69.75	279
8	999	Scott Hoch	4	70.00	280
9	75	Ben Crane	4	70.25	281
9	5	Davis Love III	4	70.25	281
11	2	Jim Furyk	4	70.75	283

- **드라이빙 거리**

  라운드마다 두 홀(파4 또는 파5홀)을 지정, 그곳에서 측정한 평균치를 그 선수의 공식 '거리'로 집계한다. 바람의 영향을 고려해서 공략 방향이 서로 반대인 두 개의 홀을 지정한다. 페어웨이 안착 여부에 상관없이 집계된다. 지난해 미 PGA 투어 평균치는 286.3야드로, 2002년에 비해 6.5야드나 늘었다. 테스트 데이터에 의하면, 지난 50년 동안 투어 경기에서 사용된 일반적인 골프 공의 경우 다층 구조의 공이 도입되어 투어 선수들이 사용한 2년까지 대략 10~12야드 정도의 거리 향상을 가져왔다. 새로운 다층 구조의 공은 고무 실을 감아 만든 볼보다 8~10야드 더 멀리 날아간다. 앞으로 몇 년 동안은 드라이버 비거리가 4~5야드 정도 더 늘어날 것으로 예상된다.

[Driving Distance]

R1	R2	P	R	Avg.	T. Dist.	T. Drvs.
1	11	Tiger Woods	4	311.1	2,489	8
2	27	Kenny Perry	4	297.1	2,377	8
3	6	Vijay Singh	4	294.9	2,359	8
4	42	Fred Couples	4	293.6	2,349	8
5	71	Shaun Micheel	4	290.5	2,324	8
6	36	Tommy Armour III	4	288.5	2,308	8
6	65	J.L. Lewis	4	288.5	2,308	8
8	35	Stuart Appleby	4	288.3	2,306	8
9	5	Ernie Els	4	286.9	2,295	8
10	152	Shigeki Maruyama	4	286.5	2,292	8

- 드라이빙 정확도

18홀 중 파3홀을 제외한 나머지 홀(대개 14개 홀)에서 드라이버 샷이 페어웨이에 떨어지는 확률을 말한다. 드라이버 샷의 정확성을 측정하는 수단이다. 미 PGA 투어 평균치는 67.0%로, 14개 홀 중 9~10개가 페어웨이에 떨어진다.

[Driving Accuracy]

R1	R2	P	R	%	Fwys Hit	#Fwys
1	19	Kirk Triplett	4	80.0	48	60
2	116	Darren Clarke	4	78.3	47	60
2	4	Jim Furyk	4	78.3	47	60
2	158	Retief Goosen	4	78.3	47	60
2	132	Vijay Singh	4	78.3	47	60
6	155	Stuart Appleby	4	76.7	46	60
6	124	Shaun Micheel	4	76.7	46	60
8	51	Chad Campbell	4	75.0	45	60
8	129	Jonathan Kaye	4	75.0	45	60
8	61	Justin Leonard	4	75.0	45	60

- 토탈 드라이빙

드라이빙 거리와 드라이빙 정확도를 합친 개념이다. 랭킹 계산은 두 부문의 랭킹을 단순히 더해 산출한다. 점수가 적을수록 드라이버 샷이 좋다는 뜻이다.

[Total Driving]

R1	R2	Player	T. Distance Rank	Accuracy	Rank
1	27	Vijay Singh	5	3	2
2	102	Shaun Micheel	11	5	6
3	91	Stuart Appleby	14	8	6
4	15	Darren Clarke	17	15	2
5	166	Shigeki Maruyama	18	10	8
6	26	Davis Love III	19	11	8
7	129	Justin Leonard	20	12	8
8	45	Tiger Woods	23	1	22
9	3	Kenny Perry	24	2	22

• 규정 타수 그린 적중률

정규 타수 즉, 파3홀에서는 한 번 내에, 파4홀에서는 두 번 내에, 파5홀에서는 세 번 내에 그린에 볼이 올라가는 확률로, 선수들의 샷 정확도를 측정할 수 있는 자료다. 미 PGA 투어 프로들은 평균적으로 18개 홀 중 12개 홀에서 볼을 정규 타수(파4홀이면 두 번 만에)에 그린에 올린다.

[Greens in Regulation(Percentage) (Grs : 엎Greens)]

R1	R2	P	R	%	Grs Hit	# Holes
1	6	Jim Furyk	4	90.3	65	72
2	999	Scott Hoch	4	87.5	63	72
2	20	Shaun Micheel	4	87.5	63	72
4	12	Vijay Singh	4	84.7	61	72
5	4	Chad Campbell	4	83.3	60	72
5	122	Ben Crane	4	83.3	60	72
5	51	Jonathan Kaye	4	83.3	60	72
5	20	Kenny Perry	4	83.3	60	72
5	26	Tiger Woods	4	83.3	60	72
10	137	Darren Clarke	4	81.9	59	72

- Ball Striking

  토탈 드라이빙과 GIR(Green In Regulation, 그린 적중률)의 랭크를 합한 것.

[Ball Striking(GIR : Green In Regulation)]

R1	R2	Player	R	Value	T. Drv.	GIR Rank
1	58	Shaun Micheel	4	4	2	2
2	11	Vijay Singh	4	5	1	4
3	27	Tiger Woods	4	13	8	5
4	79	Darren Clarke	4	14	4	10
4	6	Kenny Perry	4	14	9	5
6	8	Jim Furyk	4	15	14	1
7	1	Chad Campbell	4	19	14	5
7	111	Justin Leonard	4	19	7	12
9	44	Jonathan Kaye	4	22	17	5
10	137	Shigeki Maruyama	4	23	5	18

- 퍼팅 애버리지

  홀당 퍼트 수를 말한다. 미 PGA 투어에서는 그린을 적중한 홀에 한해서만 산출한다. 예컨대 파4홀에서 3온 1퍼트한 것은 제외한다. 어프로치 샷이 아니라 퍼트의 정확성을 산출하기 위해서다.

[Putting Leaders(Avg. Strokes per hole)]

R1	R2	P	R	Avg.	Putts	Birdie
1	37	Stuart Appleby	4	1.618	89	52.7
2	94	Kirk Triplett	4	1.632	93	43.9
3	73	Darren Clarke	4	1.712	101	36.2
4	10	Tiger Woods	4	1.717	103	41.7
5	76	Retief Goosen	4	1.724	100	33.3
6	153	Adam Scott	4	1.741	101	37.9
7	36	Ben Crane	4	1.767	106	28.3
8	61	Ernie Els	4	1.768	99	37.5
9	18	Vijay Singh	4	1.770	108	41.0
10	999	Craig Stadler	4	1.780	89	30.0

- 샌드 세이브율

그린 사이드 벙커에 빠진 수에서 탈출해 파 이하의 성적을 기록한 것을 나누어 계산하는 것으로, 선수들의 벙커 탈출 능력을 알 수 있는 자료다. 미 PGA 투어 프로들의 평균치는 약 50%이다.

- 스크램블링

정규 타수로 볼을 그린에 올리지 못한 다음 파 또는 버디를 잡는 능력을 말한다. 숏 게임 기량을 측정하는 수단이다.

[Scrambling]

R1	R2	P	R	%	Par 이상	# Missed GIR
1	3	Vijay Singh	4	100.0	11	11
2	98	Retief Goosen	4	78.6	11	14
3	999	Scott Hoch	4	77.8	7	9
4	161	J.L. Lewis	4	68.8	11	16
5	24	Stuart Appleby	4	64.7	11	17
5	155	Peter Jacobsen	4	64.7	11	17
7	38	Justin Leonard	4	64.3	9	14
7	113	Rory Sabbatini	4	64.3	9	14
9	167	Darren Clarke	4	61.5	8	13
10	50	Steve Flesch	4	60.0	9	15

- Bounce Back

한 홀에서 오버 파를 하고 그 다음 홀에서 언더 파를 하는 퍼센테이지 횟수.

[Bounce Back]

R1	R2	P	R	%	Under Par	Bogey or Worse
1	28	Stuart Appleby	4	71.4	5	7
2	95	Steve Flesch	4	60.0	6	10
3	146	J.L. Lewis	4	57.1	4	7
4	6	Ernie Els	4	50.0	7	14
4	999	Scott Hoch	4	50.0	2	4
4	119	Shigeki Maruyama	4	50.0	5	10
4	6	Tiger Woods	4	50.0	5	10
8	167	Mike Weir	4	46.2	6	13
9	16	Jonathan Kaye	4	44.4	4	9
10	177	Adam Scott	4	40.0	4	10

- 버디 전환율

  정규 타수로 볼을 그린에 올린 뒤 버디를 잡을 확률을 뜻한다. 아이언 샷과 퍼트 능력을 동시에 측정하는 수단이다. 또 핀을 향해 얼마나 공격적으로 어프로치 샷을 하느냐도 나타낸다.

[Birdie Conversion Percentage]

R1	R2	P	R	%	Birdies	Grs Hit
1	29	Stuart Appleby	4	52.7	29	55
2	73	Kirk Triplett	4	43.9	25	57
3	2	Tiger Woods	4	41.7	25	60
4	1	Vijay Singh	4	41.0	25	61
5	120	Adam Scott	4	37.9	22	58
6	64	Ernie Els	4	37.5	21	56
7	6	John Huston	4	36.4	20	55
7	26	Davis Love III	4	36.4	20	55
9	19	Darren Clarke	4	36.2	21	58
10	24	Mike Weir	4	35.2	19	54

- Eagles(Holes per)

  이글과 이글 사이의 홀 수.

[Eagle Leaders]

R1	R2	P	R	Freq.	Holes	Eagles
1	13	Chad Campbell	4	36.0	72	2
1	137	Fred Couples	4	36.0	72	2
1	36	J.L. Lewis	4	36.0	72	2
4	5	Darren Clarke	4	72.0	72	1
4	149	Ben Crane	4	72.0	72	1
4	59	Retief Goosen	4	72.0	72	1
4	39	Frank Lickliter II	4	72.0	72	1
4	62	Adam Scott	4	72.0	72	1
4	1	Tiger Woods	4	72.0	72	1

- Par Breakers

언더 파를 친 확률.

[Par Breakers]

R1	R2	P	R	%	# Birdies + Eagles	# Holes
1	26	Stuart Appleby	4	40.3	29	72
2	1	Vijay Singh	4	36.1	26	72
2	2	Tiger Woods	4	36.1	26	72
4	56	Kirk Triplett	4	34.7	25	72
5	37	Darren Clarke	4	31.9	23	72
5	144	Adam Scott	4	31.9	23	72
7	50	Ernie Els	4	30.6	22	72
8	5	Retief Goosen	4	27.8	20	72
8	3	John Huston	4	27.8	20	72
8	7	Davis Love III	4	27.8	20	72

[2001년 USPGA 통계(Hale Irwin : 시니어 PGA 통계)]

선수	평균 타수	드라이브(y)	fwy 안착률	GIR	평균 퍼트	평균 버디
어니 엘스	69.44(3)	282.6(47)	61.3(148)	59.6(153)	1.699(2)	4.08(13)
헤일 어윈	69.29(2)	265.6(63)	76.6(10)	72.1(3)	1.726(1)	4.38(2)
데이비드 톰스	69.97(15)	279.5(96)	71.4(42)	71.9(4)	1.732(10)	4.31(2)
비제이 싱	68.89(2)	285.4(24)	68.2(101)	69.2(23)	1.711(3)	4.31(5)

[US 오픈 챔피언 통계]

년도	선수	그린 적중률	스크램블링	Fwy 적중	퍼팅
2002	타이거 우즈	72중 53(1)	63.2%(2)	56중 41(T17)	123(T53)
2001	레티프 구센	72중 48(T4)	70.8%(3)	56중 38(T15)	115(T19)
2000	타이거 우즈	72중 51(1)	65.5%(2)	56중 41(T14)	110(T6)
1999	페인 스튜어트	72중 41(8)	64.5%(8)	56중 44(T8)	111(T8)
1998	리 젠센	72중 50(1)	45.5%(35)	56중 40(T3)	118(T21)
1997	어니 엘스	72중 52(1)	56.0%(13)	56중 43(T13)	117(T7)

위의 US OPEN 챔피언들의 통계에서 보듯이 승리의 가장 중요한 2가지 요인은 그린 적중률(GIR)과 스크램블링이다. 반면 드라이브의 정확도와 퍼팅은 비교적 낮은 랭크를 기록하고 있다. 일관적으로 볼을 잘 때리는 능력과 스크램블링이 잘 결합되어야 한다. 이 2가지 가운데 하나만 부족해도 안 된다. 볼을 잘 때리는 것 외에 코스 매니지먼트 역시 GIR 통계에 영향을 끼치는데, 그린 중앙을 겨냥하고 샷을 한 선수는 핀을 겨냥한 선수보다 퍼팅을 많이 할 수 있다. 스크램블링은 매우 중요한 기술이다. 최근에 열린 3개의 오픈 경기에서 챔피언들은(2000년과 2002년 타이거 우즈, 2001년 레티프 구센) 스크램블링에서 2위 또는 3위를 차지했다.

13. 골프 용어

A

Ace 에이스
티 박스에서 단 한 번의 스윙으로 볼을 홀에 집어넣는 것. '홀인원' 이라고도 알려져 있다. 만약 공이 깃대에 기대어져 있을 때는 깃대를 조심스레 움직여서 공이 구멍 안으로 들어갈 수 있게 치울 수 있다.

Address 어드레스
공을 치는 자리에 서서 공을 치기에 앞서 클럽을 조정하는 것을 말한다.

Albatross 알바트로스
규정 타보다 3타 적은 수로 홀인하는 것.

Apron 에이프론
짧게 깎은 풀로 이루어진 그린 둘레를 말함.

B

Back nine 백 나인
18홀 골프 코스에서 두 번째 코스를 말한다. 대부분의 골프 코스에서 첫 번째 9홀은 클럽 하우스에서부터 곧바로 펼쳐져 있다. 그리고 나서 플레이어는 방향을 바꿔 다시 돌아 들어온다.

Back spin 백 스핀

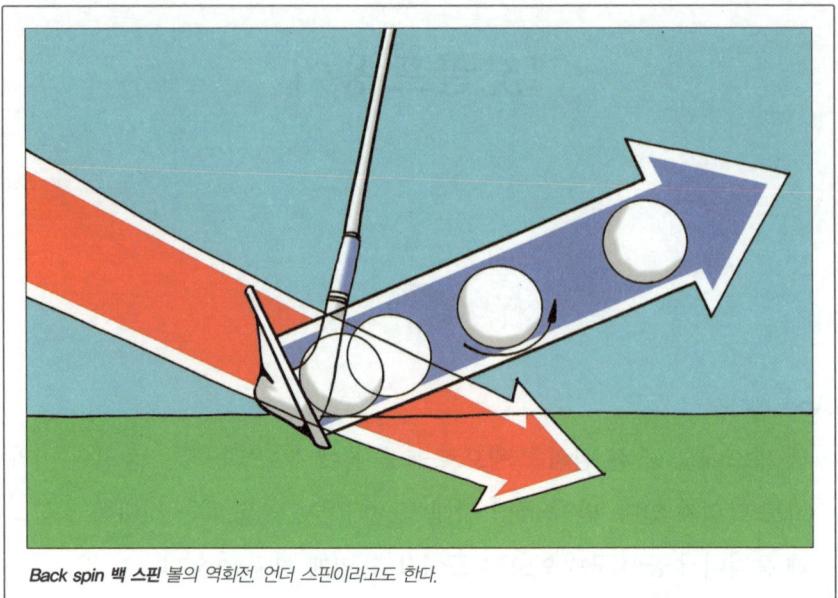

Back spin 백 스핀 볼의 역회전. 언더 스핀이라고도 한다.

볼의 역회전. 언더 스핀이라고도 한다. 로프트가 있는 클럽으로 올바르게 친 볼은 백 스핀으로 나간다.

Back swing 백 스윙

샷을 위해 클럽을 뒤로 스윙하는 모션.

Ball 볼

골프 공. 미국 사이즈는 직경 1.68인치보다 작지 않고 무게는 1.62온스보다 무겁지 않은 것. 영국 사이즈는 1.62인치보다 작지 않고 무게는 1.62온스보다 무겁지 않은 것. 이 2가지가 공식 볼로 인정되어 있다.

Baseball Grip 베이스 볼 그립

오버래핑 또는 인터로킹이 아닌 야구 배트를 쥐는 형태의 그립.

Birdie 버디

한 홀의 규정 타수보다 하나 적은 타수로 홀인하는 것.

Bisk 비스크

사전상으로는 약한 쪽에 주는 1점(1스트로크)의 핸디캡이라는 뜻으로, 골프에서는 핸디캡 홀을 스스로 선택할 경우에 이것을 비스크라고 한다.

Blade 블레이드

아이언 클럽의 칼날형으로 된 부분.

Blade putter 블레이드 퍼터

평평한 면의 금속으로 된 경타용 골프채.

Blast 블래스트

벙커에서 모래를 폭발시키듯 크게 치는 것으로, 익스플로젼 샷과 같다.

Blow 블로

강타. 힘을 넣어 치는 것.

Bogey 보기

파보다 하나 더 친 타수로 홀인하는 것.

Bogey player 보기 플레이어

한 홀의 평균 스코어가 보기로서 오르는 골퍼를 말한다. 즉 1라운드 90 전후의 사람으로 애버리지 골퍼와 같은 뜻이다.

British open 브리티시 오픈

1860년에 개설했으며, 세계에서 가장 오랜 역사를 자랑하는 오픈 선수권.

Bunker 벙커

웅덩이를 파서, 흙 또는 모래 등을 깔아 놓은 장애물. 경우에 따라서는 잡초가 깔려 있는 웅덩이도 이 범위에 속하며, 이를 그래스 벙커(Grass Bunker)라고 부른다.

Bunker rake 벙커 레이크

벙커를 고르게 하는 고무래.

Bunker shot 벙커 샷

Bunker shot 벙커 샷
벙커 안에 떨어진 공을 그린 또는 페어웨이로 쳐내는 타법을 말하며, 벙커에서 샷을 할 때는 클럽이 모래에 닿게(sole) 되면 벌타가 부과된다.

벙커 안에 떨어진 공을 그린 또는 페어웨이로 쳐내는 타법을 말하며, 벙커에서 샷을 할 때는 클럽이 모래에 닿게(sole) 되면 벌타가 부과된다.

Buried lie 베리드 라이
볼이 부드러운 잔디나 모래에 떨어져 시야에서 거의 사라져 버렸을 때 일어나는 불운한 상황.

Caddie 캐디
플레이의 진행을 돕는 사람. 룰상으로는 플레이어의 유일한 원조자가 되는 셈이며, 캐디의 조언을 받아도 무방하다.

Carpet 카펫

페어웨이 또는 푸팅 그린을 말함.

Carry 캐리

사전상으로는 볼이 날아간 거리, 사정 거리라는 뜻으로 골프에서는 볼이 공중을 나는 거리를 말한다.

Cart 카트

캐디 백을 실어 나르는 수레를 캐디 카트 또는 골프 카트라고 한다. 1백용 · 2백용의 손으로 끌고 다니는 수레, 4백용의 전동 캐디 카트도 있고, 타고 다니는 캐디 카트도 있다.

Casual water 캐주얼 워터

사전상의 의미는 코스의 장애로, 일부러 만든 것이 아니고 비 따위로 괸 물이라는 뜻. 골프에서는 코스 내에 우연히 생긴 일시적인 습지로, 워터 해저드와는 구별된다.

Center of gravity 센터 오브 그래비티

골프채의 헤드 무게를 배분한 중심점. 그 위치가 낮고 깊을수록 볼이 잘 떠오른다.

Center weight 센터 웨이트

뒤쪽과 앞쪽의 중심 이론과는 전혀 반대되는 입장을 주장하는 골프 이론으로, 헤드의 중심을 센터에 집중시킨다. 중심으로 명중시켰다면 힘이 최대한으로 발휘되지만, 명중되지 않으면 관성 모멘트가 작아져 큰 미스 샷을 내게 된다.

Centrifugal Force 원심력(遠心力)

원이나 곡선상에서 원 또는 원호를 따라가는 것이 아니라 계속 직선 방향으로 가려는 물체의 힘으로, 커브 길을 주행하는 차가 직진하려는 관성적인 힘을 말한다. 원심력은 질량(무게)에 비례하고 속도의 제곱에 비례하며 곡률 반경에 반비례한다. 예를 들어 차가 커브 길을 돌 때 원만(곡률 반

Chip and run 칩 앤드 런 4, 5번 아이언과 같은 짧은 로프트를 가진 클럽으로 치는 샷. 그린의 가장자리나 러프에서 주로 사용하며, 칩 샷으로 꺼낸 볼은 연이은 퍼팅으로 홀 컵에 집어넣는다.

경이 크다)할수록 원심력이 작고, 차속이 빨라질수록 원심력이 커지는 것을 알 수 있다.

Champion course 챔피언 코스

공식 선수권 경기를 할 수 있는 정규 설비를 갖춘 코스로, 홀 수는 18홀. 전장은 6,500야드 이상으로 규정되어 있다.

Chip and run 칩 앤드 런

4·5번 아이언과 같은 짧은 로프트를 가진 클럽으로 치는 샷. 그린의 가장자리나 러프에서 주로 사용하며, 칩 샷으로 꺼낸 볼은 연이은 퍼팅으로 홀 컵에 집어넣는다. 대체로 그 비율은 1/3은 칩 샷에, 2/3는 퍼팅 즉, 런(run)에 할애된다.

Chip in 칩 인

칩 샷으로 볼이 홀에 들어가는 것.

Chip shot 칩 샷

사전상으로는 손목만 사용해 볼을 짧게 친다는 뜻. 어프로치 샷의 일종으로 단거리에서 핀을 치는 샷.

Choke 초크

맥을 못 추다, 압박에 약하다는 뜻. 클럽을 짧게 잡는 것도 초크한다고 함.

Closed face 클로즈드 페이스

어드레스했을 때 골프채의 타면 방향이 왼쪽일 때. 스윙 도중 톱 스윙에서 골프채의 타면이 거의 곧장 위로 향할 때. 우드 클럽으로 슬라이스를 막기 위해 헤드를 직각보다 왼쪽으로 향하게 할 때.

Closed stance 클로즈드 스탠스

기본이 되는 스탠스의 일종으로, 볼의 비행선과 평행한 가정선에서 오른발을 약간 뒤쪽으로 끌어 딛고 서는 스탠스.

Club 클럽

골퍼가 볼을 치기 위해 사용하는 골프채의 머리 부분. 골프 용구일 경우 14개 이상의 클럽을 가지고 라운드하는 것은 허용되지 않는다.

Club face 클럽 페이스

볼이 맞게 되는 클럽의 편편한 면.

Club head 클럽 헤드

클럽의 선단을 말함. 클럽 헤드의 볼을 치는 면. 타구면.

Cocking 코킹

손목의 꺾임.

Coil 코일

백 스윙 시 상체를 코일처럼 돌려 트는 것. 다운 스윙은 돌려 튼 코일을 단숨에 되푸는 것. 그 축적된 힘으로 볼을 친다.

Concede 컨시드

***Cocking* 코킹**
손목의 꺾임.

매치 플레이 시 상대방 볼이 원 퍼트로 넣을 수 있다고 생각되는 경우에 홀을 주는 것.

Countyclub 컨트리클럽

원래는 전원 클럽이라는 뜻이지만 지금은 대부분의 멤버제 골프 클럽에 이 명칭이 붙어 있다.

Course 코스

골프 코스의 생략, 골프 플레이를 위해 만든 지역 전체를 말한다. 코스에는 퍼블릭 코스(Public course), 컨트리클럽 멤버십 코스(Country membership course), 리조트 코스(Resort course), 세미 퍼블릭 코스(Semi-public course) 등이 있다.

Course rate 코스 레이트

기준이 되는 플레이어의 플레이를 기준으로 해서 그 코스의 여러 가지 조건을 고려해서 정한 코스의 난이도.

Course record 코스 레코드

각 코스에서 공식으로 인정한 최저 스코어의 기록.

Cross bunker 크로스 벙커

페어웨이 옆으로 비스듬하게 끊어 만든 벙커.

Cross hand grip 크로스 핸드 그립

퍼팅 그립 시 오른손을 위로, 왼손을 아래로 하여 클럽을 잡는 것.

Cut shot 컷 샷

4번부터 웨지에 이르는 모든 아이언 클럽을 사용해 치는 샷.

D

Decending blow 디센딩 블로

클럽을 스윙해서 내리는 것. 다운 블로와 같다.

Die 다이

퍼팅한 볼이 구르지 않고 멈추는 것.

Dimple 딤플

볼 표면에 꾸민 움푹한 모양. 볼을 떠올리는 힘이나 방향을 잡아 날아가는 데 크게 작용한다. 딤플이 없으면 볼 뒤에서 공기의 소용돌이가 생겨 속도가 줄게 된다.

Divot 디봇

볼을 쳤을 때 잔디나 흙이 클럽 헤드에 닿아 패인 곳.

Dogleg 도그렉

꺾인 페어웨이.

Double bogey 더블 보기

Down blow 다운 블로
톱 오브 스윙에서 내려친 클럽 헤드의 중심이 최저점에 이르기 전에 볼을 치는 것.

어떤 홀에서 파보다 2타 많은 타수.

Double eagle 더블 이글
파5홀을 2타로 넣을 때를 말하며, 알바트로스와 같다.

Down blow 다운 블로
톱 오브 스윙에서 내려친 클럽 헤드의 중심이 최저점에 이르기 전에 볼을 치는 것.

Down hill lie 다운 힐 라이
내려가는 사면에 볼이 정지해 있는 상태.

Down swing 다운 스윙
톱 스윙에서 임팩트까지 내리치는 스윙.

Draw 드로
조를 짜다. 무승부가 되다. 샷이 떨어지는 순간에 볼이 왼쪽으로 흐르는 것.

Drop 드롭 경기 중 볼을 잃어버렸거나 장애 지역 또는 도저히 경기가 불가능한 위치에 볼이 놓여 있을 때 경기가 가능한 위치로 볼을 옮겨 놓거나 새로운 볼을 다시 놓는 것.

Dribble putt 드리블 퍼트

퍼팅 때 숏 퍼트를 계속하는 것.

Driver 드라이버

최장 거리를 치기 위해 클럽에서도 가장 길고 수직에 가까운 로프트의 페이스를 갖고 있는 1번 우드 클럽.

Driving range 드라이빙 레인지

드라이버에 의한 타구 범위 또는 200야드 이상이 넘는 연습장.

Drop 드롭

경기 중 볼을 잃어버렸거나 장애 지역 또는 도저히 경기가 불가능한 위치에 볼이 놓여 있을 때 경기가 가능한 위치로 볼을 옮겨 놓거나 새로운 볼을 다시 놓는 것.

Duff 더프

실패한 타격. 타구 시 볼 뒤의 지면을 때리는 것.

E

Eagle 이글

파보다 2개 적은 타수로 홀인하는 것.

Edge 에지

홀, 그린, 벙커 등의 가장자리 또는 끝. 아이언의 가장자리.

Even 이븐

스트로크 수가 같을 때 또는 서로 우열을 가리기 어려울 때를 말한다. 이븐 파라고 하면 파와 동수인 것이다.

Explosion shot 익스플로젼 샷

볼이 벙커에 떨어졌을 때 모래와 함께 강타해서 그 압력으로 볼을 모래와 함께 벙커에서 탈출시키는 샷.

Eye off 아이 오프

볼을 맞힐 때 눈이 볼에서 떨어지는 것. 머리를 들게 되면 눈이 볼에서 멀어지기 때문에 좋지 않은 샷의 원인이 된다. 시선을 든다는 룩 업(look up)도 같은 의미다.

F

Face 페이스

골프채의 타면.

Fade 페이드

볼이 떨어지기 직전에 속도가 둔해지면서 오른쪽으로 도는 것.

Fairway 페어웨이

티 그라운드와 그린까지의 잘 손질된 잔디 지대.

Fat 팻

볼 대신 볼 앞의 그라운드를 치는 것.

Finish 피니시

타구 완료 자세 또는 경기 최후의 홀을 끝내는 것.

Flag 플래그

깃대 상단에 붙어 있는 깃발 또는 홀에 꽂혀 있는 핀.

Flip shot 플립 샷

로프트가 큰 클럽으로 높게 올려 쳐 그린에 부드럽게 떨어지는 샷.

Follow through 팔로 스루

타구 때 클럽 헤드의 움직임이 정지되지 않고 비구선을 따라 스윙되는 것.

Fore 포어

앞쪽의 플레이어나 코스의 인부 등에게 지금부터 볼을 친다는 것을 알리기 위해 지르는 구호.

Foreteen club rule 포틴 클럽 룰

골프 경기에서 14개 이내의 클럽만을 갖고 쓸 수 있게 하는 현행 규칙.

Four somes 포 썸

4명이 2명씩 조를 짜서 각 조가 1개의 볼을 교대로 쳐 나가는 게임 방식.

Foward pressing 포워드 프레싱

백 스윙하기 직전에 탄력을 갖도록 하는 예비 동작.

Fried egg 프라이드 에그

벙커에 빠진 볼이 모래 속으로 파고 들어서 눈알 같은 상태가 된 것.

Fringe 프린지

***Fried egg* 프라이드 에그** 벙커에 빠진 볼이 모래 속으로 파고들어서 눈알 같은 상태가 된 것.

그린에 인접해 있는 외곽 지역의 짧은 잔디.

Front nine 프론트 나인

코스 전반의 9홀. 아웃 코스라고도 한다.

Full set 풀 세트

클럽을 14개 갖추는 것. 보통 우드 3개, 아이언 10개, 퍼터 1개다.

Gallery 갤러리

골프 시합을 관전하러 온 관중.

Give 기브

쌍방의 볼이 홀 가까이 비슷한 지점에 놓여 있을 때 상대방에게 컨시드를 요구하는 소리로, 주로 숏 퍼팅에 약한 골퍼들이 자주 쓰는 말이다.

Give me 또는 gimme 기브 미

퍼팅 때 OK라는 뜻. 홀 컵까지 더 말할 여지없이 1퍼트로 성공시킬 수 있는 거리일 때 상대가 허용하는 상황.

Golf 골프

15세기 중 스코틀랜드의 동쪽 해안가에서 하던 게임에서 유래됨. 'Guys Only, Ladies Forbidden' 의 약어임.

Golf course 골프 코스

골프 경기를 하기 위해 만들어진 그라운드로, 보통 20~30만 평의 넓이를 차지한다.

Grain 그레인

그린 위에 자라는 잔디의 방향 또는 잔디결. 퍼팅에 있어서 홀 컵에 접근시키는 데 막대한 영향을 미친다.

Grand slam 그랜드 슬램

원래는 압승 또는 대승을 뜻하는 말로, 골프에서는 특별히 한 해 동안 US 오픈, 브리티시 오픈, 마스터즈, 미국 PGA 선수권 등 4개 주요 경기의 챔피언을 모두 따내는 압승을 말한다.

Graphite fiber 그래파이트 파이버

카본의 샤프트가 되는 소재의 섬유.

Grass bunker 그래스 벙커

벙커 모양을 한 구덩이로, 모래는 없고 길게 자란 풀이 덮여 있다. 룰에서는 모래가 깔린 벙커가 아니기 때문에 해저드가 안 된다. 따라서 어드레스 때 클럽의 바닥을 땅이나 풀에 대도 위반이 아니다.

Green 그린

보통은 퍼팅을 하는 장소. 경기 규정에서는 플레이하는 홀에서 해저드를

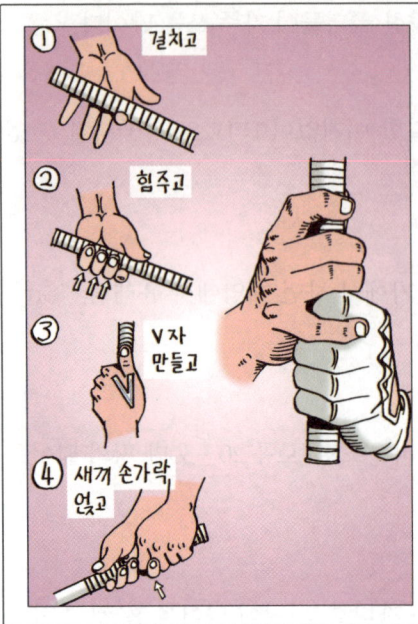

Grip 그립
샤프트의 윗부분으로, 가죽이나 고무로 감겨져 있어 양손으로 쥐게 되는 부분 또는 샤프트를 쥐는 동작.

제외하고 20야드 이내의 퍼팅을 하기 위해 정비되어 있는 구역을 말한다.

Green jacket 그린 재킷
마스터즈 우승자에게 주어지는 윗옷. 마스터즈 경기는 이색적으로 우승자에게 우승컵 대신 재킷을 수여하고 있다.

Greenie 그리니
그린 위에 먼저 볼을 올려놓은 자가 이기게 되는 내기 경기. 기준 타수가 3인 홀에서는 티 샷을 한 이후 홀 컵에 가장 가까이 볼을 날린 자가 이기게 된다.

Grip 그립
샤프트의 윗부분으로, 가죽이나 고무로 감겨져 있어 양손으로 쥐게 되는 부분 또는 샤프트를 쥐는 동작.

Groove 그루브

스윙의 옳은 궤도 또는 골프채의 타면에 새겨진 홈.

H

Handicap 핸디캡

실력이 다른 두 플레이어가 동등한 조건에서 경기를 할 수 있도록 배려하는 허용 타수. 이것은 각자의 기량과 코스의 기준 타수와의 평균치로 정해지며, 보통 1개월 사이에 있는 3~5회의 경기 성적을 핸디캡 위원에게 제출하면 이것을 기초로 위원회에서 핸디캡을 산출한다. 핸디캡에는 공인과 비공인 2가지가 있다.

Hazard 해저드

벙커나 바다, 못, 내, 연못, 개울 등의 워터 해저드를 포함한 장애물. 래터럴 워터 해저드란 플레이선에 병행해 있는 워터 해저드다. 벙커 주변 벙

***Hole* 홀**
그린에 만들어진 볼을 넣는 구멍.

커 안의 풀이 자란 곳 등은 해저드가 아니다.

Hole 홀
그린에 만들어진 볼을 넣는 구멍.

Hole in one 홀인원
티 그라운드에서 1타로 볼이 홀에 들어가는 것. 에이스라고도 한다.

Hole out 홀 아웃
볼이 홀 속에 명중하고 그 홀의 경기를 끝내는 것.

Home course 홈 코스
자기가 소속된 클럽의 골프 코스.

Home hole 홈 홀
18번 홀을 말하는 것. 마지막 홀이라는 뜻. 18번 홀의 그린을 홈 그린이라고도 한다.

Honor 오너
티 그라운드에서 가장 먼저 볼을 칠 권리를 오너 또는 타격 우선권이라고 한다. 이것은 이전 홀에서 가장 좋은 점수를 기록한 자에게 주어진다.

Hook 훅
시계 반대 방향으로 도는 볼의 회전으로, 오른쪽에서 왼쪽으로 휘어지는 좌곡구를 말한다. 오른손잡이인 경우 타구가 볼의 비행선보다 왼쪽으로 도는 것을 말한다.

Hook spin 훅 스핀
좌회전. 볼이 오른쪽에서 왼쪽으로 되는 옆회전이 걸리는 것. 볼의 궤도는 왼쪽으로 꺾여 나가는 훅 볼이 된다.

Horse shoes 호스 슈즈
두 플레이어가 각기 두 개의 볼을 사용해 각각 2회의 퍼팅으로 승부를 겨루는 퍼팅 게임. 홀인원은 3점, 가장 가까이 홀 컵에 근접한 볼에 1점씩을

Hook 훅
시계 반대 방향으로 도는 볼의 회전으로, 오른쪽에서 왼쪽으로 휘어지는 좌곡구를 말한다. 오른손잡이인 경우 타구가 볼의 비행선보다 왼쪽으로 도는 것을 말한다.

각기 부과해 종합 21점을 먼저 따내는 사람이 승리하게 된다.

Hosel 호젤

아이언 클럽 헤드를 샤프트에 고정할 때 가운데 공간 부분.

In bound 인 바운드

플레이가 가능한 구역, 즉 경기가 가능한 지역을 IB라 한다. 반면 흰색 표식을 경계로 외곽을 플레이 금지 구역, 즉 OB라고 한다.

In course 인 코스

18홀 중 후반의 9홀을 가리키는 말. '인' 이라고도 함.

Inside out 인사이드 아웃

볼과 목표 지점을 연결하는 볼의 비행선 안쪽(즉, 목표를 바라보았을 때 비행선 왼쪽)으로부터 볼에 닿도록 바깥쪽(비행선 오른쪽)으로 스윙하는 스윙 경로를 말함.

Insurance for hole 인슈어런스 포 홀

골프 보험의 일종. 가입자가 홀인원을 하면 계약금 내에서 축하 비용을 마련해 주는 보험.

Interlocking grip 인터로킹 그립

그립을 잡는 한 방법으로, 손이 작거나 비교적 힘이 약한 사람이 사용한다.

Iron club 아이언 클럽

헤드 부분이 금속으로 되어 있는 클럽.

L

Ladies tee 레이디스 티

여성 전용 티 그라운드. 일반적으로 티 마크로 표시한다.

Late hit 레이트 히트

다운 스윙 때 클럽 헤드의 되돌아오는 동작을 늦춰서 순발력을 폭발시키는 타법.

Lateral water hazard 래터럴 워터 해저드(병행 워터 해저드)

홀이 함께 있는 물웅덩이 등의 장애 지역.

Launch angle 런치 앵글

볼이 클럽 헤드에 접촉한 뒤 클럽 헤드를 떠날 때의 각도.

Lay off 레이 오프

플레이어가 백 스윙의 톱 동작에서 실수로 손목 관절을 다쳤을 때 손목이 나올 때까지 '출입하는 골프장에서 일시 해고당했다'고 표현한다.

Leading edge 리딩 에지 골프채 헤드의 타면과 밑바닥의 경계선, 즉 날. 골프채 타면의 맨 가장자리

Lay out 레이 아웃

코스의 설계.

Lay up 레이 업

라이가 좋지 않거나 해저드에 있을 때 거리를 짧게 쳐서 빠져나오는 것.

Leader board 리더 보드

스코어 보드와는 별도로 파를 기준으로 각 그룹 경기 선수들의 성적을 표시하는 게시판.

Leading edge 리딩 에지

골프채 헤드의 타면과 밑바닥의 경계선, 즉 날. 골프채 타면의 맨 끝 가장자리.

Lie 라이

낙하한 볼의 상태나 위치.

Lie angle 라이 앵글

골프채를 땅에 어드레스했을 때 샤프트와 선과 지면 사이에 생기는 뒤쪽의 각도.

Links 링크스

골프 링크스의 생략으로, 보통은 골프 코스를 의미한다.

Local rule 로컬 룰

각 코스의 특수 조건에 맞게 각 코스별로 설정하는 특수 규칙.

Loft 로프트

클럽 페이스의 각도 또는 경사.

Lone some 론 썸

혼자서 코스를 플레이하는 골퍼.

Long iron 롱 아이언

보통 1, 2, 3번 아이언.

Lost ball **로스트 볼** 분실구. 경기 중 잃어버린 볼.

Loose impediment 루즈 임페디먼트

코스 내에 있는 자연적인 장애물 또는 홀에 부착해 있지 않은 것으로 땅 속에 박혀 있지 않은 돌, 나뭇잎, 나뭇가지를 말한다. 이것은 플레이할 때 제거해도 좋은 것으로 되어 있다.

Lost ball 로스트 볼

분실구. 경기 중 잃어버린 볼.

Low handicap 로우 핸디캡

핸디캡이 낮은 상급 플레이어.

line 라인 또는 선

방향을 정하기 위해 볼과 목표물을 연결하는 가상의 선을 말한다. 예) 퍼팅 라인, 슬라이스 라인, 훅 라인 등.

M

Marker 마커

스트로크 플레이에서 플레이어의 스코어를 기록하기 위해 위원으로 선임된 자. 마커는 심판이 아니다. 흔히 캐디나 동반 플레이어가 채점자가 되는 경우가 많다. 볼을 집어들 때 볼의 위치를 표시하기 위해 놓는 동전 또는 동전과 유사한 표식을 말하기도 한다.

Master eye 마스터 아이

경기를 할 때 주로 많이 쓰는 쪽의 눈을 말한다.

Masters 마스터즈

1934년 어거스타 내셔널 토너먼트 초청 경기로 시작한 최초의, 최장수 토너먼트 경기. 로버트 존스의 제안으로 '골프의 명수(masters)가 되자'는 뜻에서 마스터즈라고 불리게 되었다. 1934년 제1회 대회는 호톤 스미스가 우승을, 크제이그 우드가 준우승을, 2회 대회에서는 진 사라센이, 3회는 다시 호톤 스미스가, 4회에는 바이론 넬슨 등이 차지하면서 그야말로 세계 골프의 금자탑으로서 골프 역사를 장식해 오고 있다. 이 대회 최다 우승은 잭 니클라우스가 기록한 5회(63, 65, 66, 72, 75년)이며, 미국인이 아닌 외국인 우승자로는 게리 플레이어(61, 74, 78년), 시베리아도 발레스테로스(80년), 그리고 85년도 우승자인 베른하르드 랑거가 있다. 특히 이 대회는 우승컵 대신 그린 재킷을 주어 '그린 마스터즈'라고도 불린다.

Match play 매치 플레이

경기의 일종으로, 홀 매치라고도 한다. 2인 또는 2조로 나뉘어 각 홀별 타수로 승패를 정한다.

Medalist 메달리스트

매치 플레이의 예선 경기는 스트로크 플레이에서 상위 16명으로 제한하는데, 그 수위에 있는 사람을 메달리스트라고 한다.

Medium iron 미디엄 아이언

4·5·6번 아이언. 러프나 숲 속, 또는 맨땅에서 탈출할 때, 페어웨이의 패인 홈에 있는 볼을 칠 때도 미들 아이언을 사용한다. 안전하고 거리를 어느 정도 잘 낼 수 있는 편리한 골프채다.

Mental hazard 멘탈 해저드

아무리 해도 빠져나가기 힘든 심리적인 장애물을 말한다. 대부분 어려운 벙커나 수면 장애물에 오면 샷이 잘 안 되는 지역.

Moment of inertia 모멘트 오브 이널티어

골프채의 경우 스윙했을 때 샤프트, 그립, 클럽 헤드 이 3가지에서 관성 모멘트가 생긴다. 중요한 것은 헤드의 무게가 중심으로 작용하는 관성 모멘트인데, 헤드가 길죽하고 둥글수록 관성 모멘트가 커져서 잘 날리게 된다.

Mulligan 멀리건

최초의 샷이 잘못되어 벌타 없이 주어지는 세컨드 샷.

N

Natural grip 내추럴 그립

야구 배트를 쥐듯이 쥐는 그립의 한 방법으로, 열손가락으로 그립하는 것이다. '베이스 볼 그립'이라고도 한다.

Neck 넥

클럽 헤드가 샤프트와 연결되는 부분.

Net score 네트 스코어

1라운드 타수의 총계에서 자기 핸디캡을 뺀 스트로크 수.

Never up never in 네버 업 네버 인

홀에 오지 않은 볼은 결코 홀에 들어가지 않는다는 뜻으로, 퍼트는 홀에 가고도 남도록 볼을 쳐야 한다는 말이다.

Nineteenth hole 나인틴스 홀

골프장의 식당. 18홀을 끝낸 다음 한잔하는 장소를 말함.

Nose 노즈

골프채 헤드의 맨 앞.

O

OB 오비

Out of bounds의 약자. 코스 밖 또는 안에서 플레이하는 것을 금지하고 있는 지역. 룰에서는 아웃 바운드로 표현한다. 볼이 OB로 날아가 빠졌을

OB 오비
*Out of Bounds*의 약자. 코스 밖 또는 안에서 플레이하는 것을 금지하고 있는 지역. 룰에서는 아웃 바운드로 표현. 볼이 OB로 날아가 빠졌을 때는 1벌타이고, 전의 위치에서 다시 치게 된다. 다시 치는 타수는 제3타가 된다. OB 말뚝은 보통 흰 것으로 표시한다.

때는 1벌타이고, 전의 위치에서 다시 치게 된다. 다시 치는 타수는 제3타가 된다. OB 말뚝은 보통 흰 것으로 표시한다.

On green 온 그린
　볼이 그린에 이르는 것.

One on 원 온
　1타로 볼을 그린에 올려놓는 것.

One piece swing 원 피스 스윙
　전체 기능이 일체화된 백 스윙.

One putt 원 퍼트
　그린에 한 번 쳐서 퍼팅을 명중시키고 끝내는 것.

One round 원 라운드
　코스를 한 바퀴 도는 것. 18홀을 플레이하는 것.

Open championship 오픈 챔피언십

남녀별로 나뉘어 프로와 아마추어 구별 없이 누구든 일정한 출전 자격이 있으면 참가할 수 있는 선수권 경기.

Open face 오픈 페이스

클럽 페이스를 수직보다 조금 벌어진 기분으로 놓아두는 것.

Open game 오픈 게임

아마추어와 프로가 라운드를 해서 기술을 겨루는 경기.

Open stance 오픈 스탠스

기본적으로 3가지 스탠스 중 하나로, 오른발을 왼발보다 조금 볼 쪽으로 내놓고 목표를 향해 취하는 발 자세.

Open tournament 오픈 토너먼트

지역적으로 열리는 오픈 경기.

Outside in 아웃사이드 인

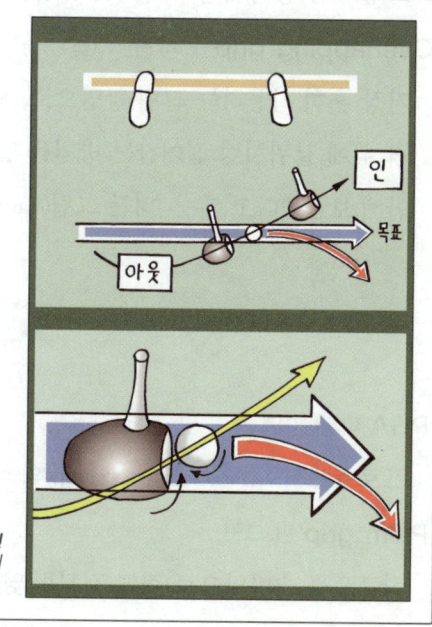

***Outside in** 아웃사이드 인*
타구 시 클럽 헤드가 볼이 날아가는 선의 바깥쪽에서 안쪽으로 비스듬하게 들어가는 것

타구 시 클럽 헤드가 볼이 날아가는 선의 바깥쪽에서 안쪽으로 비스듬하게 들어가는 것.

Over 오버

볼이 목표한 그린 또는 홀을 넘어서 멀리 떨어지는 것을 말한다. 또는 타수가 기준 타수보다 많을 때도 사용한다. 후자일 경우에는 몇 오버 파라고 한다.

Over clubbing 오버 클러빙

목표 거리로 날려 보낼 때 필요한 골프채보다도 약간 높은 번호의 골프채를 선택하는 것.

Over spin 오버 스핀

볼에 역회전을 주어 볼이 날아가는 방향으로 회전하게 하는 것. 볼의 중심부보다 조금 위를 치면 오버 스핀이 된다. 반대는 백 스핀.

Over swing 오버 스윙

스윙의 톱 동작에서 지나치게 클럽을 휘둘러 필요 이상 치켜드는 것.

Overlapping grip 오버래핑 그립

가장 흔히 사용하는 그립 방법으로, 오른손 새끼손가락을 왼손 집게손가락 위에 갈퀴처럼 걸어잡는 방법을 말한다. 해리 바든(Harry Vardon)이 고안해 보급했다고 해서 '바든 그립(Vardon Grip)'이라고도 한다.

P

PGA 피지에이

프로골프협회(Pro Golf Association)의 약자.

Palm grip 팜 그립

샤프트를 손바닥으로 쥐는 것처럼 양손바닥으로 쥐는 그립. 내추럴 그립이라고도 한다.

Par 파 또는 기준 타수

티를 출발해 홀을 마치기까지의 정해진 기준 타수를 말한다. 이때 그린 위에서의 퍼팅은 2번을 기준으로 한다. 보통 3, 4, 5타를 기준 타수로 정하고 있으며, 여성 골퍼의 경우 6타의 홀까지 있다. 홀당 남녀별 정확한 거리 및 기준 타수를 보면 다음과 같다. 파3 : (남)~250야드, (여)~210야드, 파4 : (남)251~471야드, (여)211~400야드, 파5 : (남)471야드 이상, (여)401~575야드, 파6 : (여)576야드 이상

Par break 파 브레이크

버디 이상의 스코어를 내는 것.

Partner 파트너 또는 짝

포 썸 경기에서 같은 편이 되는 경기자. 현재는 동반 경기자라는 의미로도 쓰이고 있다.

Penalty 페널티

벌타 또는 벌칙. 규칙에 의해 부과된다.

Penalty stroke 페널티 스트로크

규칙 위반에 대해 타수로 벌을 주는 것.

Pin 핀

홀을 표시하기 위해 꽂아 놓은 깃대 또는 핀.

Pitch 피치

그린 근처에서 또는 그린에서 얼마 떨어져 있지 않은 지점으로부터 볼을 공중에 띄워 그린으로 쳐 보내는 것으로, 어프로치 샷의 일종.

Pitch and run 피치 앤 런

볼이 낙하 후에 구르도록 치는 타법으로, 어프로치 샷의 일종.

Pitch shot 피치 샷

Pitch 피치
그린 근처에서 또는 그린에서 얼마 떨어져 있지 않은 지점으로부터 볼을 공중에 띄워 그린으로 쳐 보내는 것으로, 어프로치 샷의 일종.

타면의 각도가 큰 숏 아이언으로 볼을 높이 날려서 그린이나 핀을 겨냥하는 것. 연못이나 벙커를 넘기는 데 잘 이용되는 샷이다.

Pitching wedge 피칭 웨지

피치 샷용으로 만들어진 웨지로, 로프트가 많고 무게도 가장 무겁다.

Pivot 피봇

허리의 회전 및 허리를 비트는 허리 틀기.

Plateau green 플레튜 그린

포대 그린. 포대 그린을 겨냥할 때는 부드러운 피치 샷으로 볼을 떠 올리거나 런닝으로 튀어 오르게 하는 방법이 있다. 어떤 방법으로 할 것인지는 그린 주변의 상황에 따른다.

Practice tee 프랙티스 티

골퍼들이 백에 있는 모든 클럽을 가지고 샷 연습을 할 수 있는 연습 그라운드.

Pronation 프로네이션

임팩트 후 왼손이 젖혀지는 것. 잘못된 왼손의 내전은 왼쪽으로 꺾여 나가는 샷이나 더 심한 훅 볼을 유발한다.

Provisional ball 프로비저널 볼

볼이 분실되었거나 OB, 워터 해저드에 들어갔다고 생각될 때 플레이어가 그 위치에서 대신 치는 볼.

Public course 퍼블릭 코스

컨트리클럽이나 골프 코스처럼 회원제가 아니고 일반 대중에게도 개방된 코스. 골프 대중화에 있어서 가장 필연적으로 따라야 할 시설이기도 하다.

Pull 풀

바깥쪽에서 안쪽으로 스윙한 결과 볼이 왼쪽으로 날아가는 샷.

Punch shot 펀치 샷
주먹으로 치다, 힘을 말함. 손목을 잘 써서 치는 것을 펀치 샷이라고 한다. 약간 오른쪽으로 보낸 볼을 누르듯이 위에서부터 골프채로 쳐 내리고 팔로 스루를 없애는 샷. 쳐 날린 볼은 낮게 튀어 나가고 땅에 떨어진 다음에 바로 멎는다. 아이언의 컨트롤 샷 때 잘 이용된다.

Punch shot 펀치 샷

주먹으로 치다, 힘을 말함. 손목을 잘 써서 치는 것을 펀치 샷이라고 한다. 약간 오른쪽으로 보낸 볼을 누르듯이 위에서부터 골프채로 쳐 내리고 팔로 스루를 없애는 샷. 쳐 날린 볼은 낮게 튀어 나가고 땅에 떨어진 다음에 바로 멎는다. 아이언의 컨트롤 샷 때 잘 이용된다.

Push shot 푸시 샷

다운 블로로 볼을 낮게 뜨게 치는 방법. 아이언에 의한 타법의 일종으로, 역풍에 효과가 있다.

Putt 퍼트

그린 위에서 홀을 향해서 볼을 굴려 치는 플레이.

Putter 퍼터

퍼트용의 아이언 클럽. 그린 위에서 직접 핀을 쏘는 클럽으로, T · D · L 형의 3종이 있다. L형 퍼트는 클럽 헤드의 모양이 L인 것이고, D형은 주

Putting line 퍼팅 라인
그린 위의 볼과 홀을 직선으로 이은 선으로, 퍼팅 시 공격선을 말함.

먹형, T형은 페이스의 방향을 정하기 쉽게 만든 것.

Putting 퍼팅

그린 위에서 볼을 홀에 넣기 위해 퍼터로 스트로크하는 것.

Putting line 퍼팅 라인

그린 위의 볼과 홀을 직선으로 이은 선으로, 퍼팅 시 공격선을 말함.

Qualify 퀄리파이

예선을 통과하는 것. 미국에서 말하는 커트 라인(cut line)과 같은 뜻이다.

Quarter swing 쿼터 스윙

백 스윙을 풀 스윙의 1/4 정도로 하는 것.

R

R & A 알 앤 에이

영국 골프 협회(Royal and Ancient golf club)의 약자.

Range 레인지

타석을 가지런히 해 놓고 치는 드라이빙 연습장.

Recovery shot 리커버리 샷

실책을 한 뒤 그것을 만회하기 위한 샷.

Referee 레프리

심판원. 골프에서는 원칙적으로 플레이어 자신이 심판원이다.

Roll over 롤 오버

볼을 친 뒤 클럽을 쥔 양손을 앞으로 돌리는 것.

Running approach 러닝 어프로치 어프로치 샷의 한 방법으로, 비교적 로프트가 적은 아이언으로 볼을 멀리 구르게 해서 홀에 접근시키는 것.

Rough 러프

그린 및 해저드를 제외한 코스 내의 페어웨이 이외의 부분. 풀이나 나무 등이 그대로 있는 지대.

Round 라운드

골프 코스는 클럽 하우스에서 시작해서 circular pattern으로 다시 클럽 하우스로 돌아오는 형태로 되어 있기 때문에 골프 게임을 골프 라운드라고 하기도 한다.

Run 런

볼이 굴러가는 것. 투 피스 볼은 고무 실로 말아서 만든 볼보다 땅에 떨어진 뒤에 굴러가는 거리가 많다.

Running approach 러닝 어프로치

어프로치 샷의 한 방법으로, 비교적 로프트가 적은 아이언으로 볼을 멀리 구르게 해서 홀에 접근시키는 것.

S

Sand 샌드

샌드 그린, 샌드 트랩(벙커). 샌드 웨지 등 모래와 관련된 말이 많다.

Sand box 샌드 박스

티잉 그라운드 옆에 흔적을 메우는 용도의 흙으로 모래 통이 준비되어 있다.

Sand trap 샌드 트랩

흔히 벙커라고 하는 샌드 해저드를 말한다.

Sand wedge 샌드 웨지

벙커 샷용으로 특별히 고안된 클럽. 로프트를 크게 가지기 위해 낮은 각도의 클럽 페이스와 볼 아래에 있는 모래와 함께 클럽이 미끄러지도록 클럽 바닥에 프린지를 가진 클럽.

Save 세이브

볼이 그린을 벗어나 벙커나 그린 옆의 러프 지역에 떨어져 파 플레이가 의심스러운 경기.

Scoop 스쿠프

아이언 클럽으로 볼을 높이 떠내듯이 쳐 올리는 것. 벙커에서 높은 그린으로 쳐 올리는 것.

Scramble 스크램블

스코틀랜드식 포 섬 경기. 멤버 4명 전원이 티 샷을 하고 이 가운데 세컨드 샷이 가장 유리한 티 샷을 선택해 그 볼을 그 위치에서 다시 4명 모두 세컨드 샷을 하고, 다시 세 번째 샷에 유리한 볼을 택해 공격하는 방식.

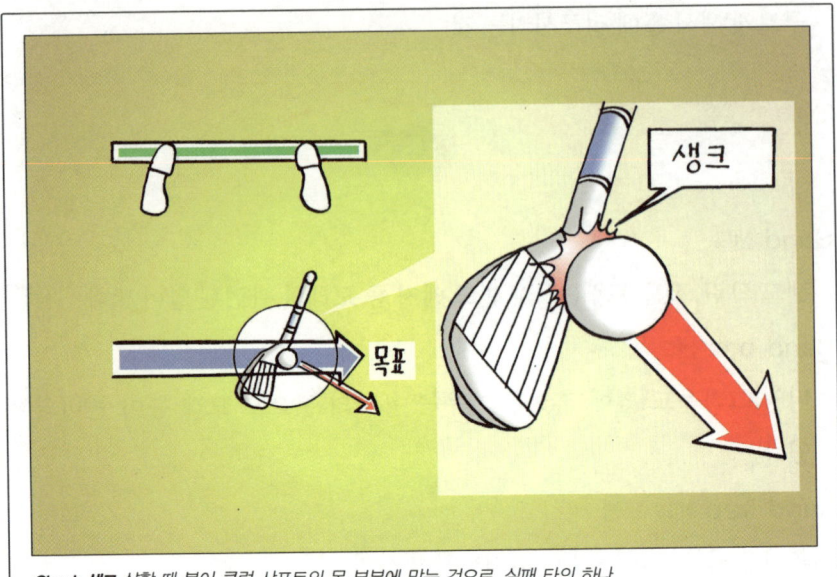

Shank 섕크 샷할 때 볼이 클럽 샤프트의 목 부분에 맞는 것으로, 실패 타의 하나.

Scratch 스크래치

상대편에게 핸디캡을 붙이지 않는 것 또는 핸디캡이 0인 것.

Set up 셋 업

어드레스와 같은 뜻. 볼을 치기 위해 자세를 잡는 것.

Shaft 샤프트

골프 클럽의 자루. 현재는 거의 스틸이나 합금이며, 경도도 몇 단계가 있다.

Shank 섕크

샷할 때 볼이 클럽 샤프트의 목 부분에 맞는 것으로, 실패 타의 하나.

Short game 숏 게임

어프로치에 속한 단거리 플레이 방법. 6번 이하의 아이언 클럽 사용.

Short hole 숏 홀

거리가 짧은 250야드 이하, 즉 파3홀을 말함.

Short iron 숏 아이언

7, 8, 9번의 짧은 아이언 클럽의 총칭. Shot(샷) 클럽으로 볼을 치는 것.

Shot approach 숏 어프로치

가까운 거리의 어프로치. 웨지나 샌드의 최대 비거리 이내의 거리로 힘 조절에 의한 테크닉이 필요한 경우.

Side blow 사이드 블로

볼 옆을 쳐서 튕겨 보내듯이 치는 것.

Side bunker 사이드 벙커

페어웨이 옆에 있는 벙커.

Side spin 사이드 스핀

볼이 옆으로 회전하는 것.

Single 싱글

경기에서 2인이 라운드하는 것 또는 핸디캡이 9이하 1까지의 골퍼를 의미함.

Skinsgame 스킨스 게임

3~4명의 골퍼들이 경기를 해 가장 낮은 스코어를 기록한 플레이어가 이기게 되는 내기 경기.

Slice 슬라이스

오른손잡이 골퍼의 경우 볼이 오른쪽으로 스핀해서 전체적으로 비구선보다 오른쪽으로 휘는 볼.

Slope 슬로프

비탈진 곳.

Snap 스냅

볼을 친 순간에 손목에 힘을 세게 주어 탄력을 갖게 하는 것.

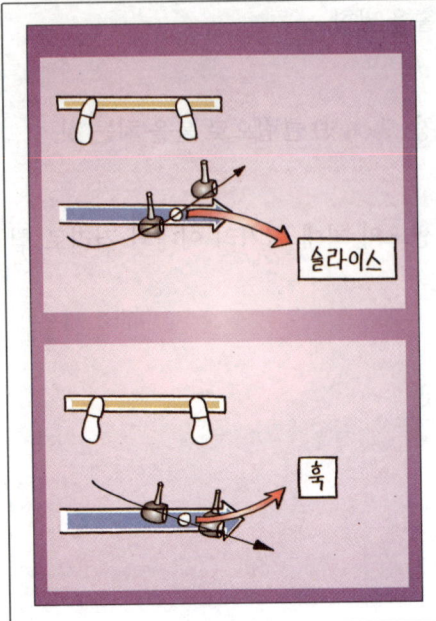

Slice 슬라이스
오른손잡이 골퍼의 경우 볼이 오른쪽으로 스핀해서 전체적으로 비구선보다 오른쪽으로 휘는 볼.

Sole 솔

클럽 헤드에서 지면에 닿는 부분.

Spin 스핀

볼을 날린 결과 볼에 생기는 회전.

Spoon 스푼

3번 우드 클럽.

Spot 스폿

볼 뒤에 동전 등의 마크를 놓아 그린 위 볼의 위치를 표시하는 것.

Spot putting 스폿 퍼팅

퍼팅 그린의 불완전한 상태나 바탕색과 다른 빛깔을 식별해 퍼팅선을 가늠한 다음 그 일정 지점을 퍼팅 공략에 이용하는 퍼팅.

Square face 스퀘어 페이스

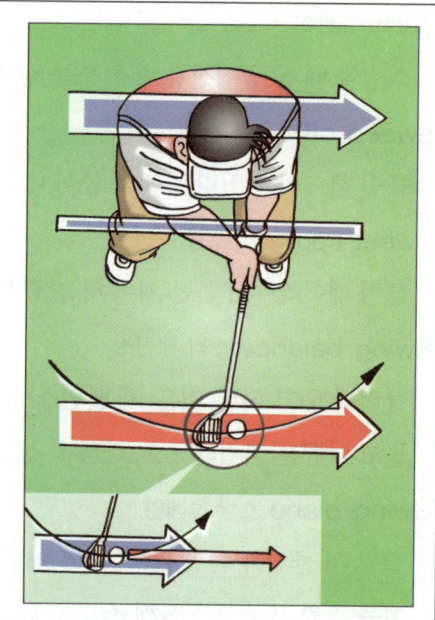

Square stance 스퀘어 스탠스
스탠스의 기본이 되는 3가지 가운데 하나로, 양쪽 발끝이 비구선과 평행이 되도록 발의 위치를 정하는 것

어드레스했을 때 채의 타면이 비구선에 대해 직각이 되게 치는 페이스.

Square stance 스퀘어 스탠스

스탠스의 기본이 되는 3가지 가운데 하나로, 양쪽 발끝이 비구선과 평행이 되도록 발의 위치를 정하는 것.

Stance 스탠스

볼을 향해서 위치를 정하고 타구 자세를 취하는 것, 즉 발을 놓는 위치. 스퀘어, 클로즈드, 오픈의 3가지 기본 스탠스가 있다.

Strong grip 스트롱 그립

왼손을 깊이 쥐고, 오른손은 얕게 샤프트 밑에서부터 쥐는 그립.

Sudden death 서든 데쓰

메달 토너먼트나 2인 이상의 동점자가 나와 토너먼트를 치러야 할 때 채택하는 연장전의 한 방식.

Sway 스웨이

스윙할 때 몸 중심선을 좌우 또는 상하로 이동시키는 것.

Sweep off 스위프 오프

클럽 헤드의 원심력을 써서 쓸어 내듯이 볼을 치는 것.

Sweet spot 스윗 스폿

클럽 페이스에서 볼을 쳐야 하는 중심점.

Swing balance 스윙 밸런스

클럽이 좋고 나쁜 것은 이 밸런스의 좋고 나쁨과 관계가 있다. 밸런스의 좋고 나쁨은 클럽의 좋고 나쁨을 결정하는 요인이다.

Swing plane 스윙 플레인

스윙 시 클럽과 손과 팔, 그리고 엉덩이 등이 그리게 되는 궤적을 말하며, 이는 스윙 포물선과 함께 스윙을 좌우하는 중요한 열쇠가 된다.

Swing through 스윙 스루

Square grip 스퀘어 그립
왼쪽 손등, 오른쪽 손바닥이 비구선에 대해 거의 직각이 되게 쥐는 방법.

클럽을 중간에 멈추지 않고 완전히 흔들어 치는 것.

Swing weight 스윙 웨이트

스윙할 때 느끼는 클럽 무게.

Square grip 스퀘어 그립

왼쪽 손등, 오른쪽 손바닥이 비구선에 대해 거의 직각이 되게 쥐는 방법.

T

Take away 테이크 어웨이

백 스윙의 시작 부분.

Take back 테이크 백

클럽을 치켜드는 것. 백 스윙과 같다.

Tap in 탭 인

홀에서 불과 몇 인치밖에 떨어져 있지 않아 툭 건드려서 홀에 집어넣는 매우 짧은 거리의 퍼팅.

Target line 타깃 라인

목표로 향한 방향 또는 골프채의 타면 방향.

Tee 티

티잉 그라운드의 줄임말. 각 홀에서 1타를 치는 장소 또는 볼을 놓는 자리.

Tee ground 티 그라운드

각 홀의 제1구를 치기 위해 설치된 지역.

Tee mark 티 마크

볼의 타격 지점을 표시하는 표식.

Tee off 티 오프

티에서 볼을 쳐 플레이하는 것.

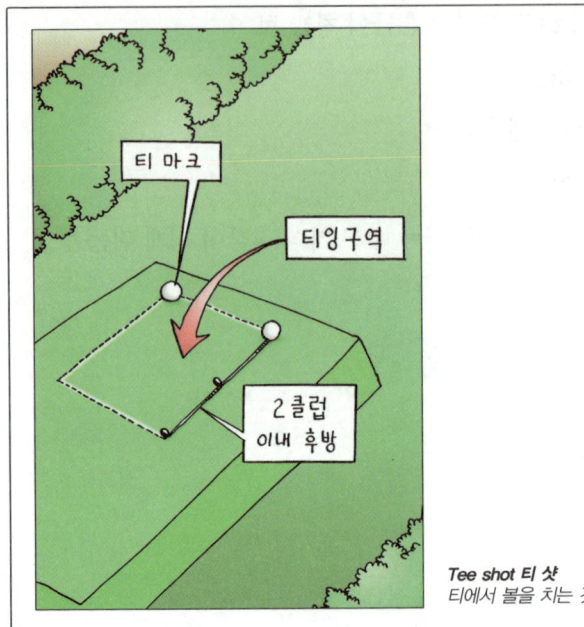

Tee shot 티 샷
티에서 볼을 치는 것

Tee shot 티 샷
티에서 볼을 치는 것.

Tee up 티 업
볼을 치기 위해 티 위에 볼을 올려놓는 것.

Tempo 템포
스윙의 빠르기, 페이스. 일반 아마추어는 백 스윙과 다운 스윙 모두 천천히 페이스하는 것이 좋다.

Texas wedge 텍사스 웨지
그린 밖에서 퍼터를 써서 어프로치하는 것.

Three quarter shot 쓰리 쿼터 샷
최대한의 샷이 채 안 되는 크기로 치는 것. 최대한의 샷은 그 스윙의 정상이 오른쪽 어깨보다 약간 위가 될 때를 말함.

Three somes 쓰리 썸

1인 대 2인의 매치 플레이로, 2명씩 짝을 지은 쪽은 9개의 볼을 번갈아 가며 친다. 대부분 상급자와 초보자가 한 조가 되고 중급자가 이에 대항해서 플레이한다.

Tie 타이

동점. 경기에서는 최소 타수의 사람이 2인 이상일 때.

Toe 토우

발끝. 클럽 헤드의 끝부분.

Top 톱

볼의 윗부분을 치는 것. 백 스윙의 정상, 헤드 업을 한 것.

Top of swing 톱 오브 스윙

백 스윙의 최정점이자 다운 스윙의 시발점이 되는 일련의 동작.

Torque 토크, 회전력

회전력, 비틀림 모멘트라고도 한다. 어떠한 길이의 막대기 끝에 회전시키려고 하는 방향으로 힘을 가했을 때 막대기에 걸리는 회전력을 말한다. 반지름 r인 원형 단면을 가지는 회전체가 축으로 받쳐져 있는 경우 원주의 접선 방향으로 힘 F가 작용하고 있다면 회전체는 r×F의 모멘트로 회전 운동을 한다. 이때 회전축의 모멘트가 토크다. 즉, 토크는 힘의 크기와 힘이 걸리는 점에서 회전 중심점까지의 길이의 곱으로 나타낸다.

Trap 트랩

벙커.

Trouble shot 트러블 샷

곤란한 타구. 치기 나쁜 러프에서 치는 것.

Turn over 턴 오버

클럽을 쥔 양손을 왼쪽에서 오른쪽으로 돌릴 때.

U

U.S. Open 전미 오픈 골프 선수권
  전미 오픈 골프 선수권 경기.

U.S.G.A 미국 골프 협회
  미국 골프 협회(United State Golf Association)의 약자.

Uncock 언 코크
  스윙 시 굽게 한 손목을 펴서 원상태로 돌아가게 하는 것.

Uncoil 언 코일
  스윙에서 틀어 돌린 상체를 다시 원상태로 푸는 것.

Under clubbing 언더 클럽잉
  필요로 하는 클럽보다 하위 클럽(짧은 클럽)을 사용하는 것.

Under par 언더 파
  파보다 적은 타수.

Undulation 언듀레이션
  코스의 높고 낮은 기복 상태를 말하는데, 변화가 업 앤 다운(up and down) 보다 미묘하고 울퉁불퉁한 정도일 때만 쓰인다.

Up hill lie 업 힐 라이
  비구선에 대해 오르막 언덕 비탈에서 볼이 멎는 것.

Up right 업 라이트
  스윙에서는 수직적인 타법이고, 클럽의 경우는 샤프트의 축이 수직에 가까운 것을 말함.

Up right hill 업 라이트 힐
  올라가는 비탈이 급경사인 곳.

Up right swing 업 라이트 스윙

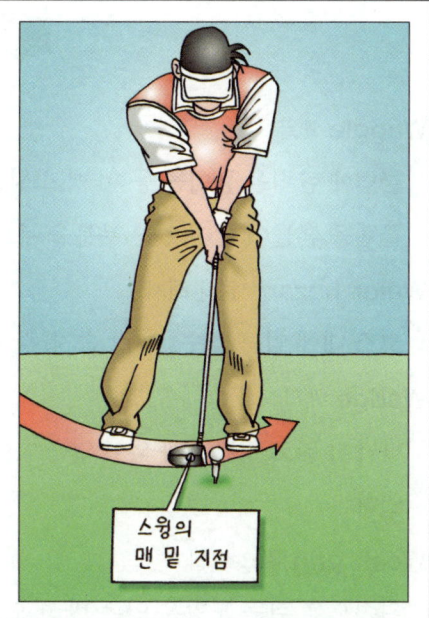

Upper blow 어퍼 블로
드라이버로 치는 한 방법. 헤드가 스윙의 맨 밑 지점을 통과한 다음 타면의 각도가 위로 향하는 순간에서 볼을 맞히는 타법.

스윙이 활 모양으로 직립되어 있는 스윙.

Upper blow 어퍼 블로

　드라이버로 치는 한 방법. 헤드가 스윙의 맨 밑 지점을 통과한 다음 타면의 각도가 위로 향하는 순간에서 볼을 맞히는 타법.

Vardon grip 바든 그립

　해리 바든에 의해 창안된 그립으로 오버래핑 그립을 말함. V형 그립.

W

Waggle 왜글

클럽에 탄력을 붙이는 동작. 백 스윙을 시작하기 전에 손목만으로 가볍게 클럽을 흔들어 굳어 있는 부분을 부드럽게 하는 것.

Water hazard 워터 해저드

코스 내에 있는 호수, 연못, 습지, 강 등 물과 관계 있는 장애물을 말함.

Wedge 웨지

바닥이 넓고 평탄하게 되어 있는 아이언 클럽. 피칭 웨지, 샌드 웨지 등이 있다.

Week grip 위크 그립

왼손으로 쥐는 모양은 얕은 반면 오른손으로는 너무 깊게 쥐는 모양. 슬라이스 그립이라고도 함.

Weight shift 웨이트 쉬프트

스윙 동작에 있어 체중의 이동 상태를 말함.

Whiff 위프

클럽으로 볼을 가격하기 못하고 헛손질에 그치는 동작.

Wind up 와인드 업

백 스윙과 함께 몸을 비트는 것.

Y

Yardage post 야디지 포스트

홀 번호. 홀까지의 거리. 1홀의 파 등을 써서 티잉 그라운드에 세워 놓은 표시판.

Yardage rating 야디지 레이팅
각 홀의 난이도. 흔히 코스 레이팅이라고 함.

14. 골프 인터넷 사이트

- United States Golf Association : www.usga.org
- United States Golf Teachers Federation : www.usgtf.com
- Professional Golf Teachers & Coaches of America : www.pgtca.com
- Professional Golf Teachers Association of America : www.pgtaa.com
- PGA of America : www.pga.com
- www.pgatour.com = www.golfweb.com
- floridagolfmagazine.com
- learnaboutgolf.com
- www.golflessonsonline.com
- www.mentalkeys.com
- www.golfacademies.com,
- www.golfinstruction.com,
- www.thegolfchannel.com,
- www.golflink.com,
- www.golfswing.com,
- www.golfdigest.com,
- www.worldgolfchampionships.com,
- www.wgv.com,
- www.golfweb.com,
- www.igolf.com,

15. 이 책에 인용된 세계 유명 골프 명사들

- 게리 길크리스트(Gary Gilchrist) : 데이비드 리드베터의 골프 아카데미에서 프로토 타입을 개발함. 위성미 선수의 코치
- 게리 플레이어(Gary Player) : 벤 호건의 영향을 받음. 미국 PGA 투어 21승을 기록함. 저서 《Complete Golfer 's Handbook》
- 노타 비게이 3세(Notah Begay III) : PGA에 진출한 최초의 아메리칸 인디언. 99년 신인으로써 2개의 토너먼트를 거머쥐며 신인왕의 영광을 안았다.
- 닉 팔도(Nick Faldo) : 76년 프로로 전향하여 1년 만에 첫 우승을 기록하고 유러피안 투어를 석권함. 데이비드 리드베터의 제자.
- 닉 프라이스(Nick Price) : 타이거 우즈와 함께 90년대 가장 많은 대회에서 우승함(15회). 파워풀한 드라이버와 정교한 아이언 샷은 PGA 최고 중의 하나로 평가됨.
- 더그 포드(Doug Ford) : 미국 프로 골퍼. 1957년 마스터즈 챔피언.
- 던 잭킨스 : 작가
- 데이브 스탁튼(Dave Stockton) : 골프 역사상 최고의 퍼팅 기량을 갖춘 선수로 인정받고 있다. 메이저 대회인 PGA 챔피언십에서 1970년과 1976년 2회 우승, PGA 투어에서 11회 우승, 시니어 PGA에서 11회 우승했다.
- 데이브 펠츠(Dave Pelz) : NASA 과학자. 골프 인스트럭터. 저서 《Short Game Bible》
- 데이비드 리드베터(David Leadbetter) : 세계적인 골프 레슨가. 골프 매거진 톱 100 인스트럭터. 골프 채널 아카데미 시니어 어드바이저. 닉 프라이스, 어니

엘스, 그레그 노먼, 타이 트러이언의 스승.

- 데이비드 톰스(David Toms) : 1998년 첫 출전한 마스터스 대회 최종 4라운드에서 코스 레코드에 1타가 모자란 64타를 침. 99년에는 허리 부상을 딛고 뷰익 챌린지에서 우승. 2001 PGA 챔피언십 메이저 대회 우승까지 달성한 대기 만성형 플레이어.
- 데이비스 러브 3세(Davis Love III) : 골프와 인생에 대한 레슨과 교습법이 담긴 《Every Shot I Take》 저술. 1997년 USGA의 International Book Award를 받음.
- 렌 지아마테오(Len Giamatteo) : 스포츠 심리 상담가.
- 리 젠센(Lee Janzen) : PGA에서 가장 안정된 퍼팅 스트로크의 소유자.
- 리 트레비노(Lee Trevino) : 그의 스윙은 하도 정확해, '트레비노가 페어웨이에서 나갈 때는 전화하려고 갈 때뿐이다' 라는 우스갯소리가 있을 정도라고 함.
- 릭 스미스(Rick Smith) : 골프 매거진 톱 100 인스트럭터
- 마쓰이 이사오(Matsui Isao) : 저서 《만화 골프박사》
- 마이클 머피(Michael Murphy) : 저서 《Golf in the Kingdom : 왕국의 골프》
- 마이클 안토니(Michael Anthony) : www.mentalkeys.com. 골프 심리 상담가.
- 바이런 넬슨(Byron Nelson) : 1945년에 11차례 연속 우승의 기록 보유. 톰 왓슨의 스승.
- 박세리(Seri Pak) : 1997년 LPGA Q-school 예선·본선 1위, 최저타수 61타(LPGA), 22승(메이저 4승), 명예의 전당 2007년 예정.
- 박지은(Grace Park) : 2004년도 Kraft Nabisco Championship, CJ Nine Bridges Classic 우승. '2년 뒤 일인자가 되고 싶다' 는 큰 포부를 가지고 있음.
- 버나드 다윈 : 영국의 골프 평론가. 찰스 다윈의 손자로, 옥스퍼드 대학을 나와 골프가 좋아 평생 골프 관련 글을 썼다.
- 벤 호건(Ben Hogan) : 《There is no shortcuts in the quest for perfection》 그랜드 슬램 타이틀을 가지고 있는 5명의 선수 중 한 명(나머지 : 니클라우스, 플레이어,

사라젠, 우즈). 지독한 스윙 연습을 통해 느린 속도로 본인의 폼을 개선함. 저서 《Five Lessons : The Modern Fundamentals of Golf》

- 보브 토스키(Bob Toski) : 골프 매거진 톱 100 인스트럭터. 세계적인 골프 교습가. www.learn-golf.com

- 보비 존스(Bobby Jones) : 1930년 당시 28세의 젊은 나이에 아마추어이면서도 세계의 메이저 경기, 즉 미국과 영국의 2개 오픈 대회와 2개의 아마추어 선수권 대회의 우승을 1년 내에 따내는 불멸의 위업 그랜드 슬램을 달성. 월터 헤이건, 진 사라젠과 함께 이 시기를 대표하는 선수 중 한 사람. 저서 《Golf is My Game》

- 부치 하몬(Butch Harmon) : 2001년 골프 다이제스트가 선정한 미국 내 최고의 골프 스승. 타이거 우즈, 마크 캘커바키아, 대런 클락, 조세 마리아 올라자발, 저스틴 레너드 등의 스승.

- 브래드 피터슨(Brad Peterson) : North California Cong Ball Championship에서 425야드 드라이브를 침. 현재 장타자 세계 랭킹 31위.

- 브래드 팩슨(Brad Faxon) : 83년 프로에 데뷔하여 86년 〈프로비던트 클래식〉에서 첫 우승을 한 이후 총 6번의 우승 경력이 있다. 많은 자선 사업을 하는 것으로도 유명하다.

- 빌리 앤드레이드(Billy Andrade) : 88년 투어에 입문하여 91년 '캠퍼 오픈'에서 우승하고 그 다음주에 열렸던 '뷰익 클래식'까지 우승하여 골프계의 주목을 받았음. 사회학을 전공함.

- 사이몬 홈즈(Simon Holmes) : 데이비드 리드베터의 제자, 닉 팔도 등 80 투어 플레이어의 트레이너. 저서 《Digital Golf School(DVD)》

- 새론 모란(Sharron Moran) : The College of the Desert 골프학부 교수. 저서 《How to be a swinger on the fairway》

- 샌디 라일(Sandy Lyle) : 영국의 골프 선수로, 1988년 마스터즈 오픈에서 우승함. "메이저 대회에서 꾸준히 경쟁할 수 있기 위해서는 상당한 자기 희생이 따

라야 한다. 그렇기 때문에 타고난 재능 부족과 마찬가지로 대부분 프로들이 자기 희생 부족으로 뒤쳐지고 마는 것이다."

- 샘 스니드(Sam Snead) : 부드러운 스윙의 롱 드라이빙 보유자. "loose like a goose"라는 명언을 남김. 거위처럼 느리고 한가해 보이는 편안한 자세를 취하라는 뜻. 80승. 67세에 Quad Cities Open에서 67, 66타를 기록한 최초의 공식 에이지 슈터. 어니엘스는 샘 스니드의 영향을 받았다고 함.

- 세르히오 가르시아(Sergio Garcia) : 스페인의 골프 선수. 키 177cm에 몸무게 75kg으로 다소 호리호리한 체구로 아이언 샷과 숏 게임에 능하다. '유럽판 타이거 우즈' 라는 별명을 가지고 있음.

- 스탠 유틀리(Stan Utelely) : 퍼팅도 다른 클럽처럼 스윙 아크를 따라서 하는 것이 좋다는 이론을 낸 골프 교습가.

- 아놀드 파머(Arnold Palmer) : 브리티시 오픈 2차례, US 오픈 1번, 마스터즈 4차례 우승 보유자. 니클라우스, 게리 플레이어와 함께 현대 Triumvirate의 한 명.

- 알렉스 모리슨(Alex Morrison) : 저서 《A new way to better golf》(1918)

- 어니 엘스(Ernie Els) : 남아프리카공화국 출신. PGA 진출 첫해였던 94년에 US 오픈 우승으로 타이거 우즈와 함께 '차세대 기수' 로 각광받고 있다. 1999년 Nissan Open 우승. 1998년 South African Open 우승. 1998년 Bay Hill Invitational 우승. 1997년 Johnnie Walker Classic 우승. 1997년 Buick Classic 우승. 1997년 WorldCup individual 우승

- 어니스트 솔리반(Ernest Solivan) : www.hkmentalgolf.com. 골프 심리 전문가.

- 어니스트 존스(Ernest Jones) : 티칭 프로. 1930년대 초 스윙 이이지의 개념 확립. 저서 《Swing into golf》(1917)

- 예스퍼 파네빅(Jesper Parnevik) : 모자를 거꾸로 쓴 채 모자 창을 위로 붙인 특이한 모습으로 유명한 파네빅의 유머 감각은 스웨덴의 유명한 코미디언인 아버지로부터 나온 것이라고 함. 1998년 '피닉스 오픈' 에서 첫 우승함. 1997년과

1999년 '라이더컵'에서 유럽 대표로 참여함.
- 월터 하겐(Walter Hagen) : 골프의 근대화에 기여함.
- 이안 우스남(Ian Woosnam) : 160cm의 키에도 불구하고 강한 체격을 유지하여 드라이버가 대부분의 프로들보다 멀리 나간다. 1987년 유럽 투어 상금왕.
- 임진한 : 프로 골퍼. 현역 선수이자 이동수 골프 구단의 감독. 1977년 KPGA에 입문하여 1983년과 84년에 KPGA 선수권에서 우승했고, 1989년에는 싱가폴 요코하마 클래식에서 우승했다. 1992년에는 일본으로 건너가 프로 테스트에 합격하여 일본 투어 자격 1호를 획득했다. 1996년까지 일본 투어에서 활약하며 1993년 일본 관동국제오픈, 일본 고라꾸엔컵에서 우승했다. 1996년 낫소 초청 골프대회에서 우승하며 다시 국내 무대로 복귀, 2000년 SBS 프로 골프 최강전에서 우승했다.
- 잭 그라우트(Jack Grout) : 잭 니클라우스의 스승. 전설적인 골프 교습가.
- 잭 니클라우스(Jack Nickalus) : 보비 존스의 영향을 받음. 브리티시 오픈 3번, US 오픈 4회, PGA 챔피언십 5회, 마스터즈 6회 우승 보유자. 골프의 완벽한 대사 역할을 담당. 저서 《Play Better Golf》.
- 잭 버크(Zec Bierk) : "퍼트의 미스는 판단 착오에서가 아니라 타법의 잘못으로 생기는 경우가 대부분이다."라는 명언을 남김.
- 저스틴 레너드(Justin Leonard) : 1999년 '라이더컵의 영웅'. PGA에서 가장 촉망받는 젊은 골퍼로 손꼽히며, 코스모폴리탄 매거진에서 '가장 매력 있는 독신자' 중 한 명으로 꼽힐 만큼 여성들에게 인기가 많다.
- 조니 밀러(Jonny Miller) : NBC 스포츠 해설자이자 1970년대의 명골퍼. 순수 · 정직 · 지식을 통하여 '골프의 국제 대사' 명예 칭호를 받음. 저서 《I Call The Shots》.
- 존 댈리(John Daly) : '괴력의 장타자'. 1991년 PGA 챔피언십에서 극적인 승리 후 알콜 중독 등 사생활 문제로 긴 슬럼프를 겪은 후 1995년 브리티시 오픈 우

승.
- 존 로 : 영국의 골프 입법가
- 존 쿡(John Cook) : 켄 벤츄리의 제자. PGA 투어 11승.
- 줄리어스 보로스(Julius Boros) : 가장 느린 템포를 가진 골프 선수.
- 지미 밸라드(Jimmy Ballard) : 골프 스윙에서 'Connection' 개념의 개척자. 저서 《How to Perfect Your Golf Swing》
- 진 사라젠(Gene Sarazen) : 7개의 메이저 타이틀 보유자.
- 짐 맥린(Jim McLean) : 골프 매거진 톱 100 인스트럭터. 골프 채널 아카데미 시니어 어드바이저.
- 짐 반즈(Jim Barnes) : 《A Guide to good golfer》(1908)
- 짐 퓨릭(Jim Furyk) : 186cm에 90kg의 거구에도 불구하고 평균 드라이버 비거리가 272야드로 미 PGA 순위 100위 이하. 백 스윙과 다운 스윙의 궤적이 다른 특유의 '8자 스윙'의 소유자. 독학으로 자신만의 골프를 개발, 드라이버 샷의 정확도와 아이언 샷의 그린 적중률이 뛰어남.
- 찰스 베일리(Charles Bailey) : 프로 골퍼. "홀컵은 항상 생각하는 것보다 멀다. 어프로치라면 1야드, 퍼트라면 1피트만큼 멀리 있다는 것을 잊지 말라."
- 카와이 다케시(kawai Takeshi) : 일본 쥰텐도 대학 스포츠 건강 과학학부 교수. 스포츠 지도론과 골프 실기 강의.
- 캘빈 피트(Calvin Peete) : 1980년대 미 PGA 투어에서 12차례나 우승, 200만 달러의 우승 상금을 벌어들여 당시 흑인 선수로는 최고 갑부 소리를 들었던 프로 골퍼. Ten-time PGA TOUR driving accuracy champion
- 케리 멈포드(Carey G. Mumford) : 저서 《Double connexion CD Room Book》
- 켄 벤츄리(Ken Venturi) : CBS 스포츠의 골프 분석가.
- 콰스 싱(Qass Singh) : 비제이 싱의 아들.
- 타이거 우즈(Tiger Woods) : PGA 투어 40승. 2000년도 타이거 우즈의 평균

스코어 68.17타는 1945년 Nelson의 기록인 68.33을 경신했음. 제82회 PGA 챔피언십에서 우승함으로써 US 오픈과 영국 오픈 선수권을 차례로 제패하여 최연소 그랜드 슬램을 달성함. 한해 동안 벌어지는 4차례 메이저 대회 가운데 3개를 석권한 1953년의 벤 호건에 이어 트리플 크라운(3관왕)을 석권한 두 번째 선수가 됨.

- 토미 아머(Tommy Amour) : 저서 《How to play your best golf all the time》(1958)
- 톰 머피(Tom Muppy) : 미국 투어 프로.
- 톰 모리스(Tom Morris) : 스코틀랜드 출신으로 골프의 선구자(챔피언, 코스 설계, 클럽 제작)
- 톰 왓슨(Tom Watson) : 메이저 8승. PGA 역사상 최고의 선수 가운데 한 명. 스탠포드에서 철학을 전공함. 훌륭한 숏 게임의 소유자 가운데 한 명임.
- 톰 카이트(Tom Kite) : 1997년 '라이더컵' 에서 주장으로서 미국 대표팀을 이끈 톰 카이트는 우승 경력은 많지 않지만 상금 랭킹에서는 항상 상위를 유지함.
- 톰 쿠비스탄트(Tom Kubistant) : 저서 《Mind Links : The psychology of Golf》, 골프 심리학 박사
- 패트릭 콘(Patrick J.Cohn) : Golfweb 컬럼리스트. "Playing beyond your comfort zone"
- 퍼시 부머(Percy Boomer) : 골프 교습가. 저서 《On Learning Golf》, 《Every Dive, every long shot, every short shot is the same》,《You putt as you drive, You dive as you putt》
- 폴 고이도스(Paul Goydos) : 미국의 프로 골퍼.
- 폴 로우리(Paul Lawrie) : 17세 때 골프를 위해 고등학교를 중퇴한 스코틀랜드 출신의 골퍼. 1999년 '브리티시 오픈' 에서 우승하며 일약 스타가 됨.
- 프랭크 리클리터(Frank Lickliter) : 2004년 Kemper Insurance Open에서 우승.

- **핀리 피터 던**(Finley Peter Dunne) : 시카고의 언론인이자 유머 작가.
- **하비 패닉**(Harvey Penick) : 톰 카이트, 벤 크렌쇼, 미키 라이트의 골프 스승. 티쳐 어소시에이션에서 매년 수여하는 'Teacher of the Year Award'의 이름이 'Harvey Penick Award'이다. 저서 《Little Red Book : 골프를 한다면 당신은 내 친구》
- **한명우** : 스포츠 심리학자, 선문대학교
- **해리 바든**(Harry Vardon) : 영국의 프로 골퍼. 오버래핑 그립은 그의 이름을 따서 사용하고 있다.
- **행크 해니**((Hank Haney) : 골프 매거진 톱 100 인스트럭터.
- **헨리 롱허스트**(Henry Longhurst) : BBC의 골프 평론가.

지은이 | 조준동(趙浚東)

美, 노스웨스턴 대학 전기전산학 박사
現 성균관대학교 교수
삼성전자 연구원
IBM T.J. Watson 연구소 초청 과학자
미국 전기전자공학회 시니어 멤버
sbsgolf.com의 골프 동호회 〈그린모〉 회장 역임
sbsgolf.com의 〈나의 골프 노하우〉에 〈에이스〉라는 필명으로 글 게재
E-mail : jdcho@skku.ac.kr

그린이 | 이용훈

서울시립대학교 법정대학 도시행정학과를 졸업했다.
1991년 만화계에 입문하여 중앙일보, 동아일보, 중도일보에 골프 칼럼 삽화를 연재,
경향신문, 치의신보, 인천일보, 경인일보에 치과 상식을 비롯한 의학 관련 만화를 연재했다.
현재 만화기획실 인·컴의 제작국장으로 있으면서 프리랜서 만화가로 활동 중이다.
저서로는 《싱글로 가는 골프 교실》, 《그림으로 쉽게 배우는 골프 교실》,
《초보자를 위한 골프 입문》, 《실전에 강해지는 골프 교실》,
《룰만 알아도 5타는 줄인다》, 《핸디를 낮추는 멘탈 골프》 외 다수가 있다.

세계 골프 명사들의 살아 있는 현장 레슨 108

초판 1쇄 발행 | 2005년 5월 20일
초판 2쇄 발행 | 2006년 8월 25일

지은이 | 조준동
그린이 | 이용훈
펴낸이 | 양동현

펴낸곳 | 도서출판 아카데미북
출판등록 | 제13-493호
주소 | 서울 성북구 동소문동4가 124-2
대표전화 | 02) 927-2345 팩시밀리 | 02) 927-3199
이메일 | academy@academy-book.com

ISBN | 89-5681-029-x 13690

잘못 만들어진 책은 구입한 곳에서 바꾸어 드립니다.

www.academy-book.com